사
이
다

사일 동안
이것만 풀면
다 합격!

한국수력원자력
NCS + 전공

시대에듀

2025 최신판 시대에듀 사이다 모의고사
한국수력원자력 NCS + 전공

Always **with you**

사람의 인연은 길에서 우연하게 만나거나 함께 살아가는 것만을 의미하지는 않습니다.
책을 펴내는 출판사와 그 책을 읽는 독자의 만남도 소중한 인연입니다.
시대에듀는 항상 독자의 마음을 헤아리기 위해 노력하고 있습니다. 늘 독자와 함께하겠습니다.

머리말 PREFACE

깨끗한 공기와 자연을 미래세대에게 전해주기 위해 노력하는 한국수력원자력은 2025년에 신입사원을 채용할 예정이다. 한국수력원자력의 채용 절차는 「원서 접수 ➡ 사전평가 ➡ 필기시험 ➡ 인성검사 및 심리건강진단 ➡ 면접전형 ➡ 신체검사 및 신원조사 ➡ 최종 합격자 발표」 순서로 진행된다. 필기시험은 직업기초능력과 직무수행능력(전공, 상식)으로 진행한다. 그중 직업기초능력은 공통으로 의사소통능력, 수리능력, 문제해결능력, 자원관리능력을 평가하고, 분야별로 조직이해능력, 정보능력, 기술능력 중 1개 영역을 평가한다. 2024년 하반기에는 피듈형으로 출제되었으며, 직무수행능력은 공통으로 회사상식, 한국사 등 일반상식을, 분야별로 관련 전공지식을 평가하므로 반드시 확정된 채용공고를 확인해야 한다. 따라서 필기시험에서 고득점을 받기 위해 다양한 유형에 대한 폭넓은 학습과 문제풀이능력을 높이는 등 철저한 준비가 필요하다.

한국수력원자력 필기시험 합격을 위해 시대에듀에서는 기업별 NCS 시리즈 누적 판매량 1위의 출간 경험을 토대로 다음과 같은 특징을 가진 도서를 출간하였다.

도서의 특징

❶ 합격으로 이끌 가이드를 통한 채용 흐름 확인!
  • 한국수력원자력 소개와 최신 시험 분석을 수록하여 채용 흐름을 파악하는 데 도움이 될 수 있도록 하였다.

❷ 기출응용 모의고사를 통한 완벽한 실전 대비!
  • 철저한 분석을 통해 실제 유형과 유사한 기출응용 모의고사를 4회분 수록하여 시험 직전 4일 동안 자신의 실력을 점검할 수 있도록 하였다.

❸ 다양한 콘텐츠로 최종 합격까지!
  • 온라인 모의고사를 무료로 제공하여 필기시험에 대비할 수 있도록 하였다.
  • 모바일 OMR 답안채점/성적분석 서비스를 통해 자동으로 점수를 채점하고 확인할 수 있도록 하였다.

끝으로 본 도서를 통해 한국수력원자력 채용을 준비하는 모든 수험생 여러분이 합격의 기쁨을 누리기를 진심으로 기원한다.

SDC(Sidae Data Center) 씀

◇ **미션**

친환경 에너지로 삶을 풍요롭게

◇ **비전**

탄소중립 청정에너지 리더

◇ **핵심가치**

안전 최우선 ▶ 우리 모두가 안전의 최종책임자라는 책임의식을 바탕으로, 기본과 원칙을 준수하며 더욱 안전한 환경을 만들기 위해 지속적으로 안전체계를 진화시킨다.

지속 성장 ▶ 구성원 모두가 각자 맡은 업무에서 탁월함을 추구하며, 끊임없는 개선과 발전적 도전을 통해 글로벌 최고 수준의 경쟁력을 확보한다.

상호 존중 ▶ 공동의 목표 달성을 위해 서로의 다양성을 인정하고 열린 소통과 자발적 참여와 협업을 바탕으로 시너지를 창출한다.

사회적 책임 ▶ 국가와 국민에 대한 높은 사명감을 갖고, 우리를 둘러싼 다양한 이해관계자들과 소통하고 협력하여 친환경 에너지 공급을 통해 국가 에너지 안보에 기여한다.

◇ 전략목표

低탄소·청정e 기반 사업성과 창출

- 매출액 21.8조 원(해외사업 3.6조 원)
- 해외 원전 신규 수주 10기+α
- 청정수소 생산량 33만 톤
- WANO PI 98점(글로벌 1위)
- 신재생에너지 설비용량 9.8GW

효율성 기반 공공가치 창출

- 중대재해 Zero
- 온실가스 감축 1.1억 톤
- 지역수용성 75점

◇ 전략방향

안전 기반 원전 경쟁력 확보
세계 최고 수준 원전 안전성 강화 등 5개 과제

차별적 해외사업 수주
원전 수출 역량 강화 등 6개 과제

그린 융복합 사업 선도
수력·양수 미래 성장동력 창출 등 7개 과제

지속성장 기반 강화
자원배분 최적화 등 7개 과제

◇ 인재상

기본에 충실한 인재	▶	• 윤리의식	• 주인의식	• 안전의식
배려하는 상생 인재	▶	• 소통	• 협력	• 사회적 가치
글로벌 전문 인재	▶	• 열정	• 전문 역량	• 글로벌 최고

◇ 지원자격(공통)

❶ 학력 : 제한 없음

　　※ 단, 기술 분야의 경우 응시 분야별 관련 학과 전공자 또는 관련 산업기사 이상 국가기술자격증 · 면허 보유자

❷ 병역 : 병역법 제76조에 따라 병역의무 불이행자에 해당하지 않는 자

　　※ 단, 2차 전형 면접 시작일 전일까지 전역이 가능한 자 포함

❸ 연령 : 제한 없음

　　※ 단, 공사 정년은 만 60세임

❹ 외국어 : TOEIC, TEPS, JPT, HSK, TOEFL(iBT) 또는 TOEIC스피킹, TEPS스피킹, 오픽(영어)
**　　중 1개**

❺ 한국수력원자력 신규채용자의 결격사유에 해당함이 없는 자

◇ 필기시험

구분		평가내용	문항 수
NCS 직무역량검사	직업기초능력	**공통** 의사소통능력, 수리능력, 문제해결능력, 자원관리능력 **사무** 조직이해능력　**ICT** 정보능력　**그 외 기술** 기술능력	50문항
	직무수행능력 (전공)	**사무** 법학, 행정학, 경제학, 경영학(회계학 포함) **기술** 분야별 해당 전공지식	25문항
	직무수행능력 (상식)	회사상식, 한국사 등 일반상식	5문항

◇ 면접전형

구분	내용 및 평가요소
직업기초능력면접 (40점)	• 자기소개서 기반 직업기초능력 평가를 위한 질의응답 진행(개인별 약 20분) • 평가요소 : 근로윤리, 공동체윤리, 자기개발능력, 의사소통능력, 대인관계능력
직무수행능력면접 (30점)	• 회사 직무상황 관련 주제에 대해서 문제해결 방안 토의, 개인별 질의응답 및 결과지 작성을 통해 직무수행능력 평가(조별 약 120분) • 평가요소 : 의사소통능력, 문제해결능력, 직무수행능력(직무이해도, 적극성)
관찰면접 (30점)	• 조별과제 수행 관찰평가를 통해 지원자의 인재상 부합 여부 검증(조별 약 120분) • 평가요소 : 의사소통능력, 대인관계능력, 문제해결능력

❖ 위 채용 안내는 2024년 하반기 채용공고를 기준으로 작성하였으므로 세부사항은 확정된 채용공고를 확인하기 바랍니다.

2024년 하반기 기출분석 ANALYSIS

총평

한국수력원자력 필기시험은 피듈형으로 출제되었으며, 난이도는 평이했다는 후기가 많았다. 의사소통능력의 경우 길이가 긴 지문의 문제가 출제되었으므로 주어진 시간에 맞춰 문제를 푸는 연습이 필요해 보인다. 또한, 수리능력이나 문제해결능력, 자원관리능력의 경우 다양한 자료를 확인해야 하는 문제가 출제되었으므로 여러 유형의 문제를 풀어보는 것이 중요해 보인다. 원자력이나 한국수력원자력과 관련된 지문이나 자료가 함께 출제되는 경우가 많았으므로 평소 한국수력원자력에 대한 관심을 가지는 것이 좋겠다.

◈ 영역별 출제 비중

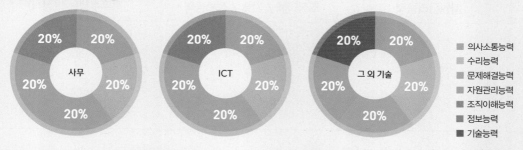

구분	출제 특징	출제 키워드
의사소통능력	• 공사 관련 지문이 출제됨 • 접속어 문제가 출제됨	• 원자력, 접속어, 기술이전 등
수리능력	• 수열 문제가 출제됨 • 자료 이해 문제가 출제됨	• 그래프, 에너지, 방사선 등
문제해결능력	• 날짜 관련 문제가 출제됨 • 자료 해석 문제가 출제됨	• 우선순위, 날짜 등
자원관리능력	• 비용 계산 문제가 출제됨 • 품목 확정 문제가 출제됨	• 급여, 사무용품, 숙소 등

학습플랜 STUDY PLAN

1일 차 학습플랜　1일 차 기출응용 모의고사

_____월 _____일		
의사소통능력	수리능력	문제해결능력
자원관리능력	조직이해 / 기술 / 정보능력	직무수행능력(상식)

2일 차 학습플랜　2일 차 기출응용 모의고사

_____월 _____일		
의사소통능력	수리능력	문제해결능력
자원관리능력	조직이해 / 기술 / 정보능력	직무수행능력(상식)

3일 차 학습플랜　3일 차 기출응용 모의고사

_____월 _____일		
의사소통능력	수리능력	문제해결능력
자원관리능력	조직이해 / 기술 / 정보능력	직무수행능력(상식)

4일 차 학습플랜　4일 차 기출응용 모의고사

_____월 _____일		
사무	기계	전기전자
토목		건축

취약영역 분석 WEAK POINT

1일 차 취약영역 분석

시작 시간	:	종료 시간	:
풀이 개수	개	못 푼 개수	개
맞힌 개수	개	틀린 개수	개
취약영역 / 유형			
2일 차 대비 개선점			

2일 차 취약영역 분석

시작 시간	:	종료 시간	:
풀이 개수	개	못 푼 개수	개
맞힌 개수	개	틀린 개수	개
취약영역 / 유형			
3일 차 대비 개선점			

3일 차 취약영역 분석

시작 시간	:	종료 시간	:
풀이 개수	개	못 푼 개수	개
맞힌 개수	개	틀린 개수	개
취약영역 / 유형			
4일 차 대비 개선점			

4일 차 취약영역 분석

시작 시간	:	종료 시간	:
풀이 개수	개	못 푼 개수	개
맞힌 개수	개	틀린 개수	개
취약영역 / 유형			
시험일 대비 개선점			

이 책의 차례 CONTENTS

1일 차
기출응용 모의고사

<문항 및 시험시간>

평가영역	문항 수	시험시간	모바일 OMR 답안채점 / 성적분석 서비스		
[공통] 의사소통＋수리＋문제해결 ＋자원관리 [사무] 조직이해 [기술] 기술 [ICT] 정보 [상식] 회사상식＋한국사	55문항	60분	사무	기술	ICT

1일 차 기출응용 모의고사

문항 수 : 55문항
시험시간 : 60분

제 1 영역 직업기초능력

| 01 | 공통

01 다음 빈칸에 들어갈 내용으로 가장 적절한 것은?

> 무엇보다도 전통은 문화적 개념이다. 문화는 복합 생성을 그 본질로 한다. 그 복합은 질적으로 유사한 것끼리는 짧은 시간에 무리 없이 융합되지만, 이질적일수록 그 혼용의 역사적 기간과 길항이 오래 걸리는 것은 사실이다. 그러나 이질적인 전통이 그 주류에 있어서 교체가 더디다 해서 전통 자체를 단절된 것으로 볼 수는 없다. 오늘날 이미 하나의 문화적 전통을 이룬 서구의 전통도 희랍·로마 이래 장구한 역사로써 헬레니즘과 히브리즘의 이질적 전통이 융합된 것임은 이미 다 아는 상식 아닌가.
>
> 지금은 끊어졌다는 우리의 고대 이래의 전통도 알고 보면 샤머니즘에, 선교에, 불교에, 도교에, 유교에 실학파를 통해 받아들인 천주교적 전통까지 혼합된 것이고, 그것들 사이에는 유사한 것도 있었지만 상당히 이질적인 것이 교차하여 겯고 튼 끝에 이루어진 전통이며, 그것은 어느 것이나 '우리화'시켜 받아들임으로써 우리의 전통이 되었던 것이다. 이런 의미에서 보자면 오늘날 일시적 전통의 혼미를 전통의 단절로 속단하고 이를 전통 부정의 논거로 삼는 것은 허망된 논리이다. _____
>
> 그러므로 전통의 혼미란 곧 주체 의식의 혼미란 뜻에 지나지 않는다. 전통 탐구의 현대적 의의는 바로 문화의 기본적 주체 의식의 각성과 시대적 가치관의 검토, 이 양자의 관계에 대한 탐구의 요구이다.

① 끊어지고 바뀌고 붙고 녹는 것을 계속하면서도 그것을 일관하는 것이 전통이다.

② 전통은 물론 과거로부터 이어 온 것을 말한다.

③ 전통은 대체로 그 사회 및 사회의 구성원인 개인의 몸에 배어 있는 것이다.

④ 우리 민족 문화의 전통은 부단한 창조 활동 속에서 이어 온 것이다.

⑤ 전통은 우리의 현실에 작용하는 경우가 있다.

02 다음 글의 내용으로 가장 적절한 것은?

> 감염에 대한 일반적인 반응은 열(熱)을 내는 것이다. 우리는 발열을 흔한 '질병의 증상'이라고만 생각하며, 아무런 기능도 없이 불가피하게 일어나는 수동적인 현상처럼 여긴다. 그러나 우리의 체온은 유전적으로 조절되는 것이며 아무렇게나 변하지 않는다. 병원체 중에는 우리의 몸보다 열에 더 예민한 것들도 있다. 체온을 높이면 그런 병원체들은 우리보다 먼저 죽게 되므로, 발열 증상은 우리 몸이 병원체를 죽이기 위한 능동적인 행위가 되는 것이다.
>
> 또 다른 반응은 면역 체계를 가동시키는 것이다. 백혈구를 비롯한 우리의 세포들은 외부에서 침입한 병원체를 능동적으로 찾아내서 죽인다. 우리 몸은 침입한 병원체에 대항하는 항체를 형성하여 일단 치유된 뒤에는 다시 감염될 위험이 적어진다. 그러나 인플루엔자나 일반적인 감기 따위의 질병에 대한 우리의 저항력은 완전한 것이 아니어서 결국 다시 그 병에 걸릴 수도 있다. 그런데 어떤 질병에 대해서는 한 번의 감염으로 자극을 받아 생긴 항체가 평생 동안 그 질병에 대한 면역성을 준다. 바로 이것이 예방접종의 원리이다. 죽은 병원체를 접종함으로써 실제로 질병을 경험하지 않고 항체 생성을 자극하는 것이다.
>
> 일부 영리한 병원체들은 인간의 면역성에 굴복하지 않는다. 어떤 병원체는 우리의 항체가 인식하는 병원체의 분자구조, 즉 항원을 바꾸어 우리가 그 병원체를 알아보지 못하게 한다. 가령 인플루엔자는 항원을 변화시키기 때문에 이전에 인플루엔자에 걸렸던 사람이라도 새로이 나타난 다른 균종으로부터 안전할 수 없는 것이다. 인간의 가장 느린 방어 반응은 자연선택에 의한 반응이다. 어떤 질병이든지 남들보다 유전적으로 저항력이 더 많은 사람들이 있기 마련이다. 어떤 전염병이 한 집단에서 유행할 때 그 특정 병원체에 저항하는 유전자를 가진 사람들은 그렇지 못한 사람들에 비해 생존 가능성이 높다. 따라서 역사적으로 특정 병원체에 자주 노출되었던 인구 집단에는 그 병에 저항하는 유전자를 가진 개체의 비율이 높아질 수밖에 없다. 이 같은 자연선택의 예로 아프리카 흑인에게서 자주 발견되는 겸상(鎌狀) 적혈구 유전자를 들 수 있다. 겸상 적혈구 유전자는 적혈구의 모양을 정상적인 도넛 모양에서 낫 모양으로 바꾸어 빈혈을 일으키므로 생존에 불리함을 주지만, 말라리아에 대해서는 저항력을 가지게 한다.

① 발열 증상은 수동적인 현상이지만 감염병의 회복에 도움을 준다.

② 예방접종은 질병을 실제로 경험하게 하여 항체 생성을 자극한다.

③ 겸상 적혈구 유전자는 적혈구 모양을 도넛 모양으로 변화시켜 말라리아로부터 저항성을 가지게 한다.

④ 병원체의 항원이 바뀌면 이전에 형성된 항체가 존재하는 사람도 그 병원체가 일으키는 병에 걸릴 수 있다.

⑤ 어떤 질병이 유행한 적이 없는 집단에서는 그 질병에 저항력을 주는 유전자가 보존되는 방향으로 자연선택이 이루어졌다.

03 다음은 2020년부터 2024년 2분기까지 OECD 회원 6개국의 고용률을 조사한 자료이다. 이에 대한 설명으로 옳지 않은 것은?

〈OECD 회원 6개국의 고용률 추이〉

(단위 : %)

구분	2020년	2021년	2022년	2023년				2024년	
				1분기	2분기	3분기	4분기	1분기	2분기
OECD 전체	64.9	65.1	66.2	66.8	66.1	66.3	66.5	66.8	66.9
미국	67.1	67.4	68.7	68.5	68.7	68.7	68.9	69.3	69.2
일본	70.6	71.7	73.3	73.1	73.2	73.4	73.7	74.1	74.2
영국	70.0	70.5	72.7	72.5	72.5	72.7	73.2	73.3	73.6
독일	73.0	73.5	74.0	74.0	73.8	74.0	74.2	74.4	74.5
프랑스	64.0	64.1	63.8	63.8	63.8	63.8	64.0	64.2	64.2
한국	64.2	64.4	65.7	65.7	65.6	65.8	65.9	65.9	65.9

① 2020년부터 2024년 2분기까지 프랑스와 한국의 고용률은 OECD 전체 고용률을 넘은 적이 한 번도 없었다.

② 2020년부터 영국의 고용률은 계속 증가하고 있다.

③ 2024년 1분기 6개 국가의 고용률 중 가장 높은 국가와 가장 낮은 국가의 고용률 차이는 10.2%p이다.

④ 2024년 1분기와 2분기에서 2개 국가는 고용률이 변하지 않았다.

⑤ 2024년 2분기 OECD 전체 고용률은 작년 동기 대비 약 1.21% 증가하였으며, 직전 분기 대비 약 0.15% 증가하였다.

04 다음은 자동차 변속기의 부문별 경쟁력 점수를 국가별로 비교한 자료이다. 〈보기〉 중 이에 대해 옳지 않은 말을 한 직원을 모두 고르면?

〈국가별 자동차 변속기의 경쟁력 점수〉

(단위 : 점)

부문 ＼ 국가	A	B	C	D	E
변속감	98	93	102	80	79
내구성	103	109	98	95	93
소음	107	96	106	97	93
경량화	106	94	105	85	95
연비	105	96	103	102	100

※ 각국의 전체 경쟁력 점수는 각 부문 경쟁력 점수의 총합으로 구한다.

〈보기〉

김사원 : 전체 경쟁력 점수는 E국보다 D국이 더 높습니다.
박과장 : 경쟁력 점수가 가장 높은 부문과 가장 낮은 부문의 차이가 가장 큰 국가는 D국이고, 가장 작은 국가는 C국입니다.
최대리 : C국을 제외한다면 각 부문에서 경쟁력 점수가 가장 높은 국가와 가장 낮은 국가의 차이가 가장 큰 부문은 내구성이고, 가장 작은 부문은 변속감입니다.
오사원 : 내구성 부문에서 경쟁력 점수가 가장 높은 국가와 경량화 부문에서 경쟁력 점수가 가장 낮은 국가는 동일합니다.
정과장 : 전체 경쟁력 점수는 A국이 가장 높습니다.

① 김사원, 박과장, 최대리
② 김사원, 최대리, 오사원
③ 김사원, 최대리, 정과장
④ 박과장, 오사원, 정과장
⑤ 박과장, 최대리, 오사원

05 다음 글의 주제로 가장 적절한 것은?

유전학자들의 최종 목표는 결함이 있는 유전자를 정상적인 유전자로 대체하는 것이다. 이렇게 가장 기본적인 세포 내 차원에서 유전병을 치료하는 것을 '유전자 치료'라 일컫는다. 유전자 치료를 하기 위해서는 이상이 있는 유전자를 찾아야 한다. 이를 위해 과학자들은 DNA의 특성을 이용한다.

DNA는 두 가닥이 나선형으로 꼬여 있는 이중 나선 구조로 이루어진 분자이다. 그런데 이 두 가닥에 늘어서 있는 염기들은 임의적으로 배열되어 있는 것이 아니다. 한쪽에 늘어선 염기에 따라, 다른 쪽 가닥에 늘어선 염기들의 배열이 결정되는 것이다. 즉, 한쪽에 A염기가 존재하면 거기에 연결되는 반대쪽에는 반드시 T염기가, 그리고 C염기에 대응해서는 반드시 G염기가 존재하게 된다. 염기들이 짝을 지을 때 나타나는 이러한 선택적 특성을 이용하여 유전병을 일으키는 유전자를 찾아낼 수 있다.

유전자를 찾기 위해 사용하는 첫 번째 도구는 DNA 한 가닥 중 극히 일부이다. '프로브(Probe)'라 불리는 이 DNA 조각은 염색체상의 위치가 알려져 있는 이십여 개의 염기들로 이루어진다. 한 가닥으로 이루어져 있는 특성으로 인해, 프로브는 자신의 염기 배열에 대응하는 다른 쪽 가닥의 DNA 부분에 가서 결합할 것이다. 대응하는 두 가닥의 DNA가 이렇게 결합하는 것을 '교잡'이라고 일컫는다. 조사 대상인 염색체로부터 추출한 많은 한 가닥의 염색체 조각들과 프로브를 섞어 놓았을 때, 프로브는 신비스러울 정도로 자신의 짝을 정확하게 찾아 교잡한다. 두 번째 도구는 '겔 전기영동'이라는 방법이다. 생물을 구성하고 있는 단백질·핵산 등 많은 분자들은 전하를 띠고 있어서 전기장 속에서 각 분자마다 독특하게 이동을 한다. 이러한 성질을 이용해 생물을 구성하고 있는 물질의 분자량, 각 물질의 전하량이나 형태의 차이를 이용하여 물질을 분리하는 것이 전기영동법이다. 이를 활용하여 DNA를 분리하려면 우선 DNA 조각들을 전기장에서 이동시키고, 이것을 젤라틴 판을 통과하게 함으로써 분리하면 된다.

이러한 조사 도구들을 갖추고서, 유전학자들은 유전병을 일으키는 유전자를 추적하는 데 나섰다. 유전학자들은 먼저 겔 전기영동법으로 유전병을 일으키는 유전자로 의심되는 부분과 동일한 부분에 존재하는 프로브를 건강한 사람에게서 떼어내었다. 그리고 건강한 사람에게서 떼어낸 프로브에 방사성이나 형광성을 띠게 하였다. 그 후에 유전병 환자들에게서 채취한 DNA 조각들과 함께 교잡 실험을 반복하였다. 유전병과 관련된 유전 정보가 담긴 부분의 염기 서열이 정상인과 다르므로 이 부분은 프로브와 교잡하지 않는다는 점을 이용하는 것이다. 교잡이 일어난 후 프로브가 위치하는 곳은 X선 필름을 통해 쉽게 찾아낼 수 있고, 이로써 DNA의 특정 조각은 염색체상에서 프로브와 같은 위치에 존재한다는 것을 알 수 있다.

언뜻 보기에는 대단한 진보를 이룬 것 같지 않지만, 유전자 치료는 최근 들어 공상 과학을 방불케 하는 첨단 의료 기술의 대표적인 주자로 부각되고 있다. DNA 연구 결과로 인해 우리는 지금까지 절망적이라고 여겨 온 질병들을 치료할 수 있다는 희망을 갖게 되었다.

① 유전자 추적의 도구와 방법
② 유전자의 종류와 기능
③ 유전자 치료의 의의와 한계
④ 유전자 치료의 상업적 가치
⑤ 유전 질환의 종류와 발병 원인

06 다음은 비만도 측정과 구분에 대한 자료이다. 〈조건〉을 토대로 할 때 학생 3명의 비만도 측정에 대한 설명으로 옳지 않은 것은?(단, 소수점 이하는 버림한다)

〈비만도 측정법〉

- (표준체중)$=[\{신장(cm)\}-100]\times0.9$
- (비만도)$=\dfrac{[현재체중(kg)]}{[표준체중(kg)]}\times100$

〈비만도 구분〉

구분	조건
저체중	90% 미만
정상체중	90% 이상 110% 이하
과체중	110% 초과 120% 이하
경도비만	120% 초과 130% 이하
중등도비만	130% 초과 150% 이하
고도비만	150% 이상 180% 이하
초고도비만	180% 초과

〈조건〉

- 혜지 : 신장 158cm, 체중 58kg
- 기원 : 신장 182cm, 체중 71kg
- 용준 : 신장 175cm, 체중 96kg

① 혜지의 표준체중은 52.2kg이며, 기원이의 표준체중은 73.8kg이다.
② 기원이의 체중이 5kg 증가하면, 과체중 범주에 포함된다.
③ 3명의 학생 중 정상체중인 학생은 기원이뿐이다.
④ 용준이는 22kg 이상 체중을 감량했을 시 정상체중 범주에 포함된다.
⑤ 정상체중 100%를 기준으로 할 때, 용준이의 비만도 차이는 혜지의 비만도 차이의 4배보다 작다.

지난 12월 미국 콜로라도대 준 예 교수팀이 스트론튬(Sr) 원자시계를 개발했다고 발표했다. 스트론튬 원자시계는 현재 쓰이고 있는 세슘(Cs) 원자시계의 정밀도를 더욱 높일 것으로 기대되는 차세대 원자시계다. 아직은 세슘 원자시계 정도의 정밀도에 불과하지만, 기술적으로 보완되면 세슘 원자시계보다 훨씬 정밀하게 시간을 측정할 수 있을 것이다.

(가) 모든 시계의 표준이 되는 시계, 가장 정확하고 가장 정밀한 시계가 바로 원자시계다. 원자시계는 수십억 분의 1초를 측정할 수 있고, 수십만 년에 1초를 틀릴까 말까 할 정도다. 일상생활이라면 1초의 구분이면 충분할 것이고, 운동경기에서도 고작 100분의 1초로 승부를 가른다. 그럼 사람들은 왜 세슘 원자시계가 제공하는 수십억 분의 1초의 구분도 부족해 더욱 정확한 원자시계를 만들려는 것일까?

(나) 방송도 마찬가지다. TV 화면은 겉보기엔 화면이 한 번에 뿌려지는 것 같지만 사실은 방송국으로부터 화면 한 점 한 점의 정보를 받아서 화면을 구성한다. TV에 달린 시계와 방송국에 달린 시계가 일치하지 않으면 화면을 재구성할 때 오류가 생긴다. 양쪽이 정밀한 시계를 가지면 같은 시간 동안 더 많은 정보를 보낼 수 있다. 더욱 크고 선명한 화면을 방송할 수 있게 되는 것이다.

(다) 초기에 원자시계는 지구의 자전으로 측정했던 부정확한 시간을 정확히 교정하기 위해 만들어졌다. 실제 지난 2005년과 2006년 사이인 12월 31일 오후 11시 59분 59초 뒤에 1초를 추가하는 일이 있었는데 원자시계와 천체시계의 오차를 보완하기 위해서였다. 지구의 자전은 계속 느려지고 있어 시간을 바로잡지 않으면 수천 년 뒤 해가 떠 있는데 시계는 밤을 가리키는 황당한 사건이 발생할 수도 있다.

(라) 뿐만 아니라 시간을 정밀하게 측정할 수 있으면 GPS(위성항법장치) 인공위성을 통해 위치도 정밀하게 알 수 있다. GPS 위성에는 정밀한 원자시계가 들어 있어 신호를 읽고 보내는 시각을 계산하는데, 이 시간 차이를 정밀하게 알수록 위치도 정밀하게 계산하는 것이 가능해진다. 네 개의 GPS 위성으로부터 받은 신호를 조합하면 물체의 위치가 mm 단위로 정확하게 산출된다. 이런 기술은 순항 미사일 같은 정밀 유도무기에 특히 중요하다.

(마) 하지만 원자시계는 이런 표준시를 정의하는 역할에만 그치지 않는다. 시계가 정밀해질수록 한정된 시간을 보다 값지게 사용할 수 있기 때문이다. 시간을 정확하고 정밀하게 잴 수 있다는 것은 시간을 잘게 쪼개 쓸 수 있다는 의미다. 하나의 신호를 주고받는 데 걸리는 시간을 줄일 수 있으므로, 유·무선 통신을 할 때 많은 정보를 전달할 수 있게 된다. 시간이 정밀해지면 회선 하나를 많은 사람이 공유해서 쓸 수 있다.

07 다음 중 제시된 문단에 이어질 내용을 논리적 순서대로 바르게 나열한 것은?

① (가) – (나) – (다) – (라) – (마)
② (가) – (다) – (마) – (나) – (라)
③ (가) – (다) – (마) – (라) – (나)
④ (다) – (가) – (마) – (라) – (나)
⑤ (다) – (라) – (나) – (마) – (가)

08 다음 중 사람들이 원자시계를 만들려는 이유로 적절하지 않은 것은?

① 지구의 자전이 계속 느려지고 있기 때문이다.

② 한정된 시간을 보다 값지게 사용할 수 있기 때문이다.

③ 한 번에 여러 개의 신호를 송출할 수 있기 때문이다.

④ 더욱 크고 선명한 화면을 방송할 수 있기 때문이다.

⑤ 보다 정확한 위치 계산을 할 수 있기 때문이다.

09 H공사의 사원 월급과 사원수를 알아보기 위해 조사하여 다음과 같은 정보를 얻었다. 이를 참고할 때 H공사의 사원수와 사원 월급 총액을 바르게 나열한 것은?(단, 월급 총액은 H공사가 사원 모두에게 주는 한 달 월급의 합을 말한다)

<정보>
- 사원은 모두 동일한 월급을 받는다.
- 사원이 10명 더 늘어나면, 기존 월급보다 100만 원 적어지고, 월급 총액은 기존의 80%이다.
- 사원이 20명 줄어들면, 월급은 기존과 동일하고, 월급 총액은 기존의 60%가 된다.

	사원수	월급 총액
①	45명	1억 원
②	45명	1억 2천만 원
③	50명	1억 2천만 원
④	50명	1억 5천만 원
⑤	55명	1억 5천만 원

10 네 개의 상자 A ~ D 중 어느 하나에 두 개의 진짜 열쇠가 들어 있고, 다른 어느 한 상자에 두 개의 가짜 열쇠가 들어 있다. 또한 각 상자에는 두 개의 안내문이 쓰여 있는데, 각 상자의 안내문 중 하나는 참이고 다른 하나는 거짓이다. 다음 중 항상 옳은 것은?

- A상자
  - 어떤 진짜 열쇠도 순금으로 되어 있지 않다.
  - C상자에 진짜 열쇠가 들어 있다.
- B상자
  - 가짜 열쇠는 이 상자에 들어 있지 않다.
  - A상자에는 진짜 열쇠가 들어 있다.
- C상자
  - 이 상자에 진짜 열쇠가 들어 있다.
  - 어떤 가짜 열쇠도 구리로 되어 있지 않다.
- D상자
  - 이 상자에 진짜 열쇠가 들어 있다.
  - 가짜 열쇠 중 어떤 것은 구리로 되어 있다.

① B상자에 가짜 열쇠가 들어 있지 않다.
② C상자에 진짜 열쇠가 들어 있지 않다.
③ D상자의 첫 번째 안내문은 거짓이다.
④ 모든 가짜 열쇠는 구리로 되어 있다.
⑤ 어떤 진짜 열쇠는 순금으로 되어 있다.

11 다음과 같이 일정한 규칙으로 수를 나열할 때 빈칸에 들어갈 수로 옳은 것은?

2	5	2	( )	9	6	18	

① 3　　　　　　　　　② 4
③ 5　　　　　　　　　④ 6
⑤ 7

12 다음 문장이 모두 참이라고 가정할 때, 〈보기〉에서 반드시 참인 것을 모두 고르면?

- A, B, C, D 중 한 명의 근무지는 서울이다.
- A, B, C, D는 각기 다른 한 도시에서 근무한다.
- 갑, 을, 병 각각의 두 진술 중 하나는 참이고 다른 하나는 거짓이다.
- 갑은 "A의 근무지는 광주이다."와 "D의 근무지는 서울이다."라고 진술했다.
- 을은 "B의 근무지는 광주이다."와 "C의 근무지는 세종이다."라고 진술했다.
- 병은 "C의 근무지는 광주이다."와 "D의 근무지는 부산이다."라고 진술했다.

─────〈보기〉─────
ㄱ. A의 근무지는 광주이다.
ㄴ. B의 근무지는 서울이다.
ㄷ. C의 근무지는 세종이다.

① ㄱ   ② ㄷ
③ ㄱ, ㄴ   ④ ㄴ, ㄷ
⑤ ㄱ, ㄴ, ㄷ

13 다음은 H지역 전체 가구를 대상으로 원자력발전소 사고 전·후 식수 조달원 변경에 대해 설문조사를 한 결과이다. 이에 대한 설명으로 옳은 것은?

〈원자력발전소 사고 전·후 식수 조달원별 가구 수〉

(단위 : 가구)

사고 전 조달원 \ 사고 후 조달원	수돗물	정수	약수	생수
수돗물	40	30	20	30
정수	10	50	10	30
약수	20	10	10	40
생수	10	10	10	40

※ H지역 가구의 식수 조달원은 수돗물, 정수, 약수, 생수로 구성되며, 각 가구는 한 종류의 식수 조달원만 이용한다.

① 사고 전에 식수 조달원으로 정수를 이용하는 가구 수가 가장 많았다.
② 사고 전에 비해 사고 후에 이용 가구 수가 감소한 식수 조달원의 수는 3개이다.
③ 사고 전·후 식수 조달원을 변경한 가구 수는 전체 가구 수의 60% 이하이다.
④ 사고 전에 식수 조달원으로 정수를 이용하던 가구는 사고 후에도 정수를 이용한다.
⑤ 각 식수 조달원 중에서 사고 전·후에 이용 가구 수의 차이가 가장 큰 것은 생수이다.

14 다음 중 빈칸 ㉠, ㉡에 들어갈 접속어를 순서대로 바르게 나열한 것은?

도덕적 명분관은 인간의 모든 행위에 대해 인간의 본성에 근거하는 도덕적 정당성의 기준을 제시함으로써 개인의 정의감이나 용기를 뒷받침한다. 즉, 불의에 대한 비판 의식이라든가 타협을 거부하는 선비의 강직한 정신 같은 것이 바로 그것인데, 이는 우리 사회를 도덕적으로 건전하게 이끌어 오는 데 기여하였다. 또한 사회적 행위에 적용되는 도덕적 명분은 공동체의 정당성을 확고하게 하여 사회를 통합하는 데 기여해 왔다. ___㉠___ 자신의 정당성에 대한 신념이 지나친 나머지 경직된 비판 의식을 발휘하게 되면 사회적 긴장과 분열을 초래할 수도 있다. ___㉡___ 조선 후기의 당쟁(黨爭)은 경직된 명분론의 대립으로 말미암아 심화한 측면이 있는 것이다.

① 게다가, 예컨대 ② 그리고, 왜냐하면
③ 하지만, 그리고 ④ 그러나, 예컨대
⑤ 또한, 반면에

15 H사의 5명의 직원들(과장 1명, 대리 2명, 사원 2명)이 10월 중에 연차를 쓰려고 한다. 다음 〈조건〉을 참고하여 직원들이 나눈 대화 중 옳지 않은 말을 한 직원을 모두 고르면?

───〈조건〉───
• 연차는 하루이다.
• 10월 1일은 월요일이며, 3일과 9일은 공휴일이다.
• 대리는 교육을 신청한 주에 연차를 신청할 수 없다.
• 같은 주에 3명 이상 교육 및 연차를 신청할 수 없다.
• 워크숍은 5주 차 월요일, 화요일이다.
• 연차는 연이어 쓸 수 없다.
• 대리급 교육은 매주 이틀 동안 목 ~ 금요일에 있으며, 교육은 한 번만 받으면 된다.
• 연차와 교육 신청 순서는 대화 내용에서 말한 차례대로 적용한다.

A과장 : 난 9일에 시골로 내려가야 해서 10일에 쓰려고 하네. 나머지 사람들은 그날 제외하고 서로 조율해서 신청하면 좋겠네.
A대리 : 저는 18 ~ 19일에 교육받으러 갈 예정입니다. 그리고 그 다음 주 수요일 날 연차 쓰겠습니다. 그럼 저 교육받는 주에 다른 사람 2명이 신청 가능할 것 같은데요.
A사원 : 오, 그럼 제가 15일에 쓰겠습니다.
B대리 : 저는 연이어서 16일에 신청할 수 없으니까 17일에 쓰고, 교육은 11 ~ 12일에 받겠습니다.
B사원 : 저만 정하면 끝나네요. 2일로 하겠습니다.

① A과장, A대리 ② A대리, B대리
③ B대리, A사원 ④ A사원, B사원
⑤ A사원, A대리

16 다음 〈조건〉을 토대로 바르게 추론한 것을 〈보기〉에서 모두 고르면?

(가) ~ (마)팀이 현재 수행하고 있는 과제의 수는 다음과 같다.
- (가)팀 : 0개
- (나)팀 : 1개
- (다)팀 : 2개
- (라)팀 : 2개
- (마)팀 : 3개

이 과제에 추가하여 8개의 새로운 과제 a, b, c, d, e, f, g, h를 다음 조건에 따라 (가) ~ (마)팀에 배정한다.

〈조건〉
- 어느 팀이든 새로운 과제를 적어도 하나는 맡아야 한다.
- 기존에 수행하던 과제를 포함해서 한 팀이 맡을 수 있는 과제는 최대 4개이다.
- 기존에 수행하던 과제를 포함해서 4개 과제를 맡는 팀은 두 팀이다.
- a, b는 한 팀이 맡아야 한다.
- c, d, e는 한 팀이 맡아야 한다.

〈보기〉
ㄱ. a를 (나)팀이 맡을 수 없다.
ㄴ. f를 (가)팀이 맡을 수 있다.
ㄷ. 기존에 수행하던 과제를 포함해서 2개 과제를 맡는 팀이 반드시 있다.

① ㄱ
② ㄴ
③ ㄱ, ㄷ
④ ㄴ, ㄷ
⑤ ㄱ, ㄴ, ㄷ

17 다음은 H공사의 연차휴가와 관련된 자료이다. A대리는 2021년 1월 1일에 입사하였고 매해 80% 이상 출근하였다. 오늘 날짜가 2025년 1월 26일이라면 A대리의 당해 연도 연차휴가는 며칠인가?

연차휴가(제29조)
- 직전 연도에 연간 8할 이상 출근한 직원에게는 15일의 연차유급휴가를 준다.
- 3년 이상 근속한 직원에 대하여는 최초 1년을 초과하는 근속연수 매 2년에 연차유급휴가에 1일을 가산한 휴가를 준다. 여기서 소수점 단위는 절사하고, 가산휴가를 포함한 총 휴가일수는 25일을 한도로 한다.
- 연차휴가는 직원의 자유의사에 따라 분할하여 사용할 수 있다. 반일단위(09시 ~ 14시, 14시 ~ 18시)로 분할하여 사용할 수 있으며 반일 연차휴가 2회는 연차휴가 1일로 계산한다.
- 연차휴가를 줄 수 없을 때는 연봉 및 복리후생관리규정에 정하는 바에 따라 보상금을 지급한다.

---

① 15일
③ 17일
⑤ 20일

② 16일
④ 18일

18 자동차의 정지거리는 공주거리와 제동거리의 합이다. 공주거리는 공주시간 동안 이동한 거리이며, 공주시간은 주행 중 운전자가 전방의 위험상황을 발견하고 브레이크를 밟아서 실제 제동이 시작될 때까지 걸리는 시간이다. 자동차의 평균 제동거리가 다음과 같을 때, 시속 72km로 달리는 자동차의 평균 정지거리는 몇 m인가?(단, 공주시간은 1초로 가정한다)

〈자동차의 속도 및 평균제동거리〉	
속도(km)	평균 제동거리(m)
12	1
24	4
36	6
48	16
60	25
72	36

① 50m
③ 54m
⑤ 58m

② 52m
④ 56m

19 H공사는 노후화된 직원휴게실을 새롭게 단장하려고 한다. 우선 가장 지저분한 4면의 벽을 새롭게 도배하기 위해 비용을 추산하고자 한다. 직원휴게실 규모와 도배지 가격정보가 다음과 같을 때, 최소 도배 비용은 얼마인가?

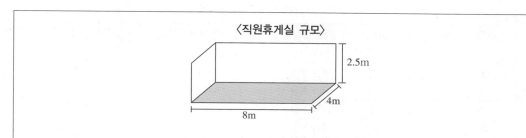

〈직원휴게실 규모〉

2.5m
4m
8m

〈도배지 규격 및 가격〉

재질	규격	가격
물결무늬 실크벽지	폭 100cm × 길이 150cm/Roll	40,000원
	폭 100cm × 길이 100cm/Roll	30,000원
	폭 50cm × 길이 100cm/Roll	20,000원

※ 무늬를 고려하여 도배지는 위에서 아래로 붙이며, 남는 부분은 잘라서 활용한다.
※ 직원휴게실 도배 비용 산정 시 창문과 문은 없는 것으로 간주한다.

① 1,480,000원   ② 1,520,000원
③ 1,600,000원   ④ 1,720,000원
⑤ 1,800,000원

20 A ~ D는 한 판의 가위바위보를 한 후 그 결과에 대해 각각 두 가지의 진술을 하였다. 두 가지의 진술 중 하나는 반드시 참이고, 하나는 반드시 거짓이라고 할 때, 다음 중 항상 참인 것은?

A : C는 B를 이길 수 있는 것을 냈고, B는 가위를 냈다.
B : A는 C와 같은 것을 냈지만, A가 편 손가락의 수는 나보다 적었다.
C : B는 바위를 냈고, 그 누구도 같은 것을 내지 않았다.
D : A, B, C 모두 참 또는 거짓을 말한 순서가 동일하고, 이 판은 승자가 나온 판이었다.

① B와 같은 것을 낸 사람이 있다.
② 보를 낸 사람은 1명이다.
③ D는 혼자 가위를 냈다.
④ B가 기권했다면 가위를 낸 사람이 지는 판이다.
⑤ 바위를 낸 사람은 2명이다.

21 다음은 H공사의 국외 출장 현황과 출장국가별 여비 기준을 나타낸 자료이다. 〈조건〉을 토대로 출장여비를 지급받을 때, 출장여비를 많이 지급받는 출장자부터 순서대로 바르게 나열한 것은?

〈H공사 국외 출장 현황〉

출장자	출장국가	출장기간	숙박비 지급 유형	1박 실지출 비용($/박)	출장 시 개인 마일리지 사용 여부
갑	A	3박 4일	실비 지급	145	미사용
을	A	3박 4일	정액 지급	130	사용
병	B	3박 5일	실비 지급	110	사용
정	C	4박 6일	정액 지급	75	미사용
무	D	5박 6일	실비 지급	75	사용

※ 각 출장자의 출장기간 중 매박 실지출 비용은 변동 없다.

〈출장국가별 1인당 여비 지급 기준액〉

출장국가	1일 숙박비 상한액($/박)	1일 식비($/일)
A	170	72
B	140	60
C	100	45
D	85	35

〈조건〉

- (출장여비)=(숙박비)+(식비)
- 숙박비는 숙박 실지출 비용을 지급하는 실비 지급 유형과 출장국가 숙박비 상한액의 80%를 지급하는 정액 지급 유형으로 구분
  - (실비 지급 숙박비)=(1박 실지출 비용)×(숙박일수)
  - (정액 지급 숙박비)=(출장국가 1일 숙박비 상한액)×(숙박일수)×0.8
- 식비는 출장 시 개인 마일리지 사용 여부에 따라 출장 중 식비의 20% 추가지급
  - (개인 마일리지 미사용 시 지급 식비)=(출장국가 1일 식비)×(출장일수)
  - (개인 마일리지 사용 시 지급 식비)=(출장국가 1일 식비)×(출장일수)×1.2

① 갑 - 을 - 병 - 정 - 무
② 갑 - 을 - 병 - 무 - 정
③ 을 - 갑 - 병 - 무 - 정
④ 을 - 갑 - 정 - 병 - 무
⑤ 을 - 갑 - 무 - 병 - 정

22 다음은 출생연대별로 드러난 개인주의 가치성향을 조사한 결과이다. 이에 대한 설명으로 옳은 것은?

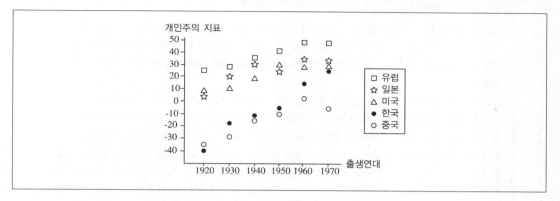

① 세대별 개인주의 가치성향의 차이는 한국보다 유럽이 큰 편이다.
② 한국을 제외하고는 나이와 개인주의 가치성향이 항상 반비례하고 있다.
③ 중국의 1920~1970년대생은 나이가 어릴수록 개인주의 성향이 강하다.
④ 대체로 유럽, 일본, 미국이 한국, 중국보다 개인주의 성향이 더 강하다.
⑤ 일본의 세대별 개인주의 가치성향의 차이가 가장 크다.

23 다음 글에 대한 분석으로 옳은 것을 〈보기〉에서 모두 고르면?

> 식탁을 만드는 데 노동과 자본만 투입된다고 가정하자. 노동자 1명의 시간당 임금은 8,000원이고, 노동자는 1명이 투입되어 A기계 또는 B기계를 사용하여 식탁을 생산한다. A기계를 사용하면 10시간이 걸리고, B기계를 사용하면 7시간이 걸린다. 이때 식탁 1개의 시장가격은 100,000원이고, 식탁 1개를 생산하는 데 드는 임대료는 A기계의 경우 10,000원, B기계의 경우 20,000원이다.
> 만약 A, B기계 중 어떤 것을 사용해도 생산된 식탁의 품질은 같다고 한다면, 기업은 어떤 기계를 사용할 것인가?(단, 작업 환경·물류비 등 다른 조건은 고려하지 않는다)

─────── 〈보기〉 ───────
ㄱ. 기업은 B기계보다는 A기계를 선택할 것이다.
ㄴ. '어떻게 생산할 것인가?'에 대한 경제 문제이다.
ㄷ. 합리적인 선택을 했다면, 식탁 1개당 24,000원의 이윤을 기대할 수 있다.
ㄹ. A기계를 선택하는 경우 식탁 1개를 만드는 데 드는 비용은 70,000원이다.

① ㄱ, ㄴ   ② ㄱ, ㄷ
③ ㄴ, ㄷ   ④ ㄴ, ㄹ
⑤ ㄷ, ㄹ

24 다음 글을 읽고 공공재 · 공공자원의 실패에 대한 해결책으로 적절하지 않은 것은?

재화와 서비스는 소비를 막을 수 있는지에 따라 배제성이 있는 재화와 배제성이 없는 재화로 분류한다. 또 어떤 사람이 소비하면 다른 사람이 소비할 기회가 줄어드는지에 따라 경합성이 있는 재화와 경합성이 없는 재화로 분류한다. 공공재는 배제성과 경합성이 없는 재화이며, 공공자원은 배제성이 없으면서 경합성이 있는 재화이다.

공공재는 수많은 사람들에게 일정한 혜택을 주는 것으로, 사회적으로 반드시 생산돼야 하는 재화이다. 하지만 공공재는 '무임승차 문제'를 낳는다. 무임승차 문제란 사람들이 어떤 재화와 서비스의 소비로 일정한 혜택을 보지만, 어떤 비용도 지불하지 않는 것을 말한다. 이런 공공재가 가진 무임승차 문제 때문에 공공재는 사회 전체가 필요로 하는 수준보다 부족하게 생산되거나 아예 생산되지 않을 수 있다. 어떤 사람이 막대한 비용을 들여 누구나 공짜로 소비할 수 있는 국방 서비스, 치안 서비스 같은 공공재를 제공하려고 하겠는가.

공공재와 마찬가지로 공공자원 역시 원하는 사람이면 누구나 공짜로 사용할 수 있다. 그러나 어떤 사람이 공공자원을 사용하면 다른 사람은 사용에 제한을 받는다. 배제성은 없으나 재화의 경합성만이 존재하는 이러한 특성 때문에 공공자원은 '공공자원의 비극'이라는 새로운 형태의 문제를 낳는다. 공공자원의 비극이란 모두가 함께 사용할 수 있는 공공자원을 아무도 아껴 쓰려고 노력하지 않기 때문에 머지않아 황폐해지고 마는 현상이다.

바닷속의 물고기는 어느 특정한 사람의 소유가 아니기 때문에 누구나 잡을 수 있다. 먼저 잡는 사람이 임자인 셈이다. 하지만 물고기의 수량이 한정돼 있다면 나중에 잡는 사람은 잡을 물고기가 없을 수도 있다. 이런 생각에 너도 나도 앞다투어 물고기를 잡게 되면 얼마 가지 않아 물고기는 사라지고 말 것이다. 이른바 공공자원의 비극이 발생하는 것이다. 공공자원은 사회 전체가 필요로 하는 수준보다 지나치게 많이 자원을 낭비하는 결과를 초래한다.

이와 같은 공공재와 공공자원이 가지는 문제를 해결하는 방안은 무엇일까? 공공재는 사회적으로 매우 필요한 재화와 서비스인데도 시장에서 생산되지 않는다. 정부는 공공재의 특성을 가지는 재화와 서비스를 직접 생산해 공급한다. 예를 들어 정부는 국방, 치안 서비스 등을 비롯해 철도, 도로, 항만, 댐 등 원활한 경제 활동을 간접적으로 뒷받침해 주는 사회간접자본을 생산한다. 이때 사회간접자본의 생산량은 일반적인 상품의 생산량보다 예측이 까다로울 수 있는데, 이용하는 사람이 국민 전체이기 때문에 그 수가 절대적으로 많을 뿐만 아니라 배제성과 경합성이 없는 공공재로서의 성격을 띠기 때문에 그러한 면도 있다. 이러한 문제를 해결하기 위해서 국가는 공공투자사업 전 사회적 편익과 비용을 분석하여 적절한 사업의 투자 규모 및 진행 여부를 결정한다.

공공자원은 어느 누구의 소유도 아니다. 너도 나도 공공자원을 사용하면 금세 고갈되고 말 것이다. 정부는 각종 규제를 통해 공공자원을 보호한다. 공공자원을 보호하기 위한 규제는 크게 사용 제한과 사용 할당으로 구분할 수 있다. 사용 제한은 공공자원을 민간이 이용할 수 없도록 막아두는 것이다. 예를 들면 주인이 없는 산을 개발 제한 구역으로 설정하여 벌목을 하거나 개발하여 수익을 창출하는 행위를 할 수 없도록 하는 것이다. 사용 할당은 모두가 사용하는 것이 아닌, 일정 기간에 일정한 사람만 사용할 수 있도록 이용 설정을 하는 것을 말한다. 예를 들어 어부가 포획할 수 있는 수산물의 수량과 시기를 정해 놓는 법이 있다. 이렇게 되면 무분별하게 공공자원이 사용되는 것을 피하고 사회적으로 필요한 수준에서 공공자원을 사용할 수 있다.

① 항상 붐비는 공용 주차장을 요일별로 이용 가능한 자동차를 정하여 사용한다.
② 주인 없는 목초지에서 풀을 먹일 수 있는 소의 마릿수를 제한한다.
③ 치안 불안 해소를 위해 지역마다 CCTV를 설치한다.
④ 가로수의 은행을 따는 사람들에게 벌금을 부과한다.
⑤ 국립공원에 사는 야생동물을 사냥하지 못하도록 하는 법을 제정한다.

25 다음은 A기업과 B기업의 2024년 1 ~ 6월 매출액에 대한 자료이다. 이를 그래프로 옮겼을 때의 개형으로 옳은 것은?

<그림>〈2024년 1 ~ 6월 A, B기업 매출액〉

(단위 : 억 원)

구분	2024년 1월	2024년 2월	2024년 3월	2024년 4월	2024년 5월	2024년 6월
A기업	307.06	316.38	315.97	294.75	317.25	329.15
B기업	256.72	300.56	335.73	313.71	296.49	309.85

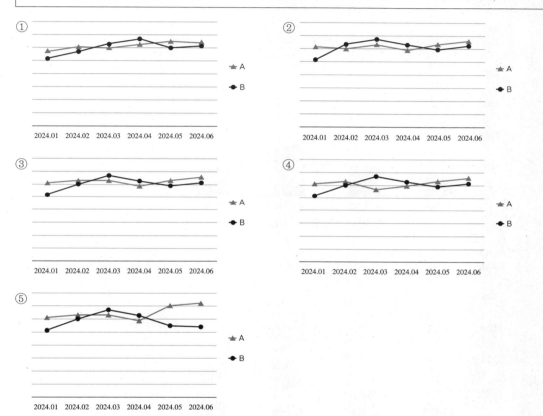

26 다음은 우리나라 연도별 적설량에 대한 자료이다. 이를 그래프로 나타냈을 때 옳은 것은?

〈우리나라 연도별 적설량〉

(단위 : cm)

구분	2021년	2022년	2023년	2024년
서울	25.3	12.9	10.3	28.6
수원	12.2	21.4	12.5	26.8
강릉	280.2	25.9	94.7	55.3

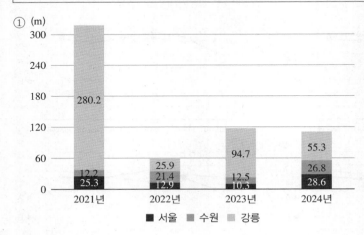

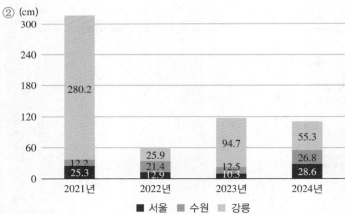

③ (cm)

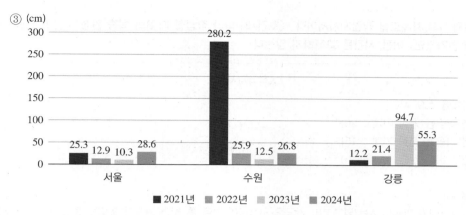

④ (cm)

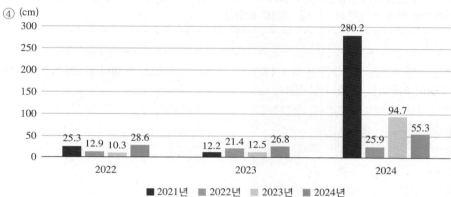

⑤ (cm)

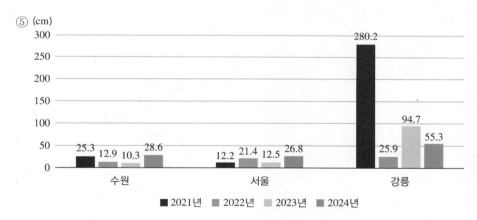

다음은 A와 B의 시계조립 작업지시서이다. 〈조건〉에 따라 작업할 때 B의 최종 완성 시간과 유휴 시간은 각각 얼마인가?(단, 이동 시간은 고려하지 않는다)

〈작업지시서〉

[공작기계별 소요 시간]
1. 앞면 가공용 공작 기계 : 20분
2. 뒷면 가공용 공작 기계 : 15분
3. 조립 : 5분

[공작 순서]
시계는 각 1대씩 만들며 A는 앞면부터 가공을 시작하여 완료 후 뒷면 가공과 조립을 하고, B는 뒷면부터 가공을 시작하여 완료 후 앞면과 조립을 하기로 하였다.

〈조건〉

• 공작기계는 앞면 가공용, 뒷면 가공용 각 1대씩이며 모두 사용해야 하고, 두 명이 동시에 작업을 시작한다.
• 조립은 가공이 이루어진 후 즉시 실시한다.

	최종 완성 시간	유휴 시간
①	40분	5분
②	45분	5분
③	45분	10분
④	50분	5분
⑤	50분	10분

28 H공사는 직원들의 교양증진을 위해 사내 도서관에 도서를 추가로 구비하고자 한다. 새로 구매할 도서는 직원들을 대상으로 한 사전조사 결과를 바탕으로 선정점수를 결정한다. 〈조건〉에 따라 추가로 구매할 도서를 선정할 때, 다음 중 최종 선정될 도서는?

〈후보 도서 사전조사 결과〉

(단위 : 점)

도서명	저자	흥미도 점수	유익성 점수
재테크, 답은 있다	정우택	6	8
여행학개론	W. George	7	6
부장님의 서랍	김수권	6	7
IT혁명의 시작	정인성, 유오진	5	8
경제정의론	S. Collins	4	5
건강제일주의	임시학	8	5

────〈조건〉────

• H공사는 전 직원을 대상으로 후보 도서들에 대한 사전조사를 하였다. 각 후보 도서에 대한 흥미도 점수와 유익성 점수는 전 직원이 10점 만점으로 부여한 점수의 평균값이다.
• 흥미도 점수와 유익성 점수를 3 : 2의 가중치로 합산하여 1차 점수를 산정하고, 1차 점수가 높은 후보 도서 3개를 1차 선정한다.
• 1차 선정된 후보 도서 중 해외저자의 도서는 가점 1점을 부여하여 2차 점수를 산정한다.
• 2차 점수가 가장 높은 2개의 도서를 최종선정한다. 만일 선정된 후보 도서들의 2차 점수가 모두 동일한 경우, 유익성 점수가 가장 낮은 후보 도서는 탈락시킨다.

① 재테크, 답은 있다 / 여행학개론
② 재테크, 답은 있다 / 건강제일주의
③ 여행학개론 / 부장님의 서랍
④ 여행학개론 / 건강제일주의
⑤ IT혁명의 시작 / 건강제일주의

29 S사원은 영업부에서 근무 중이다. 최근 잦은 영업활동으로 인해 자가용의 필요성을 느낀 S사원은 경제적 효율성을 따져 효율성이 가장 높은 중고차를 매입하려고 한다. 경제적 효율성이 높고 외부 손상이 없는 중고차를 매입하려고 할 때, S사원이 매입할 자동차는?(단, 효율성은 소수점 셋째 자리에서 반올림한다)

〈A ~ E자동차의 연료 및 연비〉

(단위 : km/L)

구분	연료	연비
A자동차	휘발유	11
B자동차	휘발유	12
C자동차	경유	14
D자동차	경유	13
E자동차	LPG	7

〈연료별 가격〉

(단위 : 원/L)

구분	LPG	휘발유	경유
리터당 가격	900	2,000	1,500

〈A ~ E자동차의 기존 주행거리 및 상태〉

(단위 : km)

구분	주행거리	상태
A자동차	51,000	손상 없음
B자동차	44,000	외부 손상
C자동차	29,000	손상 없음
D자동차	31,000	손상 없음
E자동차	33,000	내부 손상

※ (경제적 효율성) $= \left[\dfrac{(\text{리터당 가격})}{(\text{연비}) \times 500} + \dfrac{10,000}{(\text{주행거리})} \right] \times 100$

① A자동차   ② B자동차
③ C자동차   ④ D자동차
⑤ E자동차

※ 다음 글을 읽고 이어지는 질문에 답하시오. [30~31]

카셰어링이란 차를 빌려 쓰는 방법의 하나로, 기존의 방식과는 다르게 시간 또는 분 단위로 필요한 만큼만 자동차를 빌려 사용할 수 있다. 이러한 카셰어링은 비용 절감 효과와 더불어 환경적·사회적 측면에서 현재 세계적으로 주목받고 있는 사업 모델이다.

호주 멜버른시의 조사 자료에 따르면, 카셰어링 차 한 대당 도로상의 개인 소유 차량 9대를 줄이는 효과가 있으며, 실제 카셰어링을 이용하는 사람은 해당 서비스 가입 이후 자동차 사용을 50%까지 줄였다고 한다. 또한 자동차 이용량이 줄어들면 주차 문제를 해결할 수 있으며, 카셰어링 업체에서 제공하는 친환경 차량을 통해 온실가스의 배출을 감소시키는 효과도 기대할 수 있다. 호주 카셰어링 업체 차량의 60% 정도는 경차 또는 하이브리드 차량인 것으로 조사되었다.

호주의 카셰어링 시장규모는 8,360만 호주 달러로 지난 5년간 연평균 21.7%의 급격한 성장률을 보이고 있다. 전문가들은 호주 카셰어링 시장이 앞으로도 가파르게 성장해 5년 후에는 현재보다 약 2.5배 증가한 2억 1,920만 호주 달러에 이를 것이며, 이용자 수도 10년 안에 150만 명까지 폭발적으로 늘어날 것이라고 예측한다.

이처럼 호주에서 카셰어링 서비스가 많은 회원을 확보하며 급격한 성장세를 나타내는 데는 비용 측면의 이유가 가장 크다고 볼 수 있다. 호주에서 차량을 소유할 경우 주유비, 서비스비, 보험료, 주차비 등의 부담이 크기 때문이다. 발표 자료에 의하면 차량 2대를 소유한 가족이 차량 구매 금액을 비롯하여 차량 유지비에만 쓰는 비용은 연간 12,000호주 달러에서 18,000호주 달러에 이른다고 한다.

호주 자동차 산업에서 경제적·환경적·사회적 변화에 따라 호주 카셰어링 시장이 폭발적인 성장세를 보이는 것에 주목할 필요가 있다. 전문가들은 카셰어링으로 인해 자동차 산업에 나타나는 변화의 정도를 '위험한 속도'로까지 비유하기도 한다. 카셰어링 차량의 주차공간을 마련하기 위해서 정부의 역할이 매우 중요한 만큼 호주는 정부 차원에서도 카셰어링 서비스를 지원하는 데 적극적으로 움직이고 있다. 호주는 카셰어링 서비스가 발달한 미국, 캐나다, 유럽 대도시에 비하면 아직 뒤처져 있지만, 성장 가능성이 높아 국내기업에서도 차별화된 서비스와 플랫폼을 개발한다면 진출을 시도해 볼 수 있다.

30 다음 중 윗글의 제목으로 가장 적절한 것은?

① 호주의 카셰어링 성장배경과 전망
② 호주 카셰어링 서비스의 장단점
③ 카셰어링 사업의 세계적 성장 가능성
④ 카셰어링 사업의 성공을 위한 호주 정부의 노력
⑤ 호주에서 카셰어링 서비스가 성공하기 어려운 이유

31 다음 중 윗글의 내용으로 적절하지 않은 것은?

① 호주에서 카셰어링 서비스를 이용하는 사람의 경우 가입 이후 자동차 사용률이 50% 감소하였다.
② 호주의 카셰어링 업체가 소유한 차량의 약 60%는 경차 또는 하이브리드 자동차이다.
③ 호주의 카셰어링 시장은 지난 5년간 급격하게 성장하여 현재 8,360만 호주 달러의 규모를 이루고 있다.
④ 호주의 한 가족이 1년간 카셰어링 서비스를 이용할 경우 최대 18,000호주 달러가 사용된다.
⑤ 미국, 캐나다, 유럽 대도시에는 이미 카셰어링 서비스가 발달해 있다.

다음 글과 상황을 근거로 판단할 때, 갑이 납부해야 하는 송달료의 합계는?

송달이란 소송의 당사자와 그 밖의 이해관계인에게 소송상의 서류의 내용을 알 수 있는 기회를 주기 위해 법에 정한 방식에 따라 하는 통지행위를 말하며, 송달에 드는 비용을 송달료라고 한다. 소 또는 상소를 제기하려는 사람은 소장이나 상소장을 제출할 때 당사자 수에 따른 계산방식으로 산출된 송달료를 수납은행(대부분 법원구내 은행)에 납부하고, 그 은행으로부터 교부받은 송달료납부서를 소장이나 상소장에 첨부하여야 한다. 송달료 납부의 기준은 아래와 같다.

• 소 또는 상소 제기 시 납부해야 할 송달료
  가. 민사 제1심 소액사건 : (당사자 수)×(송달료 10회분)
  나. 민사 제1심 소액사건 이외의 사건 : (당사자 수)×(송달료 15회분)
  다. 민사 항소사건 : (당사자 수)×(송달료 12회분)
  라. 민사 상고사건 : (당사자 수)×(송달료 8회분)
• 송달료 1회분 : 3,200원
• 당사자 : 원고, 피고
• 사건의 구별
  가. 소액사건 : 소가 2,000만 원 이하의 사건
  나. 소액사건 이외의 사건 : 소가 2,000만 원을 초과하는 사건
※ 소가(訴價)는 원고가 승소하면 얻게 될 경제적 이익을 화폐단위로 평가한 금액을 말한다.

〈상황〉

갑은 보행로에서 자전거를 타다가 을의 상품진열대에 부딪쳐서 부상을 당하였고, 이 상황을 병이 목격하였다. 갑은 을에게 자신의 병원치료비와 위자료를 요구하였다. 그러나 을은 갑의 잘못으로 부상당했고 자신에게는 책임이 없으며, 오히려 갑 때문에 진열대가 파손되어 손해가 발생했으므로 갑이 손해를 배상해야 한다고 주장하였다. 갑은 자신을 원고로, 을을 피고로 하여 병원치료비와 위자료로 합계 금 2,000만 원을 요구하는 소를 제기하였다. 제1심 법원은 증인 병의 증언을 바탕으로 갑에게 책임이 있다는 을의 주장이 옳다고 인정하여, 갑의 청구를 기각하는 판결을 선고하였다. 이 판결에 대해서 갑은 항소를 제기하였다.

① 76,800원
② 104,800원
③ 124,800원
④ 140,800원
⑤ 172,800원

33 다음 〈조건〉을 토대로 할 때 항상 옳은 것은?

---〈조건〉---
- A사와 B사는 동일 제품을 동일 가격에 판다.
- 어제는 A사와 B사의 판매수량 비가 4 : 3이었다.
- 오늘 A사는 동일 가격에 판매하고, B사는 20%를 할인해서 팔았다.
- 오늘 A사는 어제와 같은 수량을 팔았고, B사는 어제보다 150개를 더 팔았다.
- 오늘 A사와 B사의 전체 판매액은 동일하다.

① A사는 어제, 오늘 제품을 2천 원에 팔았다.
② 오늘 A사는 어제 B사보다 제품 80개를 더 팔았다.
③ B사는 오늘 375개의 제품을 팔았다.
④ 오늘 A사와 B사의 판매수량 비는 동일하다.
⑤ 오늘 B사는 600원을 할인했다.

34 면접 시험장에 간 A ~ F는 각각 1번부터 6번까지의 번호를 부여받았고, 번호 순서대로 면접을 보게 된다. 다음 〈조건〉을 토대로 할 때 A가 3번이라면 첫 번째로 면접을 보는 사람은 누구인가?

---〈조건〉---
- 1, 2, 3번은 오전에, 4, 5, 6번은 오후에 면접을 보게 된다.
- C, F는 오전에 면접을 본다.
- C 바로 다음에는 A가, A 바로 다음에는 D가 면접을 본다.
- B는 2번 아니면 6번이다.

① B
② C
③ D
④ E
⑤ F

35 H물류회사에서 근무 중인 귀하에게 화물운송기사 두 명이 찾아와 운송시간에 대한 질문을 하였다. 도시 간 이동시간을 참고하여 시간을 안내하였을 때 두 기사의 이동시간을 바르게 나열한 것은?(단, 귀하와 두 기사는 A도시에 위치하고 있다)

> K기사 : 저는 여기서 화물을 싣고 E도시로 운송한 후에 C도시로 가서 다시 화물을 싣고 여기로 돌아와야 하는데 시간이 얼마나 걸릴까요? 최대한 빨리 마무리 지었으면 좋겠는데….
>
> P기사 : 저는 여기서 출발해서 모든 도시를 한 번씩 거쳐 다시 여기로 돌아와야 해요. 만약에 가장 짧은 이동시간으로 다녀온다면 얼마나 걸릴까요?

〈도시 간 이동시간〉

(단위 : 시간)

출발도시 \ 도착도시	A	B	C	D	E
A	–	1.0	0.5	–	–
B	–	–	–	1.0	0.5
C	0.5	2.0	–	–	–
D	1.5	–	–	–	0.5
E	–	–	2.5	0.5	–

※ 화물을 싣고 내리기 위해 각 도시에서 정차하는 시간은 고려하지 않는다.
※ '–' 표시가 있는 구간은 이동이 불가능하다.

	K기사	P기사
①	4시간	4시간
②	4.5시간	5시간
③	4.5시간	5.5시간
④	5.5시간	5시간
⑤	5.5시간	4시간

36 자동차 회사에 근무하고 있는 P대리는 중국에 있는 공장으로 점검차 방문을 하기 위해 급하게 교통편을 알아보고 있다. 내일 새벽 비행기를 타기 위한 여러 가지 방법 중 가장 적은 비용으로 공항에 도착할 수 있는 방법은?

〈숙박요금〉

구분	공항 근처 모텔	공항 픽업 호텔	회사 근처 모텔
요금	80,000원	100,000원	40,000원

〈대중교통 요금 및 소요시간〉

구분	버스	택시
회사 → 공항 근처 모텔	20,000원 3시간	40,000원 1시간 30분
회사 → 공항 픽업 호텔	10,000원 1시간	20,000원 30분
회사 → 회사 근처 모텔	근거리이므로 무료	
공항 픽업 호텔 → 공항	픽업으로 무료	
공항 근처 모텔 → 공항	근거리이므로 무료	
회사 근처 모텔 → 공항	20,000원 3시간	40,000원 1시간 30분

※ 시간도 금액으로 계산한다(1시간당 10,000원).

① 공항 근처 모텔로 버스 타고 이동 후 숙박
② 공항 픽업 호텔로 버스 타고 이동 후 숙박
③ 공항 픽업 호텔로 택시 타고 이동 후 숙박
④ 회사 근처 모텔에서 숙박 후 버스 타고 공항 이동
⑤ 회사 근처 모텔에서 숙박 후 택시 타고 공항 이동

37 다음 문단을 논리적 순서대로 바르게 나열한 것은?

(가) 닭 한 마리가 없어져서 뒷집 식구들이 모두 나서서 찾았다. 그런데 앞집 부엌에서 고기 삶는 냄새가 났다. 왜 우리 닭을 잡아먹었느냐고 따지자 주인은 아니라고 잡아뗐다. 부엌에서 나는 고기 냄새는 무어냐고 물었더니, 냄새가 날 리 없다고, 아마도 네가 오랫동안 고기 맛을 보지 못해서 환장했을 거라고 면박을 줬다. 너희 집 두엄 더미에 버려진 닭 털은 어찌된 거냐고 들이대자 오리 발을 들고 나와 그것은 네 집 닭 털이 아니라 우리 집 오리털이라고 변명했다. 네 집 닭을 훔쳐 먹은 것이 아니라 우리 집 오리를 내가 잡은 것인데, 그게 무슨 죄가 되냐고 오히려 큰소리쳤다.

(나) 남의 닭을 훔쳐다 잡아먹고서 부인할 수는 있다. 그러나 뭐 뀐 놈이 성내는 것도 분수가 있지, 피해자를 가해자로 몰아 처벌하게 하는 데야 말문이 막힐 수밖에 없는 일이 아닌가. 적반하장도 유분수지, 도둑이 주인을 도둑으로 처벌해 달라고 고소하는 일은 별로 흔하지 않을 것이다.

(다) 뒷집 사람은 원님에게 불려 가게 되었다. 뒷집에서 우리 닭을 훔쳐다 잡아먹었으니 처벌해 달라고 앞집 사람이 고소했던 것이다. 이번에는 증거물이 있었다. 바로 앞집 사람이 잡아먹고 남은 닭발이었는데, 그것을 뒷집 두엄 더미에 넣어 두었던 것이다. 뒷집 사람은 앞집에서는 증조부 때 이후로 닭을 기른 적이 없다고 항변했지만 그것을 입증해 줄 만한 사람은 없었다. 뒷집 사람은 어쩔 수 없이 앞집에 닭 한 마리 값을 물어 주었다.

(라) '닭 잡아먹고 오리 발 내민다.'라는 속담이 있다. 제가 저지른 나쁜 일이 드러나게 되니 어떤 수단을 써서 남을 속이려 한다는 뜻이다. 남을 속임으로써 난감한 처지에서 벗어나고자 하는 약삭빠른 사람의 행위를 이렇게 비유해서 말하는 것이다.

① (라) – (가) – (나) – (다)
② (라) – (가) – (다) – (나)
③ (라) – (나) – (가) – (다)
④ (라) – (나) – (다) – (가)
⑤ (라) – (다) – (나) – (가)

38 집에서 약수터까지 가는 데 형은 $\frac{1}{2}$ m/s로 걸어서 10분 걸리고, 동생은 15분이 걸린다. 두 사람이 동시에 집에서 출발하여 약수터를 다녀오는 데 형이 집에 도착했을 때 동생은 집에서 몇 m 떨어진 곳에 있는가?(단, 약수터에서 머문 시간은 생각하지 않는다)

① 150m
② 200m
③ 250m
④ 300m
⑤ 350m

39 다음은 H기업의 재고 관리에 대한 자료이다. 금요일까지 부품 재고 수량이 남지 않게 완성품을 만들 수 있도록 월요일에 주문해야 할 A ~ C부품 개수로 옳은 것은?(단, 주어진 조건 이외에는 고려하지 않는다)

〈부품 재고 수량과 완성품 1개당 소요량〉

부품명	부품 재고 수량(개)	완성품 1개당 소요량(개)
A	500	10
B	120	3
C	250	5

〈완성품 납품 수량〉

항목 ＼ 요일	월	화	수	목	금
완성품 납품 개수(개)	없음	30	20	30	20

※ 부품 주문은 월요일에 한 번 신청하며, 화요일 작업 시작 전에 입고된다.
※ 완성품은 부품 A, B, C를 모두 조립해야 한다.

	A	B	C
①	100	100	100
③	500	100	100
⑤	500	180	250

	A	B	C
②	100	180	200
④	500	150	200

40 귀하는 자동차도로 고유번호 부여 규정을 근거로 하여 도로에 노선번호를 부여할 계획이다. 다음 그림에서 점선은 '영토'를, 실선은 '고속국도'를 표시한 것이며, (가) ~ (라)는 '간선노선'을 (마), (바)는 '보조간선노선'을 나타낸 것이다. 다음 중 노선번호를 바르게 부여한 것은?

〈자동차도로 고유번호 부여 규정〉

자동차도로는 관리상 고속국도, 일반국도, 특별광역시도, 지방도, 시도, 군도, 구도의 일곱 가지로 구분된다. 이들 각 도로에는 고유번호가 부여되어 있고, 이는 지형도상의 특정 표지판 모양 안에 표시되어 있다. 그러나 군도와 구도는 구간이 짧고 노선 수가 많아 노선번호가 중복될 우려가 있어 표지상에 번호를 표기하지 않는다.

고속국도 가운데 간선노선의 경우 두 자리 숫자를 사용하며, 남북을 연결하는 경우는 서에서 동으로 가면서 숫자가 증가하는데 끝자리에 5를 부여하고, 동서를 연결하는 경우는 남에서 북으로 가면서 숫자가 증가하는데 끝자리에 0을 부여한다.

보조간선노선은 간선노선 사이를 연결하는 고속국도로, 이 역시 두 자리 숫자로 표기한다. 그런데 보조간선노선이 남북을 연결하는 모양에 가까우면 첫자리는 남쪽 시작점의 간선노선 첫자리를 부여하고 끝자리에는 5를 제외한 홀수를 부여한다. 한편 동서를 연결하는 모양에 가까우면 첫자리는 동서를 연결하는 간선노선 가운데 해당 보조간선노선의 바로 아래쪽에 있는 간선노선의 첫자리를 부여하며, 이때 끝자리는 0을 제외한 짝수를 부여한다.

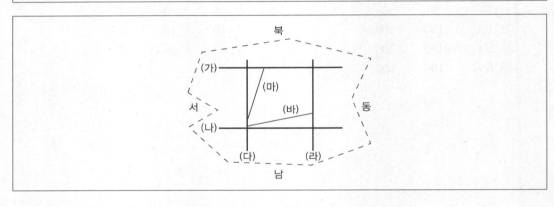

	(가)	(나)	(다)	(라)	(마)	(바)
①	25	15	10	20	19	12
②	20	10	15	25	18	14
③	25	15	20	10	17	12
④	20	10	15	25	17	12
⑤	20	15	15	25	17	14

41 H회사는 새롭게 개발한 립스틱을 대대적으로 홍보하고 있다. 다음 중 H회사의 사례에 대한 대안으로 가장 적절한 것은?

> H회사 립스틱의 특징은 지속력과 선명한 색상, 그리고 20대 여성을 타깃으로 한 아기자기한 디자인이다. 하지만 립스틱의 홍보가 안 되고 있어 매출이 좋지 않다. 조사결과 저가 화장품이라는 브랜드 이미지 때문인 것으로 드러났다.

① 블라인드 테스트를 통해 제품의 질을 인정받는다.
② 홍보비를 두 배로 늘려 더 많이 광고한다.
③ 브랜드 이름을 최대한 감추고 홍보한다.
④ 무료 증정 이벤트를 연다.
⑤ 타깃을 30대 여성으로 바꾼다.

42 다음 사례에서 H전자가 TV 시장에서 경쟁력을 잃게 된 주요 원인으로 가장 적절한 것은?

> 평면 TV 시장에서 PDP TV가 주력이 되리라 판단한 H전자는 2007년에 세계 최대 규모의 PDP 생산설비를 건설하기 위해 3조 원 수준의 막대한 투자를 결정한다. 당시 L전자와 S전자는 LCD와 PDP 사업을 동시에 수행하면서도 성장성이 높은 LCD TV로 전략을 수정하는 상황이었지만, H전자는 익숙한 PDP 사업에 더욱 몰입한 것이다. 하지만 주요 기업들의 투자가 LCD에 집중되면서, 새로운 PDP 공장이 본격 가동될 시점에 PDP의 경쟁력은 이미 LCD에 뒤처지게 됐다.
> 결국, 활용가치가 현저하게 떨어진 PDP 생산설비는 조기에 상각함을 고민할 정도의 골칫거리로 전락했다. H전자는 2011년에만 11조 원의 적자를 기록했으며, 2012년에도 10조 원 수준의 적자가 발생되었다. 연이은 적자는 H전자의 신용등급을 투기 등급으로 급락시켰고, H전자의 CEO는 '디지털 가전에서 패배자가 되었음'을 인정하며 고개를 숙였다. TV를 포함한 가전제품 사업에서 H전자가 경쟁력을 회복하기 어려워졌음은 말할 것도 없다.

① 사업 환경의 변화 속도가 너무나 빨라졌고, 변화의 속성도 예측이 어려워져 따라가지 못하였다.
② 차별성을 지닌 새로운 제품을 기획하고 개발하는 것에 대한 성공 가능성이 낮아져 주저했다.
③ 실패가 두려워 새로운 도전보다 안정적이며 실패 확률이 낮은 제품을 위주로 미래를 준비하였다.
④ 기존 사업영역에 대한 강한 애착으로 신사업이나 신제품에 대해 낮은 몰입도를 보였다.
⑤ 외부 환경이 어려워짐에 따라 잠재적 실패를 감내할 수 있는 자금을 확보하지 못하였다.

43 다음 회의록을 참고할 때, 고객지원팀의 강대리가 해야 할 일로 적절하지 않은 것은?

〈회의록〉

회의일시	2024년 ○○월 ○○일	부서	기획팀, 시스템개발팀, 고객지원팀
참석자	기획팀 김팀장, 박대리 / 시스템개발팀 이팀장, 김대리 / 고객지원팀 유팀장, 강대리		
회의안건	홈페이지 내 이벤트 신청 시 발생하는 오류로 인한 고객 불만에 따른 대처방안		
회의내용	• 홈페이지 고객센터 게시판 내 이벤트 신청 오류 관련 불만 글 확인 • 이벤트 페이지 내 오류 발생 원인에 대한 확인 필요 • 상담원의 미숙한 대응으로 고객들의 불만 증가(대응 매뉴얼 부재) • 홈페이지 고객센터 게시판에 사과문 게시 • 고객 불만 대응 매뉴얼 작성 및 이벤트 신청 시스템 개선 • 추후 유사한 이벤트 기획 시 기획안 공유 필요		

① 민원 처리 및 대응 매뉴얼 작성
② 상담원 대상으로 CS 교육 실시
③ 홈페이지 내 사과문 게시
④ 고객센터 게시판 모니터링
⑤ 오류 발생 원인 확인 및 신청 시스템 개선

44 귀하는 H회사 영업팀에 채용되어 일주일간의 신입사원 교육을 마친 뒤, 오늘부터 본격적인 업무를 시작하게 되었다. 영업팀 팀장은 첫 출근한 귀하를 자리로 불러 "다른 팀장들에게 인사하기 전에, 인사기록카드를 작성해서 관련 팀에 제출하도록 하세요. 그리고 우리 팀 비품 신청 건이 어떻게 처리되고 있는지도 확인 좀 부탁해요."라고 하였다. 팀장의 지시를 모두 처리하기 위한 귀하의 행동으로 가장 적절한 것은?

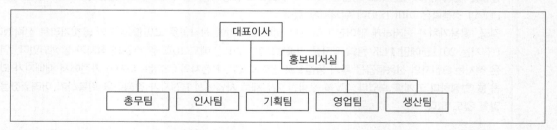

① 비서실에 가서 인사기록카드를 제출하고, 영업팀 비품 신청 상황을 묻는다.
② 인사팀에 가서 인사기록카드를 제출하고, 영업팀 비품 신청 상황을 묻는다.
③ 기획팀에 가서 인사기록카드를 제출하고, 영업팀 비품 신청 상황을 묻는다.
④ 인사팀에 가서 인사기록카드를 제출하고, 총무팀에 가서 영업팀 비품 신청 상황을 묻는다.
⑤ 생산팀에 가서 인사기록카드를 제출하고, 총무팀에 가서 영업팀 비품 신청 상황을 묻는다.

45 다음 중 업무 수행 성과를 높이기 위한 행동전략을 잘못 사용하고 있는 사람은?

> A사원 : 저는 해야 할 일이 생기면 미루지 않고, 그 즉시 바로 처리하려고 노력합니다.
> B사원 : 저는 여러 가지 일이 생기면 비슷한 업무끼리 묶어서 한 번에 처리하곤 합니다.
> C대리 : 저는 다른 사람이 일하는 방식과 다른 방식으로 생각하여 더 좋은 해결책을 발견하기도 합니다.
> D대리 : 저도 C대리의 의견과 비슷합니다. 저는 저희 팀의 업무 지침이 마음에 들지 않아 저만의 방식을 찾고자 합니다.
> E인턴 : 저는 저희 팀에서 일을 가장 잘한다고 평가받는 F부장님을 제 역할모델로 삼았습니다.

① A사원 ② B사원
③ C대리 ④ D대리
⑤ E인턴

46 다음 중 내부 벤치마킹에 대한 설명으로 가장 적절한 것은?

① 벤치마킹 대상의 적대적 태도로 인해 자료 수집에 어려움을 겪을 수 있다.
② 다각화된 우량기업의 경우 효과를 보기 어렵다.
③ 경쟁 기업을 통해 경영 성과와 관련된 정보를 획득할 수 있다.
④ 같은 기업 내의 타 부서 간 유사한 활용을 비교 대상으로 삼을 수 있다.
⑤ 문화 및 제도적인 차이로 발생할 수 있는 효과에 대한 검토가 필요하다.

47 다음 중 조직목표의 기능에 대한 설명으로 적절하지 않은 것은?

① 조직이 나아갈 방향을 제시해 주는 기능을 한다.
② 조직을 운영하는 데에 융통성을 제공하는 기능을 한다.
③ 조직구성원의 행동에 동기를 유발시키는 기능을 한다.
④ 조직구성원의 의사결정 기준의 기능을 한다.
⑤ 조직구조나 운영과정과 같이 조직 체제를 구체화할 수 있는 기준이 된다.

48 H회사 인사총무팀에 근무하는 T사원은 다음과 같은 업무 리스트를 작성한 뒤 우선순위에 맞게 재배열하려고 한다. 업무 리스트를 보고 T사원이 한 생각으로 적절하지 않은 것은?

〈2025년 1월 10일 인사총무팀 사원 T의 업무 리스트〉

- 인사총무팀 회식(1월 17일) 장소 예약 확인
- 회사 창립 기념일(1월 20일) 행사 준비
- 경영1팀 비품 주문 [월요일에 배송될 수 있도록 오늘 내 반드시 발주할 것]
- 이번 주 토요일(1월 11일) 당직 근무자 명단 확인 [업무 공백 생기지 않도록 주의]
- 1월 13일자 신입사원 면접 날짜 유선 안내 및 면접 가능 여부 확인

---

① 내일 당직 근무자 명단 확인을 가장 먼저 해야겠다.
② 경영1팀 비품 주문 후 회식 장소 예약을 확인해야겠다.
③ 신입사원 면접 안내는 여러 변수가 발생할 수 있으니 서둘러 준비해야겠다.
④ 신입사원 면접 안내 통보 후 연락이 안 된 면접자들을 따로 추려서 다시 연락을 취해야겠다.
⑤ 회사 창립 기념일 행사는 전 직원이 다 참여하는 큰 행사인 만큼 가장 첫 번째 줄에 배치해야겠다.

49 다음 글에서 설명하는 의사결정 방법은?

조직에서 의사결정을 하는 대표적인 방법으로, 여러 명이 한 가지 문제를 놓고 아이디어를 비판 없이 제시하여 그중에서 최선책을 찾아내는 방법이다. 다른 사람이 아이디어를 제시할 때 비판하지 않고, 아이디어를 최대한 많이 공유하고 이를 결합하여 해결책을 마련하게 된다.

---

① 만장일치 ② 다수결
③ 브레인스토밍 ④ 의사결정나무
⑤ 델파이 기법

50 다음은 대부분 조직에서 활용하고 있는 부서명과 담당 업무의 예를 나타낸 자료이다. 이를 근거로 할 때, 부서명과 그 담당 업무에 대한 설명으로 적절하지 않은 것은?

부서	업무 내용
총무부	주주총회 및 이사회 개최 관련 업무, 의전 및 비서업무, 집기비품 및 소모품의 구매와 관리, 사무실 임차 및 관리, 차량 및 통신시설의 운영, 국내외 출장 업무 협조, 복리후생 업무, 법률자문과 소송관리, 사내외 홍보 광고업무
인사부	조직기구의 개편 및 조정, 업무분담 및 조정, 인력수급 계획 및 관리, 직무 및 정원의 조정 종합, 노사관리, 평가관리, 상벌관리, 인사발령, 교육체계 수립 및 관리, 임금제도, 복리후생제도 및 지원업무, 복무관리, 퇴직관리
기획부	경영계획 및 전략 수립, 전사기획업무 종합 및 조정, 중장기 사업계획의 종합 및 조정, 경영정보 조사 및 기획보고, 경영진단업무, 종합예산수립 및 실적관리, 단기사업계획 종합 및 조정, 사업계획, 손익추정, 실적관리 및 분석
회계부	회계제도의 유지 및 관리, 재무상태 및 경영실적 보고, 결산 관련 업무, 재무제표 분석 및 보고, 법인세, 부가가치세, 국세 지방세 업무 자문 및 지원, 보험가입 및 보상업무, 고정자산 관련 업무
영업부	판매 계획, 판매예산의 편성, 시장조사, 광고 선전, 견적 및 계약, 제조지시서의 발행, 외상매출금의 청구 및 회수, 제품의 재고 조절, 거래처로부터의 불만 처리, 제품의 사후관리, 판매원가 및 판매가격의 조사 검토

① 사옥 이전에 따르는 이전 비용 산출과 신사옥 입주를 대내외에 홍보해야 할 업무는 기획부 소관 업무이다.
② 작년 판매분 중 일부 제품에 하자가 발생하여 고객의 클레임을 접수하고 하자보수 등의 처리를 담당하는 것은 영업부의 주도적인 역할이다.
③ 회사의 지속가능경영보고서에 수록되어 주주들에게 배포될 경영실적 관련 자료를 준비하느라 회계부 직원들은 연일 야근 중이다.
④ 사무실 이전 계획에 따라 새로운 사무실의 층간 배치와 해당 위치별 공용 사무용기 분배 관련 작업은 총무부에서 실시한다.
⑤ 지난달 퇴직자의 퇴직급여 수령액에 문제가 있어 인사부 직원은 회사 퇴직급여 규정을 찾아보고 정정 사항을 바로잡았다.

| 03 | 기술(기술능력)

※ 다음은 전열 난방기구의 제품설명서이다. 이어지는 질문에 답하시오. [41~43]

■ 설치방법

[스탠드형]
1) 제품 밑 부분이 위를 향하게 하고, 스탠드와 히터의 나사 구멍이 일치하도록 맞추세요.
2) 십자드라이버를 사용해 스탠드 조립용 나사를 단단히 고정해 주세요.
3) 스탠드 2개를 모두 조립한 후 제품을 똑바로 세워놓고 흔들리지 않는지 확인합니다.

[벽걸이형]
1) 벽걸이용 거치대를 본체에서 분리해 주세요.
2) 벽걸이용 거치대 양쪽 구멍의 거리에 맞춰 벽에 작은 구멍을 냅니다(단단한 콘크리트나 타일이 있을 경우 전동드릴로 구멍을 내면 좋습니다).
3) 제공되는 나사를 이용해 거치대를 벽에 고정해 주세요.
4) 양손으로 본체를 들어서 평행을 맞춰 거치대에 제품을 고정합니다.
5) 거치대의 고정 나사를 단단히 조여 흔들리지 않도록 고정합니다.

■ 사용방법
1) 전원선을 콘센트에 연결합니다.
2) 전원버튼을 누르면 작동을 시작합니다.
3) 1단(750W), 2단(1500W)의 출력 조절버튼을 터치해 출력을 조절할 수 있습니다.
4) 온도 조절버튼을 터치하여 온도를 조절할 수 있습니다.
   - 설정 가능한 온도 범위는 15 ~ 40℃입니다.
   - 에너지 절약을 위해 실내온도가 설정온도에 도달하면 자동으로 전원이 차단됩니다.
   - 실내온도가 설정온도보다 약 2 ~ 3℃ 내려가면 다시 작동합니다.
5) 타이머 버튼을 터치하여 작동 시간을 설정할 수 있습니다.
6) 출력 조절버튼을 5초 이상 길게 누르면 잠금 기능이 활성화됩니다.

■ 주의사항
   - 제품을 사용하지 않을 때나 제품을 점검할 때는 전원코드를 반드시 콘센트에서 분리하세요.
   - 사용자가 볼 수 있는 위치에서만 사용하세요.
   - 사용 시에 화상을 입을 수 있으니 손을 대지 마세요.
   - 바닥이 고르지 않은 곳에서는 사용하지 마세요.
   - 젖은 수건, 의류 등을 히터 위에 올려놓지 마세요.
   - 장난감, 철사, 칼, 도구 등을 넣지 마세요.
   - 제품 사용 중 이상이 발생한 경우 분해하지 마시고, A/S센터에 문의해 주세요.
   - 본체 가까이에서 스프레이 캔이나 인화성 위험물을 사용하지 마세요.
   - 휘발유, 신나, 벤젠, 등유, 알칼리성 비눗물, 살충제 등을 이용하여 청소하지 마세요.
   - 제품을 물에 담그지 마세요.
   - 젖은 손으로 전원코드, 본체, 콘센트 등을 만지지 마세요.
   - 전원 케이블이 과도하게 꺾이거나 피복이 벗겨진 경우에는 전원을 연결하지 마시고, A/S센터로 문의하시기 바랍니다.
   ※ 주의사항을 지키지 않을 경우 고장 및 감전, 화재의 원인이 될 수 있습니다.

41 A씨는 작업장에 벽걸이형 난방기구를 설치하고자 한다. 다음 중 벽걸이형 난방기구의 설치방법으로 가장 적절한 것은?

① 벽걸이용 거치대의 양쪽 구멍과 상단 구멍의 위치에 맞게 벽에 작은 구멍을 낸다.
② 스탠드 2개를 조립한 후 벽걸이형 거치대를 본체에서 분리한다.
③ 벽이 단단한 콘크리트로 되어 있을 경우 거치대를 따로 고정하지 않아도 된다.
④ 거치대를 벽에 고정시킨 뒤, 평행을 맞추어 거치대에 제품을 고정시킨다.
⑤ 스탠드의 고정 나사를 조여 제품이 흔들리지 않는지 확인한다.

42 다음 중 난방기구 사용방법으로 적절하지 않은 것은?

① 전원선을 콘센트에 연결한 후 전원버튼을 누른다.
② 출력 조절버튼을 터치하여 출력을 1단으로 낮춘다.
③ 히터를 작동시키기 위해 설정온도를 현재 실내온도인 20℃로 조절하였다.
④ 전기료 절감을 위해 타이머를 1시간으로 맞추어 놓고 사용하였다.
⑤ 잠금 기능을 활성화하기 위해 출력 조절버튼을 5초 이상 길게 눌렀다.

43 난방기구가 사용 도중 갑자기 작동하지 않았다. 다음 중 난방기구의 고장 원인이 될 수 없는 것은?

① 바닥 면이 고르지 않은 곳에 두었다.
② 젖은 수건을 히터 위에 두었다.
③ 열원이 방출되는 구멍에 연필이 들어갔다.
④ 전원케이블의 피복이 벗겨져 있었다.
⑤ 작동되고 있는 히터를 손으로 만졌다.

※ H공사에서는 화장실의 청결을 위해 비데를 구매하고 귀하에게 비데를 설치하도록 지시하였다. 다음은 비데를 설치하기 위해 참고할 제품설명서의 일부이다. 이어지는 질문에 답하시오. **[44~45]**

〈설치방법〉

1) 비데 본체의 변좌와 변기의 앞면이 일치되도록 전후로 고정하십시오.
2) 비데용 급수호스를 정수필터와 비데 본체에 연결한 후 급수밸브를 열어 주십시오.
3) 전원을 연결하십시오(반드시 전용 콘센트를 사용하십시오).
4) 비데가 작동하는 소리가 들린다면 설치가 완료된 것입니다.

〈주의사항〉

• 전원은 반드시 AC220V에 연결하십시오(반드시 전용 콘센트를 사용하십시오).
• 변좌에 걸터앉지 말고 항상 중앙에 앉고, 변좌 위에 어떠한 것도 놓지 마십시오(착좌센서가 동작하지 않을 수도 있습니다).
• 정기적으로 수도필터와 정수필터를 청소 또는 교환해 주십시오.
• 급수밸브를 꼭 열어 주십시오.

〈A/S 신청 전 확인 사항〉

현상	원인	조치방법
물이 나오지 않을 경우	급수 밸브가 잠김	매뉴얼을 참고하여 급수밸브를 열어 주세요.
	정수필터가 막힘	매뉴얼을 참고하여 정수필터를 교체해 주세요(A/S상담실로 문의하세요).
	본체 급수호스 등이 동결	더운물에 적신 천으로 급수호스 등의 동결부위를 녹여 주세요.
기능 작동이 되지 않을 경우	수도필터가 막힘	흐르는 물에 수도필터를 닦아 주세요.
	착좌센서 오류	착좌센서에서 의류, 물방울, 이물질 등을 치워 주세요.
수압이 약할 경우	수도필터에 이물질이 낌	흐르는 물에 수도필터를 닦아 주세요.
	본체의 호스가 꺾임	호스의 꺾인 부분을 펴 주세요.
노즐이 나오지 않을 경우	착좌센서 오류	착좌센서에서 의류, 물방울, 이물질 등을 치워 주세요.
본체가 흔들릴 경우	고정 볼트가 느슨해짐	고정 볼트를 다시 조여 주세요.
비데가 작동하지 않을 경우	급수밸브가 잠김	매뉴얼을 참고하여 급수밸브를 열어 주세요.
	급수호스의 연결문제	급수호스의 연결상태를 확인해 주세요. 계속 작동하지 않는다면 A/S상담실로 문의하세요.
변기의 물이 샐 경우	급수호스가 느슨해짐	급수호스 연결부분을 조여 주세요. 계속 샐 경우 급수 밸브를 잠근 후 A/S상담실로 문의하세요.

44 귀하는 지시에 따라 비데를 설치하였으나 일주일이 지난 뒤, 동료 K사원으로부터 비데의 기능이 작동하지 않는다는 사실을 전해 들었다. 다음 중 해당 문제점에 대한 원인을 파악하기 위해 확인해야 할 사항으로 가장 적절한 것은?

① 급수밸브의 잠김 여부　　　② 급수밸브의 연결 상태
③ 정수필터의 청결 상태　　　④ 수도필터의 청결 상태
⑤ 비데의 고정 여부

45 44번 문제에서 확인한 사항이 추가로 다른 문제를 일으킬 수 있는지 미리 점검하고자 할 때 가장 적절한 행동은 무엇인가?

① 본체가 흔들리는지 확인한다.
② 물이 나오지 않는지 확인한다.
③ 수압이 약해졌는지 확인한다.
④ 노즐이 나오지 않는지 확인한다.
⑤ 변기의 물이 새는지 확인한다.

46 다음 중 기술능력에 대한 설명으로 옳지 않은 것은?

① 직업인으로서 요구되는 기술적인 요소들을 이해하고, 적절한 기술을 선택하여 적용하는 능력을 말한다.
② 기술능력이 뛰어난 사람은 주어진 한계 속에서 제한된 자원을 가지고 일한다.
③ 기술능력을 향상시키기 위한 방안에는 전문연수원, OJT, 상급학교 진학 등이 있다.
④ 기술능력이 부족한 사람은 기술적 해결에 대한 효용성을 평가한다.
⑤ 기술교양은 기술을 사용하고 운영하고 이해하는 능력이다.

※ 귀하가 근무하는 기술자격팀에서 작년부터 연구해 온 데이터의 흐름도가 완성되었다. 다음 자료와 〈조건〉을 보고 이어지는 질문에 답하시오. [47~48]

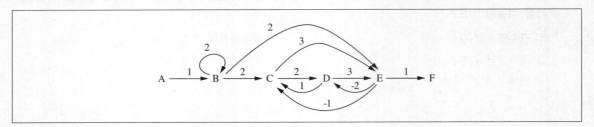

〈조건〉
- 데이터는 화살표 방향으로만 이동할 수 있으며, 같은 경로를 여러 번 반복해서 이동할 수 있다.
- 화살표 위의 숫자는 그 경로를 통해 데이터가 1회 이동할 때마다 데이터에 곱해지는 수치를 의미한다.
- 각 경로를 따라 데이터가 이동할 때 1회 이동 시간은 1시간이며, 데이터의 총 이동 시간은 10시간을 초과할 수 없다.
- 데이터의 대소 관계는 [음수<0<양수]의 원칙에 따른다.

47 A에서 1이 입력되었을 때 F에서의 결과가 가장 크게 되는 값은?

① 276　　　　　　　　　② 384

③ 432　　　　　　　　　④ 864

⑤ 1,028

48 A에 100이 입력되었을 때 F에서의 결과가 가장 작은 경로는?

① A − B − B − E − D − C − E − C − E − F

② A − B − C − D − E − D − E − D − E − F

③ A − B − C − D − E − D − C − D − E − F

④ A − B − E − D − C − E − C − D − E − F

⑤ A − B − B − C − E − D − E − D − E − F

49 다음은 기술 시스템의 발전 단계를 나타낸 자료이다. 빈칸에 들어갈 단계로 가장 적절한 것은?

〈기술 시스템의 발전 단계〉

1단계 : 발명, 개발, 혁신의 단계

↓

2단계 : 기술 이전의 단계

↓

3단계 : _____

↓

4단계 : 기술 공고화 단계

① 기술 협조의 단계　　　　　　② 기술 경영의 단계
③ 기술 평가의 단계　　　　　　④ 기술 경쟁의 단계
⑤ 기술 투자의 단계

50 다음 글에서 설명하는 것은 무엇인가?

기술혁신은 신기술이 발생, 발전, 채택되고, 다른 기술에 의해 사라질 때까지의 일정한 패턴을 가지고 있다. 기술의 발달은 처음에는 서서히 시작되다가 성과를 낼 수 있는 힘이 축적되면 급속한 진전을 보인다. 그리고 기술의 한계가 오면 성과는 점차 줄어들게 되고, 한계가 온 기술은 다시 성과를 내는 단계로 상승할 수 없으며, 여기에 혁신적인 새로운 기술이 출현하게 된다. 혁신적인 새로운 기술은 기존의 기술이 한계에 도달하기 전에 출현하는 경우가 많으며, 기존에 존재하는 시장의 요구를 만족시키면서 전혀 새로운 지식을 기반으로 한다. 이러한 기술의 예로 필름 카메라에서 디지털카메라로, 콤팩트디스크(Compact Disk)에서 엠피쓰리플레이어(MP3 Player)로의 전환 등을 들 수 있다.

① 바그너 법칙　　　　　　② 기술의 S곡선
③ 빅3 법칙　　　　　　　④ 생산비의 법칙
⑤ 기술경영

41 다음 시트에서 [B7] 셀에 함수식 「=SUM(B2:CHOOSE(2,B3,B4,B5))」을 입력하였을 때, 표시되는 결괏값으로 옳은 것은?

	A	B
1	성명	점수
2	김진영	23
3	이은설	45
4	장영실	12
5	김지현	10
6		
7	부분합계	

① 23 ② 68
③ 80 ④ 90
⑤ 100

42 다음 〈보기〉 중 데이터베이스의 필요성에 대한 설명으로 옳지 않은 것을 모두 고르면?

―――〈보기〉―――
㉠ 데이터베이스를 이용하면 데이터 관리상의 보안을 높일 수 있다.
㉡ 데이터베이스 도입만으로 특정 자료 검색을 위한 효율이 높아진다고 볼 수는 없다.
㉢ 데이터베이스를 이용하면 데이터 관리 효율은 높일 수 있지만, 데이터의 오류를 수정하기가 어렵다.
㉣ 데이터가 양적으로 방대하다고 해서 반드시 좋은 것은 아니다. 데이터베이스를 형성해 중복된 데이터를 줄여야 한다.

① ㉠, ㉡ ② ㉠, ㉢
③ ㉡, ㉢ ④ ㉡, ㉣
⑤ ㉢, ㉣

43 짝수 행에만 배경색과 글꼴 스타일 '굵게'를 설정하는 조건부 서식을 지정하고자 한다. 다음 중 이를 위해 [새 서식 규칙] 대화상자에 입력할 수식으로 옳은 것은?

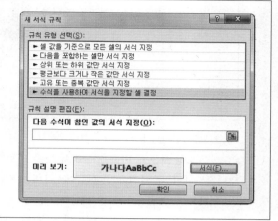

① =MOD(ROW(),2)=1
② =MOD(COLUMN(),2)=0
③ =MOD(COLUMN(),2)=1
④ =MOD(ROW(),2)=0
⑤ =MOD(COLUMN(),1)=1

44 다음 중첩 반복문을 실행할 때 "Do all one can"이 출력되는 횟수는 총 몇 번인가?

```
for ( i = 0; i < 4; i++)
{
for ( j = 0; j < 6; j++)
{
printf("Do all one can\n");
}
}
```

① 12번   ② 18번
③ 24번   ④ 26번
⑤ 32번

45 다음 시트에서 [C2:C5] 영역을 선택하고 선택된 셀들의 내용을 모두 지우려고 할 때, 사용해야 할 방법으로 옳지 않은 것은?

◢	A	B	C	D	D
1	성명	출석	과제	실기	총점
2	박경수	20	20	55	95
3	이정수	15	10	60	85
4	경동식	20	14	50	84
5	김미경	5	11	45	61

① 키보드의 〈Back Space〉 키를 누른다.
② 마우스의 오른쪽 버튼을 눌러서 나온 바로가기 메뉴에서 [내용 지우기]를 선택한다.
③ [홈] − [편집] − [지우기] 메뉴에서 [내용 지우기]를 선택한다.
④ 키보드의 〈Delete〉 키를 누른다.
⑤ [홈] − [편집] − [지우기] 메뉴에서 [모두 지우기]를 선택한다.

46 다음 중 함수식에 대한 결괏값으로 옳지 않은 것은?

	함수식	결괏값
①	=ODD(12)	13
②	=EVEN(17)	18
③	=MOD(40,−6)	−2
④	=POWER(6,3)	18
⑤	=QUOTIENT(19,6)	3

47 다음 중 정보의 전략적 기획에 대한 설명으로 옳지 않은 것은?

① 전략적 기획은 정보수집을 수행하기 이전에 이루어진다.
② 수집정보의 품질뿐 아니라 정보수집의 비용성도 고려되어야 한다.
③ 언제까지 정보를 수집하여야 하는지 기한도 계획하여야 한다.
④ 정보의 전략적 기획은 정보수집 원천을 파악하는 과정을 포함한다.
⑤ 폭넓은 정보수집을 위해 정보수집의 대상과 종류 등은 포괄적으로 지정할수록 좋다.

48 다음 중 워드프로세서의 커서 이동키에 대한 설명으로 옳은 것은?

① 〈Home〉 : 커서를 현재 문서의 맨 처음으로 이동시킨다.

② 〈End〉 : 커서를 현재 문단의 맨 마지막으로 이동시킨다.

③ 〈Back Space〉 : 커서를 화면의 맨 마지막으로 이동시킨다.

④ 〈Page Down〉 : 커서를 한 화면 단위로 하여 아래로 이동시킨다.

⑤ 〈Alt〉+〈Page Up〉 : 커서를 파일의 맨 처음으로 이동시킨다.

49 센서 노드(Sensor Node)는 센서를 가지고 주위의 환경에 대해서 센싱(Sensing)을 하여 데이터를 수집·전송하는 노드이다. 다음 중 센서 노드에 대한 설명으로 옳지 않은 것은?

① 싱크 노드까지의 데이터 전송 경로를 찾는다.

② 주기적으로 환경정보를 측정한다.

③ 측정한 데이터를 싱크 노드까지 전송한다.

④ 윈도우나 리눅스 계열의 운용체계로 제어가 가능하다.

⑤ 이웃 노드의 데이터를 싱크 노드로 전달한다.

50 H사에 근무하는 K사원은 다음 시트와 같이 [D2:D7] 영역에 사원들의 업무지역별 코드번호를 입력하였다. K사원이 [D2] 셀에 입력한 수식으로 옳은 것은?

	A	B	C	D	E	F	G
1	성명	부서	업무지역	코드번호		업무지역별	코드번호
2	김수로	총무부	서울	1		서울	1
3	이경제	인사부	부산	4		경기	2
4	박선하	영업부	대구	5		인천	3
5	이지현	인사부	광주	8		부산	4
6	김일수	총무부	울산	6		대구	5
7	서주완	기획부	인천	3		울산	6
8						대전	7
9						광주	8

① =VLOOKUP(C2,$F$2:$G$9,1,0)

② =VLOOKUP(C2,$F$2:$G$9,2,0)

③ =HLOOKUP(C2,$F$2:$G$9,1,0)

④ =HLOOKUP(C2,$F$2:$G$9,2,0)

⑤ =INDEX($F$2:$G$9,2,1)

51 다음 중 한국수력원자력의 2024년 활동으로 옳지 않은 것은?

① 원자력 공급망 품질경영시스템(ISO 19443) 인증 획득

② 신고리4호기 최초 계통연결

③ 재난관리평가 국무총리 표창 수상

④ 신한울2호기 상업운전 돌입

52 다음 중 한국수력원자력에 대한 설명으로 옳지 않은 것은?

① 2003년에 울진 5호기 최초로 연료를 장전하였다.

② 2008년에 중국에 원자력 건설기술을 수출하였다.

③ 2018년에 APR+가 미국 NRC에서 표준설계승인서를 취득하였다.

④ 2019년에 한국형 최초 영농병행 태양광 보급사업 1호를 준공하였다.

53 다음 중 빈칸에 들어갈 사람의 업적으로 옳은 것은?

> 중립외교 정책은 _____ 때 실시하였던 외교 정책이다. 후금이 명의 변방을 위협하자 명은 조선의 출병을 요구하였다. 이에 _____은 강홍립에게 지시해 출병한 후 정세를 보아 후금에 투항하도록 했다. 명과 후금 사이에서 중립을 유지하도록 하여 실질적인 이익을 얻으려 한 것이다.

① 대동법　　　　　　　　　② 균역법

③ 영정법　　　　　　　　　④ 과전법

54 다음 정책의 시행으로 나타난 현상에 대한 설명으로 옳은 것은?

> 지금 서울 시내의 민폐를 말하자면 시전의 금난전 행위가 으뜸이다. 우리나라의 금난전권은 국역을 지는 육의전으로 하여금 이익을 온전케 하기 위해 실시한 것이다. 그러나 근래에는 무뢰배들이 삼삼오오로 시전을 만들어 일상 생활품을 독점하지 않는 것이 없다. … 30년 이전에 조직된 작은 규모의 시전들을 해체하고, 또 육의전 이외의 시전에는 금난전권을 인정하지 말며, 그것을 어기는 상인은 법으로 다스려야 할 것이다.
> — 『정조실록』

① 공인의 상업 활동이 억제되었다.
② 특권 상인에게 중과세가 부과되었다.
③ 몰락 농민의 도시 이주가 줄어들었다.
④ 사상(私商)의 활동 범위가 확대되었다.

55 다음 자료에 해당하는 군사 조직에 대한 설명으로 옳은 것은?

> 주상께서 도감을 설치하여 군사를 훈련시키라고 명하시고 나를 도제조로 삼으시므로 내가 청하기를, "당속미* 1천 석을 군량으로 하되 한 사람당 하루에 2승씩 준다하여 군인을 모집하면 응하는 자가 사방에 모여들 것입니다."라고 하였다. … 얼마 안 되어 수천 명을 얻어 조총 쏘는 법과 창칼 쓰는 기술을 가르치고 … 또 당번을 정하여 궁중을 숙직하게 하고, 국왕의 행차가 있을 때 이들로 호위하게 하니 민심이 점차 안정되었다.
> — 『서애집』
>
> * 당속미(唐粟米) : 명에서 들여온 좁쌀

① 정조 때 설치된 국왕의 친위 부대였다.
② 정미7조약에 의해 강제로 해산되었다.
③ 포수, 사수, 살수의 삼수병으로 편제되었다.
④ 이종무의 지휘 아래 대마도 정벌에 참여하였다.

www.sdedu.co.kr

2일 차
기출응용 모의고사

〈문항 및 시험시간〉

평가영역	문항 수	시험시간	모바일 OMR 답안채점 / 성적분석 서비스		
[공통] 의사소통＋수리＋문제해결 ＋자원관리 [사무] 조직이해 [기술] 기술 [ICT] 정보 [상식] 회사상식＋한국사	55문항	60분	사무	기술	ICT

2일 차 기출응용 모의고사

문항 수 : 55문항
시험시간 : 60분

제**1**영역 **직업기초능력**

| 01 | **공통**

01 다음 문단을 논리적 순서대로 바르게 나열한 것은?

> (가) 하지만 영화를 볼 때 소리를 없앤다면 어떤 느낌이 들까? 아마 내용이나 분위기, 인물의 심리 등을 파악하기 힘들 것이다. 이런 점을 고려할 때 영화 속 소리는 영상과 분리해서 생각할 수 없는 필수 요소라고 할 수 있다. 소리는 영상 못지않게 다양한 기능이 있기 때문에 현대 영화감독들은 영화 속 소리를 적극적으로 활용하고 있다.
>
> (나) 이와 같이 영화 속 소리는 다양한 기능을 수행하기 때문에 영화의 예술적 상상력을 빼앗는 것이 아니라 오히려 더 풍부하게 해 준다. 그래서 현대 영화에서 소리를 빼고 작품을 완성한다는 것은 생각하기 어려운 일이 되었다.
>
> (다) 영화의 소리에는 대사, 음향 효과, 음악 등이 있으며, 이러한 소리들은 영화에서 다양한 기능을 수행한다. 우선, 영화 속 소리는 다른 예술 장르의 표현 수단보다 더 구체적이고 분명하게 내용을 전달하는 데 도움을 줄 수 있다. 그리고 줄거리 전개에 도움을 주거나 작품의 상징적 의미를 전달할 뿐만 아니라 주제 의식을 강조하는 역할을 하기도 한다. 또 영상에 현실감을 줄 수 있으며, 영상의 시공간적 배경을 확인시켜 주는 역할도 한다. 또한 영화 속 소리는 영화의 분위기를 조성하고 인물의 내면 심리도 표현할 수 있다.
>
> (라) 유성영화가 등장했던 1920년대 후반에 유럽의 표현주의나 형식주의 감독들은 영화 속의 소리에 대한 부정적인 견해가 컸다. 그들은 가장 영화다운 장면은 소리 없이 움직이는 그림으로만 이루어진 장면이라고 믿었다. 그래서 그들은 영화 속 소리가 시각 매체인 영화의 예술적 효과와 영화적 상상력을 빼앗을 것이라고 내다보았다.

① (가) - (다) - (라) - (나)
② (다) - (나) - (가) - (라)
③ (다) - (라) - (가) - (나)
④ (라) - (가) - (다) - (나)
⑤ (라) - (다) - (가) - (나)

---

02 다음 빈칸에 들어갈 내용으로 가장 적절한 것은?

미국 대통령 후보 선거제도 중 '코커스'는 정당 조직의 가장 하위 단위인 기초선거구의 당원들이 모여 상위의 전당대회에 참석할 대의원을 선출하는 당원회의이다. 대의원 후보들은 자신이 대통령 후보로 누구를 지지하는지 먼저 밝힌다. 상위 전당대회에 참석할 대의원들은 각 대통령 후보에 대한 당원들의 지지율에 비례해서 선출된다. 코커스에서 선출된 대의원들은 카운티 전당대회에서 투표권을 행사하여 다시 다음 수준인 의회선거구 전당대회에 보낼 대의원들을 선출한다. 여기서도 비슷한 과정을 거쳐 주(州) 전당대회 대의원들을 선출해내고, 거기서 다시 마지막 단계인 전국 전당대회 대의원들을 선출한다. 주에 따라 의회선거구 전당대회는 건너뛰기도 한다.

1971년까지는 선거법에 따라 민주당과 공화당 모두 5월 둘째 월요일까지 코커스를 개최해야 했다. 그런데 민주당 전국위원회가 1972년부터는 대선후보 선출을 위한 전국 전당대회를 7월 말에 개최하도록 결정하면서 1972년 아이오와주 민주당의 코커스는 그해 1월에 열렸다. 아이오와주 민주당 규칙에 코커스, 카운티 전당대회, 의회선거구 전당대회, 주 전당대회, 전국 전당대회 순서로 진행되는 각급 선거 간에 최소 30일의 시간적 간격을 두어야 한다는 규정이 있었기 때문이다. 이후 아이오와주에서 공화당이 1976년부터 코커스 개최 시기를 1월로 옮기면서, _____

아이오와주의 선거 운영 방식은 민주당과 공화당 간에 차이가 있었다. 공화당의 경우 코커스를 포함한 하위 전당대회에서 특정 대선후보를 지지하여 당선된 대의원이 상위 전당대회에서 반드시 같은 후보를 지지해야 하는 것은 아니었다. 반면 민주당의 경우 그러한 구속력을 부여하였다. 그러나 2016년부터 공화당 역시 상위 전당대회에 참여하는 대의원에게 같은 구속력을 부여함으로써 기층 당원의 대통령 후보에 대한 지지도가 전국 전당대회에 참여할 주(州) 대의원 선출에 반영되도록 했다.

① 아이오와주는 미국의 대선후보 선출 과정에서 선거 운영 방식이 달라진 최초의 주가 되었다.
② 아이오와주는 미국의 대선후보 선출 과정에서 민주당과 공화당 사이에 깊은 골을 남기게 되었다.
③ 아이오와주는 미국의 대선후보 선출 과정에서 코커스의 개정을 요구하는 최초의 주가 되었다.
④ 아이오와주는 미국의 대선후보 선출 과정에서 코커스 제도를 폐지한 최초의 주가 되었다.
⑤ 아이오와주는 미국의 대선후보 선출 과정에서 민주당과 공화당 모두 가장 먼저 코커스를 실시하는 주가 되었다.

03 H잡지에서는 인터넷 이용 동향을 파악할 목적으로 700명의 표본을 골라 조사를 실시하였고, 다음과 같은 결과를 얻었다. 이를 토대로 알 수 있는 결론에 대해 바르게 말한 사람을 〈보기〉에서 모두 고르면?

〈성별에 따른 응답 차이〉

(단위 : 명)

구분	자주 이용	가끔 이용	이용하지 않음	합계
남	113	145	92	350
여	99	175	76	350
합계	212	320	168	700

〈연령에 따른 응답 차이〉

(단위 : 명)

구분	자주 이용	가끔 이용	이용하지 않음	합계
30세 미만	135	159	56	350
30세 이상	77	161	112	350
합계	212	320	168	700

─────〈보기〉─────

민지 : 인터넷을 자주 이용하는 사람은 30세 이상의 남성층이 30세 미만의 남성층보다 약간 많다.
성호 : 인터넷을 이용하는 사람은 남성보다 여성이 더 많다.
우리 : 인터넷을 이용하지 않는 사람은 30세 이상이 30세 미만보다 더 많다.

① 민지   ② 성호
③ 우리   ④ 민지, 성호
⑤ 성호, 우리

※ 다음은 H공사의 동호회 인원 구성을 나타낸 자료이다. 이어지는 질문에 답하시오. [4~5]

〈H공사 동호회 인원 현황〉

(단위 : 명)

구분	2021년	2022년	2023년	2024년
축구	87	92	114	131
농구	73	77	98	124
야구	65	72	90	117
배구	52	56	87	111
족구	51	62	84	101
등산	19	35	42	67
여행	12	25	39	64
합계	359	419	554	715

04 2024년 축구 동호회 인원 증가율이 계속 유지된다고 가정할 때, 2025년 축구 동호회의 인원은?(단, 소수점 첫째 자리에서 반올림한다)

① 147명
② 149명
③ 151명
④ 153명
⑤ 155명

05 다음 중 자료에 대한 설명으로 옳은 것은?

① 동호회 인원이 많은 순서로 나열할 때, 매년 그 순위는 변화가 없다.
② 2022 ~ 2024년 동안 동호회 인원 구성에서 등산이 차지하는 비중은 전년 대비 매년 증가했다.
③ 2022 ~ 2024년 동안 동호회 인원 구성에서 배구가 차지하는 비중은 전년 대비 매년 증가했다.
④ 2022년 족구 동호회 인원은 2022년 전체 동호회의 평균 인원보다 많다.
⑤ 등산과 여행 동호회 인원의 합은 같은 해의 축구 동호회 인원에 비해 매년 적다.

06 다음 〈조건〉을 토대로 추론한 내용으로 옳은 것은?

─〈조건〉─
- 태환, 지성, 영표, 주영, 수윤이가 수영 시합을 하였다.
- 지성이는 태환이보다 늦게, 주영이보다 빨리 들어왔다.
- 영표는 지성이보다 늦게 들어왔지만 5등은 아니었다.
- 수윤이는 태환이보다 먼저 들어왔다.

① 태환이는 4등이다.
② 수윤이는 1등이다.
③ 지성이는 3등이 아니다.
④ 주영이는 5등이 아니다.
⑤ 영표는 2등이다.

07 L씨는 콘택트 렌즈를 구매하려 한다. 다음 자료를 토대로 가격을 비교할 때, 1년 동안 가장 적은 비용으로 사용할 수 있는 렌즈는 무엇인가?(단, 1년 동안 똑같은 제품만을 사용하며, 1년은 52주이다)

〈렌즈별 판매 정보〉

구분	가격	착용기한	서비스 제공 여부
A렌즈	30,000원	1달	–
B렌즈	45,000원	2달	1+1
C렌즈	20,000원	1달	1+2 (3월, 7월, 11월 한정)
D렌즈	5,000원	1주	–
E렌즈	65,000원	2달	1+2

※ 1월에 처음으로 렌즈를 구매한다.

① A렌즈
② B렌즈
③ C렌즈
④ D렌즈
⑤ E렌즈

08 다음 자료에 근거할 때, 갑이 내년 1월 1일부터 12월 31일까지 A ~ D 네 가지 작물을 재배하여 최대로 얻을 수 있는 소득은?

갑은 작물별 재배 기간과 재배 가능 시기를 고려하여 작물 재배 계획을 세우고자 한다. 아래 표의 네 가지 작물 중 어느 작물이든 재배할 수 있으나, 동시에 두 가지 작물을 재배할 수는 없다. 또한 하나의 작물을 같은 해에 두 번 재배할 수도 없다.

〈작물 재배 조건〉

작물	1회 재배 기간	재배 가능 시기	1회 재배로 얻을 수 있는 소득
A	4개월	3월 1일 ~ 11월 30일	800만 원
B	5개월	2월 1일 ~ 11월 30일	1,000만 원
C	3개월	3월 1일 ~ 11월 30일	500만 원
D	3개월	2월 1일 ~ 12월 31일	350만 원

① 1,500만 원
② 1,650만 원
③ 1,850만 원
④ 2,000만 원
⑤ 2,150만 원

09 다음은 규칙에 따라 2에서 10까지의 서로 다른 자연수의 관계를 나타낸 그림이다. 이때 A ~ C에 해당하는 수의 합은?

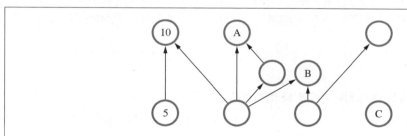

〈규칙〉

• 2에서 10까지의 자연수는 ◯ 안에 한 개씩만 사용되고, 사용되지 않는 자연수는 없다.
• 2에서 10까지의 서로 다른 임의의 자연수 3개를 x, y, z라고 할 때 다음과 같다.
  - $x \longrightarrow y$ 는 y가 x의 배수임을 나타낸다.
  - 화살표로 연결되지 않은 z 는 z가 x, y와 약수나 배수 관계가 없음을 나타낸다.

① 20
② 21
③ 22
④ 23
⑤ 24

※ 다음 글을 읽고 이어지는 질문에 답하시오. [10~12]

(가) 경주 일대는 지반이 불안정한 양산단층에 속하는 지역으로, 언제라도 지진이 일어날 수 있는 활성단층이다. 옛날에도 큰 지진이 일어났다는 기록이 있다. 삼국사기에 의하면 통일신라 때 지진으로 인해 100여 명의 사망자가 발생했으며, 전문가들은 그 지진이 진도 8.0 이상의 강진이었던 것으로 추정한다. 그 후로도 여러 차례의 강진이 경주를 덮쳤다. 그럼에도 불구하고 김대성이 창건한 불국사와 석굴암 그리고 첨성대 등은 그 모습을 오늘날까지 보존하고 있다. 과연 이 건축물들에 적용된 내진설계의 비밀은 무엇일까. 그 비밀은 바로 그랭이법과 동틀돌이라는 전통 건축 방식에 숨어 있다.

(나) 그리고 주춧돌의 모양대로 그랭이칼을 빙글 돌리면 기둥의 밑면에 자연석의 울퉁불퉁한 요철이 그대로 그려진다. 그 후 도구를 이용해 기둥에 그어진 선의 모양대로 다듬어서 자연석 위에 세우면 자연석과 기둥의 요철 부분이 마치 톱니바퀴처럼 정확히 맞물리게 된다. 여기에 석재가 흔들리지 않도록 못처럼 규칙적으로 설치하는 돌인 동틀돌을 추가해 건물을 더욱 안전하게 지지하도록 만들었다. 다시 말하면, 그랭이법은 기둥에 홈을 내고 주춧돌에 단단히 박아서 고정하는 서양의 건축 양식과 달리 자연석 위에 기둥이 자연스럽게 올려져 있는 형태인 셈이다. 불국사에서는 백운교 좌우의 큰 바위로 쌓은 부분에서 그랭이법을 확연히 확인할 수 있다. 천연 바위를 그대로 둔 채 장대석과 접합시켜 수평을 이루도록 한 것이다.

(다) 그랭이법이란 자연석을 그대로 활용해 땅의 흔들림을 흡수하는 놀라운 기술이다. 즉, 기둥이나 석축 아래에 울퉁불퉁한 자연석을 먼저 쌓은 다음 그 위에 올리는 기둥이나 돌의 아랫부분을 자연석 윗면의 굴곡과 같은 모양으로 맞추어 마치 톱니바퀴처럼 맞물리게 하는 기법이다. 이 같은 작업을 그랭이질이라고도 하는데, 그랭이질을 하기 위해서는 오늘날의 컴퍼스처럼 생긴 그랭이칼이 필요하다. 주로 대나무를 사용해 만든 그랭이칼은 끝의 두 가닥을 벌릴 수 있는데, 주춧돌 역할을 하는 자연석에 한쪽을 밀착시킨 후 두 가닥 중 다른 쪽에 먹물을 묻혀 기둥이나 석축 부분에 닿도록 한다.

(라) 지난 9월 12일 경주를 강타한 지진은 1978년 기상청이 계기로 관측을 시작한 이후 한반도 역대 최대인 규모 5.8이었다. 당시 전국 대부분의 지역뿐만 아니라 일본, 중국 등에서도 진동을 감지할 정도였다. 이로 인해 경주 및 그 일대 지역의 건물들은 벽이 갈라지고 유리가 깨지는 등의 피해를 입었다. 하지만 이 지역에 집중돼 있는 신라시대의 문화재들은 극히 일부만 훼손됐다. 첨성대의 경우 윗부분이 수 cm 이동했고, 불국사 다보탑은 일제가 시멘트로 보수한 부분이 떨어진 것에 그쳤으며, 나머지 피해도 주로 지붕 및 담장의 기와 탈락, 벽체 균열 등에 불과했다.

10 다음 중 윗글을 논리적 순서대로 바르게 나열한 것은?

① (다) – (가) – (라) – (나) ② (다) – (나) – (라) – (가)
③ (라) – (가) – (다) – (나) ④ (라) – (나) – (가) – (다)
⑤ (라) – (다) – (나) – (가)

11 다음 중 윗글이 어떤 질문에 대한 답일 때, 그 질문으로 가장 적절한 것은?

① 경주에 지진이 발생하는 원인은 무엇일까?

② 경주 문화재는 왜 지진에 강할까?

③ 우리나라 전통 건축 기법은 무엇일까?

④ 지진과 내진설계의 관계는?

⑤ 현재와 과거에 발생한 경주 지진 발생의 차이점은?

12 다음 중 한자성어와 속담의 관계가 (다) 문단에서 밑줄 친 두 단어의 관계와 유사한 것은?

① 이공보공(以空補空) – 바늘 끝에 알을 올려놓지 못한다.

② 수즉다욕(壽則多辱) – 보기 싫은 반찬이 끼마다 오른다.

③ 함포고복(含哺鼓腹) – 한 가랑이에 두 다리 넣는다.

④ 망양보뢰(亡羊補牢) – 소 잃고 외양간 고친다.

⑤ 가인박명(佳人薄命) – 날 받아 놓은 색시 같다.

13 다음과 같은 일정한 규칙으로 수를 나열할 때 빈칸에 들어갈 수로 옳은 것은?

1	3	6	11	( )	29	

① 16   ② 18

③ 21   ④ 23

⑤ 25

14 독일인 A씨는 베를린에서 한국을 경유하여 일본으로 가는 비행기표를 구매하였다. A씨의 일정이 다음과 같을 때, A씨가 인천공항에 도착하는 한국시각과 A씨가 참여할 환승투어를 바르게 짝지은 것은?(단, 제시된 조건 외에는 고려하지 않는다)

〈A씨의 일정〉

한국행 출발시각 (독일시각 기준)	비행시간	인천공항 도착시각	일본행 출발시각 (한국시각 기준)
5월 2일 19:30	12시간 20분		5월 3일 18:30

※ 독일은 한국보다 8시간 느리다.

〈환승투어 코스 안내〉

구분	코스	소요시간
엔터테인먼트	• 인천공항 → 파라다이스시티 아트테인먼트 → 인천공항	2시간
인천시티	• 인천공항 → 송도한옥마을 → 센트럴파크 → 인천공항 • 인천공항 → 송도한옥마을 → 트리플 스트리트 → 인천공항	2시간
산업	• 인천공항 → 광명동굴 → 인천공항	4시간
전통	• 인천공항 → 경복궁 → 인사동 → 인천공항	5시간
해안관광	• 인천공항 → 을왕리해변 또는 마시안해변 → 인천공항	1시간

      도착시각   환승투어
① 5월 2일 23:50   산업
② 5월 2일 15:50   엔터테인먼트
③ 5월 3일 23:50   전통
④ 5월 3일 15:50   인천시티
⑤ 5월 3일 7:50   해안관광

15 다음 〈조건〉에 따라 전국노래대회 예선이 진행된다. 甲이 심사위원장을 알아내고자 할 때, 〈보기〉에서 옳은 것을 모두 고르면?

〈조건〉

- 예선의 심사위원은 심사위원장 1인을 포함하여 총 4인이며, 그중 누가 심사위원장인지 참가자에게 공개되지 않는다.
- 심사위원은 참가자의 노래를 들은 후 동시에 ○ 또는 ×의 결정을 내리며, 다수결에 의해 예선 통과 여부가 결정된다.
- 만약 ○와 ×를 결정한 심사위원의 수가 같다면, 심사위원장이 ○ 결정을 한 경우 통과, × 결정을 한 경우 탈락한다.
- 4명의 참가자들은 어떤 심사위원이 자신에게 ○ 또는 × 결정을 내렸는지와 통과 또는 탈락 여부를 정확히 기억하여 甲에게 알려주었다.

〈보기〉

ㄱ. 4명의 참가자가 모두 심사위원 3인의 ○ 결정으로 통과했다면, 甲은 심사위원장을 알아낼 수 없다.
ㄴ. 4명의 참가자가 모두 같은 2인의 심사위원에게만 ○ 결정을 받아 탈락했다면, 甲은 심사위원장을 알아낼 수 있다.
ㄷ. 4명의 참가자가 모두 2인의 심사위원에게만 ○ 결정을 받았고, ○ 결정을 한 심사위원의 구성이 모두 다르다면, 甲은 심사위원장을 알아낼 수 있다.

① ㄱ
② ㄴ
③ ㄱ, ㄷ
④ ㄴ, ㄷ
⑤ ㄱ, ㄴ, ㄷ

16 세 상품 A ~ C에 대한 선호도 조사를 실시했다. 조사에 응한 사람이 가장 좋아하는 상품부터 1 ~ 3순위를 부여하였고, 조사 결과가 다음 〈조건〉과 같을 때 C에 3순위를 부여한 사람의 수는?(단, 두 상품에 같은 순위를 표시할 수는 없다)

〈조건〉

- 조사에 응한 사람은 20명이다.
- A를 B보다 선호한 사람은 11명이다.
- B를 C보다 선호한 사람은 14명이다.
- C를 A보다 선호한 사람은 6명이다.
- C에 1순위를 부여한 사람은 없다.

① 4명
② 5명
③ 6명
④ 7명
⑤ 8명

17 다음 자료를 참고할 때 A고객과 B고객이 내야 할 총액은?

<상품별 가격 정보>

구분	금액(원)	비고
전복(1kg)	50,000	–
블루베리(100g)	1,200	–
고구마(100g)	5,000	–
사과(5개)	10,000	–
오렌지(8개)	12,000	–
우유(1L)	3,000	S우유 구매 시 200원 할인
소갈비(600g)	20,000	LA갈비 18,000원
생닭(1마리)	9,000	손질 요청 시 1,000원 추가
배송비	3,000	12만 원 이상 구매 시 무료
신선포장	1,500	–
봉투비	100	배송 시 무료 제공

※ S카드로 결제 시 5% 할인

고객	품목	비고
A	전복(1kg), 블루베리(600g), 고구마(200g), 사과(10개), 오렌지(8개), 우유(1L)	배송, 신선포장, 봉투 1개 필요, 현금 결제
B	블루베리(200g), 오렌지(8개), S우유(1L), 소갈비(600g), 생닭(1마리)	생닭 손질, 봉투 2개 필요, S카드 결제

	A	B
①	106,500원	45,030원
②	105,600원	44,080원
③	105,600원	45,030원
④	106,700원	45,030원
⑤	106,700원	44,080원

18 H회사의 X사원은 회의가 길어져 편의점에서 간식을 사오려고 하는데 모두에게 햄버거와 음료수를 하나씩 주려고 한다. 총 11명이 회의에 참석한다면, 다음 중 총 금액을 최소화하는 구매 방법은 무엇인가?(단, 모든 사람이 같은 메뉴를 먹을 필요는 없다)

〈햄버거 가격 정보〉

종류	가격	특징
치킨버거	2,300원	2개 구매 시 그중 1개는 30% 할인
불고기버거	2,300원	3개 구매 시 물 1병 증정
치즈버거	2,000원	–

〈음료수 가격 정보〉

종류	가격	특징
보리차	1,100원	2병 구매 시 추가로 1병 무료 증정
물	800원	–
오렌지주스	1,300원	4병 구매 시 추가로 2병 무료 증정
포도주스	1,400원	치즈버거 개수만큼 포도주스 병당 40% 할인

① 치킨버거 10개, 치즈버거 1개, 보리차 9병, 물 2병
② 치킨버거 8개, 불고기버거 3개, 보리차 6병, 오렌지주스 4병, 물 1병
③ 불고기버거 9개, 치즈버거 2개, 보리차 6병, 물 3병, 포도주스 2병
④ 불고기버거 6개, 치즈버거 5개, 보리차 3병, 물 3병, 포도주스 5병
⑤ 치즈버거 11개, 포도주스 11개

※ 다음은 에너지원별 발전설비와 발전량에 대한 자료이다. 이어지는 질문에 답하시오. [19~20]

<에너지원별 발전설비 추이>

연도 구분	2015년	2016년	2017년	2018년	2019년	2020년	2021년	2022년	2023년	2024년
원자력	13,716	15,716	15,716	16,716	17,716	17,716	17,716	17,716	17,716	17,716
수력	3,876	3,876	3,877	3,883	3,883	5,485	5,492	5,505	5,515	5,525
석탄	15,531	15,931	15,931	17,465	17,965	18,465	20,465	23,705	24,205	24,205
유류	4,868	4,660	6,011	4,666	4,710	4,790	5,404	5,407	5,438	4,831
가스	12,868	13,618	14,518	15,746	16,447	17,436	17,948	17,969	17,850	19,417
집단	–	–	–	1,382	1,382	1,382	893	1,460	1,610	2,617
대체	–	–	–	104	156	240	351	728	1,036	1,768
합계	50,859	53,801	56,053	59,962	62,259	65,514	68,269	72,490	73,370	76,079

<에너지원별 발전량 추이>

연도 구분	2015년	2016년	2017년	2018년	2019년	2020년	2021년	2022년	2023년	2024년
원자력	112,133	119,103	129,672	130,715	146,779	148,749	142,937	150,958	147,771	147,474
수력	4,151	5,311	6,887	5,861	5,189	5,189	5,042	5,561	5,641	6,567
석탄	110,333	118,022	120,276	127,158	133,658	139,205	154,674	173,508	193,216	197,917
유류	28,156	25,095	26,526	18,512	17,732	16,598	18,131	10,094	14,083	22,351
가스	30,451	38,943	39,090	55,999	58,118	68,302	78,427	75,809	65,274	90,846
집단	–	–	–	3,553	2,759	2,597	3,084	5,336	5,827	5,897
대체	–	–	–	350	404	511	829	1,090	1,791	3,159
합계	285,224	306,474	322,451	342,148	364,639	381,151	403,124	422,356	433,603	474,211

19 2024년 원자력 발전설비 점유율은 2023년에 비해 몇 %p 감소했는가?(단, 소수점 둘째 자리에서 반올림한다)

① 0.4%p   ② 0.8%p

③ 1.2%p   ④ 1.4%p

⑤ 1.6%p

20 2024년에 석탄은 전체 에너지원 발전량의 몇 %를 차지했는가?(단, 소수점 첫째 자리에서 반올림한다)

① 30%   ② 34%

③ 38%   ④ 42%

⑤ 50%

21 다음 중 빈칸에 들어갈 접속어로 가장 적절한 것은?

날이 추우면 통증이 커질 수 있는 질환이 몇 가지 있다. 골관절염이나 류마티스 관절염 등 관절 관련 질환이 여기에 해당한다. 통증은 신체에 어떤 이상이 있으니 상황이 악화되지 않도록 피할 방법을 준비하라고 스스로에게 알리는 경고이다.

골관절염과 류마티스 관절염은 여러 면에서 차이가 있으나 환절기에 추워지면 증상이 악화될 수 있다는 공통점이 있다. 날씨에 따라 관절염 증상이 악화되는 이유를 의학적으로 명확하게 설명할 수 있는 근거는 다소 부족하지만 추위로 인해 관절염 통증이 심해질 수 있다. 우리는 신체의 신경을 통해 통증을 느끼는데, 날이 추워지면 신체의 열을 빼앗기지 않고자 조직이 수축한다. 이 과정에서 신경이 자극을 받아 통증을 느끼게 되는 것이다. 즉, 관절염의 질환 상태에는 큰 변화가 없을지라도 날이 추워지면 평소보다 더 심한 통증을 느끼게 된다.

_____ 날이 추워질수록 외부 온도 변화에 대응할 수 있도록 가벼운 옷을 여러 개 겹쳐 입어 체온을 일정하게 유지해야 한다. 특히 일교차가 큰 환절기에는 아침, 점심, 저녁으로 변화하는 기온에 따라 옷을 적절하게 입고 벗을 필요가 있다. 오전에 첫 활동을 시작할 때는 가벼운 스트레칭을 통해 체온을 올린 후 활동하는 것도 효과적이다. 춥다고 웅크린 상태에서 움직이지 않으면 체온이 유지되지 않을 수 있으므로 적절한 활동을 지속하는 것이 중요하다.

---

① 한편　　　　　　　　　　　　② 따라서
③ 그러나　　　　　　　　　　　④ 그리고
④ 그럼에도 불구하고

22 예선 경기에서 우승한 8명의 선수들이 본선 경기를 진행하려고 한다. 경기 방식은 토너먼트이고 작년에 우승한 1 ~ 4위까지의 선수들이 첫 경기에서 만나지 않도록 대진표를 정한다. 이때 가능한 대진표의 경우의 수는?

① 60가지　　　　　　　　　　② 64가지
③ 68가지　　　　　　　　　　④ 72가지
⑤ 76가지

23 다음은 H유통에서 발생하는 작업 환경의 유해 원인을 작업장별로 나타낸 자료이다. 이에 대한 설명으로 옳은 것을 〈보기〉에서 모두 고르면?

〈작업장별 작업 환경의 유해 원인〉

구분	작업 환경의 유해 원인	사례 수		
		A작업장	B작업장	합계
1	소음(물리적 요인)	3	1	4
2	분진(화학적 요인)	1	2	3
3	진동(물리적 요인)	3	0	3
4	바이러스(생물학적 요인)	0	5	5
5	부자연스러운 자세 (인간공학적 요인)	5	3	8
	합계	12	11	23

─〈보기〉─

ㄱ. A작업장에서 발생하는 작업 환경 유해 사례는 화학적 요인에서 가장 많이 발생되었다.

ㄴ. B작업장에서 발생하는 작업 환경 유해 사례는 생물학적 요인에서 가장 많이 발생되었다.

ㄷ. A와 B작업장에서 화학적 요인으로 발생되는 작업 환경의 유해 요인은 집진 장치를 설치하여 예방할 수 있다.

① ㄱ

② ㄴ

③ ㄴ, ㄷ

④ ㄱ, ㄷ

⑤ ㄱ, ㄴ, ㄷ

24 H공사에서 ○○기능사 실기시험 일정을 7월 중에 3일간 진행하려고 한다. 일정은 다른 기능사 실기시험일 또는 행사일에는 동시에 진행할 수 없으며, 필기시험 날은 중복이 가능하다. 다음 중 ○○기능사 실기시험 날짜로 가장 적절한 것은?

〈7월 달력〉

일	월	화	수	목	금	토
			1	2	3 H공사 체육대회	4
5	6	7	8	9 □□기능사 필기시험	10	11
12	13	14 △△기능사 실기시험	15 △△기능사 실기시험	16 △△기능사 실기시험	17	18
19	20	21	22	23	24	25
26	27	28	29	30	31	

※ 실기시험은 월~토요일에 실시한다.
※ 24~29일에는 시험장 보수공사를 실시한다.

① 3~6일
② 7~9일
③ 13~15일
④ 23~25일
⑤ 29~31일

※ 다음은 호텔별 연회장 대여 현황에 대한 자료이다. 이어지는 질문에 답하시오. [25~26]

〈호텔별 연회장 대여 현황〉

건물	연회장	대여료	수용 가능 인원	회사로부터 거리	비고
A호텔	연꽃실	140만 원	200명	6km	2시간 이상 대여 시 추가비용 40만 원
B호텔	백합실	150만 원	300명	2.5km	1시간 초과 대여 불가능
C호텔	매화실	150만 원	200명	4km	이동수단 제공
C호텔	튤립실	180만 원	300명	4km	이동수단 제공
D호텔	장미실	150만 원	250명	4km	–

25 총무팀에 근무하고 있는 이대리는 김부장에게 다음과 같은 지시를 받았다. 이대리가 연회장 예약을 위해 지불해야 하는 예약금은 얼마인가?

> 다음 주에 있을 회사창립 20주년 기념행사를 위해 준비해야 할 것들을 알려줄게요. 먼저 다음 주 금요일 오후 6시부터 8시까지 사용 가능한 연회장 리스트를 뽑아서 행사에 적합한 연회장을 예약해 주세요. 연회장 대여를 위한 예산은 160만 원이고, 회사에서의 거리가 가까워야 임직원들이 이동하기에 좋을 것 같아요. 행사 참석 인원은 240명이고, 이동수단을 제공해 준다면 우선적으로 고려하도록 하세요. 예약금은 대여료의 10%라고 하니 예약 완료하고 지불하도록 하세요.

① 14만 원
② 15만 원
③ 16만 원
④ 17만 원
⑤ 18만 원

26 회사창립 20주년 기념행사의 연회장 대여 예산이 200만 원으로 증액된다면, 이대리는 어떤 연회장을 예약하겠는가?

① A호텔 연꽃실
② B호텔 백합실
③ C호텔 매화실
④ C호텔 튤립실
⑤ D호텔 장미실

27 다음 글의 제목으로 가장 적절한 것은?

'5060세대'. 몇 년 전까지만 해도 그들은 사회로부터 '지는 해' 취급을 받았다. '오륙도'라는 꼬리표를 달아 일터에서 밀어내고, 기업은 젊은 고객만 왕처럼 대우했다. 젊은 층의 지갑을 노려야 돈을 벌 수 있다는 것이 기업의 마케팅 전략이었기 때문이다.

그러나 최근 들어 상황이 달라졌다. 5060세대가 새로운 소비 군단으로 주목되기 시작한 가장 큰 이유는 고령화 사회로 접어들면서 시니어(Senior) 마켓 시장이 급속도로 커지고 있는 데다가 이들이 돈과 시간을 가장 넉넉하게 가진 세대이기 때문이다.

통계청이 집계한 가구주 나이별 가계수지 자료를 보면, 한국 사회에서는 50대 가구주의 소득이 가장 높은 것으로 나타났다. 월평균 361만 500원으로 40대의 소득보다도 높은 것으로 집계됐다. 가구주 나이가 40대인 가구의 가계수지를 보면, 소득은 50대보다 적으면서도 교육 관련 지출(45만 6,400원)이 압도적으로 높아 소비 여력이 낮은 편이다. 그러나 50대 가구주의 경우 소득이 높으면서 소비 여력 또한 충분하다. 50대 가구주의 처분가능소득은 288만 7,500원으로 전 연령층에서 가장 높다.

이들이 신흥 소비군단으로 떠오르면서 '애플(APPLE)족'이라는 마케팅 용어까지 등장했다. 활동적이고(Active) 자부심이 강하며(Pride) 안정적으로(Peace) 고급문화(Luxury)를 즐기는 경제력(Economy) 있는 50대 이후 세대를 뜻하는 말이다. 통계청은 여행과 레저를 즐기는 5060세대를 '주목해야 할 블루슈머 7' 가운데 하나로 선정했다. 과거 5060세대는 자식을 보험으로 여기며 자식에게 의존하면서 살아가는 전통적인 노인이었다. 그러나 애플족은 자녀로부터 독립해 자기만의 새로운 인생을 추구한다. '통크족(TONK; Two Only, No Kids)'이라는 별칭이 붙는 이유이다. 통크족이나 애플족은 젊은 층의 전유물로 여겨졌던 자기중심적이고 감각 지향적인 소비도 주저하지 않는다. 후반전 인생만은 자기가 원하는 일을 하며 멋지게 살아야 한다고 생각하기 때문이다.

애플족은 한국 국민 가운데 해외여행을 가장 많이 하는 세대이기도 하다. 그리고 그들은 어떤 지출보다 교양·오락비를 아낌없이 쓰는 것이 특징이다. 전문가들은 애플족의 교양·오락 및 문화에 대한 지출비용은 앞으로도 증가할 것으로 내다보고 있다. 한 사회학과 교수는 "고령사회로 접어들면서 성공적 노화 개념이 중요해짐에 따라 텔레비전 시청, 수면, 휴식 등 소극적 유형의 여가에서 게임 등 재미와 젊음을 찾을 수 있는 진정한 여가로 전환되고 있다."라고 말했다. 이 교수는 젊은이 못지않은 의식과 행동반경을 보이는 5060세대를 겨냥한 다양한 상품과 서비스에 대한 수요가 앞으로도 크게 늘 것이라고 내다보았다.

※ 블루슈머(Bluesumer) : 경쟁자가 없는 시장을 의미하는 블루오션(Blue Ocean)과 소비자(Consumer)의 합성어로, 새로운 제품에 적응력이 높고 소비성향을 선도하는 소비자를 의미한다.

① 애플족의 소비 성향은 어떠한가?
② 5060세대의 사회·경제적 위상 변화
③ 다양한 여가 활동을 즐기는 5060세대
④ 애플족을 '주목해야 할 블루슈머 7'로 선정
⑤ 점점 커지는 시니어 마켓 시장의 선점 방법

28 H문구 제조업체는 연필 생산 공장을 신설하고자 한다. 다음 자료를 토대로 할 때, 총운송비를 최소화할 수 있는 공장입지는 어디인가?

〈생산 조건〉

- 완제품인 연필을 생산하기 위해서는 나무와 흑연이 모두 필요하다.

구분	나무	흑연
완제품 1톤 생산에 필요한 양(톤)	3	2

〈운송 조건〉

- 원재료 운송비는 산지에서 공장으로 공급하는 운송비만을 고려한다.
- 완제품인 연필의 운송비는 공장에서 시장으로 공급하는 운송비만 고려한다.

구분	나무	흑연	연필
km·톤당 운송비(만 원/km·톤)	20	50	20

※ (총운송비)=(원재료 운송비)+(완제품 운송비)

〈공장입지 후보지 간 거리〉

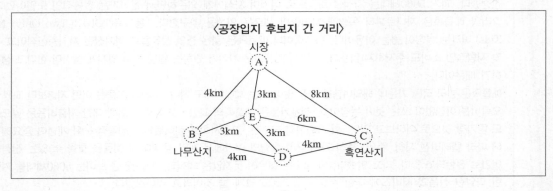

① A
② B
③ C
④ D
⑤ E

29 다음은 중국의 의료 빅데이터 예상 시장 규모에 대한 자료이다. 이를 토대로 전년 대비 성장률을 나타낸 그래프로 옳은 것은?(단, 소수점 둘째 자리에서 반올림한다)

〈2016 ~ 2025년 중국 의료 빅데이터 예상 시장 규모〉

(단위 : 억 위안)

구분	2016년	2017년	2018년	2019년	2020년	2021년	2022년	2023년	2024년	2025년
규모	9.6	15.0	28.5	45.8	88.5	145.9	211.6	285.6	371.4	482.8

①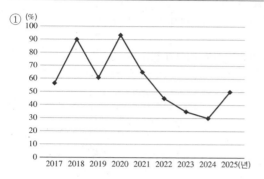

②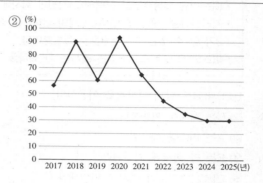

③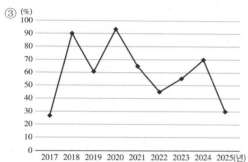

④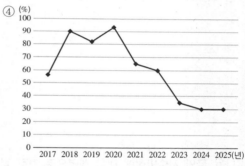

⑤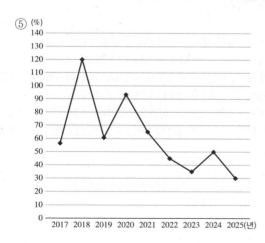

30 취업준비생 A ~ E가 지원한 회사는 서로 다른 가 ~ 마 회사 중 한 곳이며, 다섯 회사는 서로 다른 곳에 위치하고 있다. 다섯 사람이 모두 서류에 합격하여 〈조건〉에 따라 지하철, 버스, 택시 중 하나를 골라 회사에 가려고 할 때, 다음 중 옳지 않은 것은?(단, 한 가지 교통수단은 최대 두 명까지 이용할 수 있으며, 한 사람도 이용하지 않은 교통수단은 없다)

───────〈조건〉───────

- 택시를 타면 가, 나, 마 회사에 갈 수 있다.
- A는 다 회사에 지원했다.
- E는 어떤 교통수단을 선택해도 지원한 회사에 갈 수 있다.
- 지하철에는 D를 포함한 두 사람이 타며, 둘 중 한 사람은 라 회사에 지원했다.
- B가 탈 수 있는 교통수단은 지하철뿐이다.
- 버스와 택시로 갈 수 있는 회사는 가 회사를 제외하면 서로 겹치지 않는다.

① B와 D는 함께 지하철을 이용한다.
② C는 택시를 이용한다.
③ A는 버스를 이용한다.
④ E는 라 회사에 지원했다.
⑤ C는 나 또는 마 회사에 지원했다.

31 다음 글의 서술방식에 대한 설명으로 가장 적절한 것은?

이튿날 옥단춘은 혈룡에게 뜻밖의 말을 하였다. "오늘은 평양 감사가 봄놀이로 연광정에서 잔치를 한다는 명을 내렸습니다. 내 아직 기생의 몸으로서 감사의 명을 거역하고 안 나갈 수 없으니 서방님은 잠시 용서하시고 집에 계시면 속히 돌아오겠습니다." 말을 하고 난 후에 옥단춘은 연광정으로 나갔다. 그 뒤에 이혈룡도 집을 나와서 비밀 수배한 역졸을 단속하고 연광정의 광경을 보려고 내려갔다. 이때 평양 감사 김진희는 도내 각 읍의 수령을 모두 청하여 큰 잔치를 벌였는데, 그 기구가 호화찬란하고 진수성찬의 배반(杯盤)이 낭자하였다. 이때는 춘삼월 호시절이었다. 좌우산천을 둘러보니 꽃이 피어 온통 꽃산이 되었고 나뭇잎은 피어서 온통 청산으로 변해 있었다.

– 『옥단춘전』

① 배경을 세밀하게 묘사하여 사건의 분위기를 조성하고 있다.
② 등장인물의 성격 변화를 통해 갈등과 긴장감을 극대화하고 있다.
③ 서술자가 직접 개입하여 인물의 행동과 심리를 드러내고 있다.
④ 과장과 희화화 수법을 활용하여 등장인물의 성격을 부각시키고 있다.
⑤ 과거와 현재를 오가며 이야기가 진행되고 있다.

32 다음은 5개 업체에서 판매 중인 사이다에 대해 비교한 자료이다. 이를 참고할 때 어느 곳의 사이다를 사는 것이 가장 이득인가?(단, 소수점 셋째 자리에서 반올림한다)

〈업체별 사이다 용량 및 가격〉

구분	A업체	B업체	C업체	D업체	E업체
가격(원)	25,000	25,200	25,400	25,600	25,800
한 개당 용량(mL)	340	345	350	355	360
한 묶음 개수(개)	25	24	25	24	24

※ 사이다는 한 묶음으로만 판매한다.

① A업체   ② B업체
③ C업체   ④ D업체
⑤ E업체

33 김과장은 오후 2시 회의에 참석하기 위해 대중교통을 이용하여 총 10km를 이동해야 한다. 다음 〈조건〉을 고려할 때 비용이 두 번째로 많이 드는 방법은?

〈조건〉
- 회의에 지각해서는 안 되며, 오후 1시 40분에 대중교통을 이용하기 시작한다.
- 회의가 시작되기 전에 먼저 도착하여 대기하는 시간을 비용으로 환산하면 1분당 200원이다.
- 이용가능한 대중교통은 버스, 지하철, 택시만 있고, 출발지에서 목적지까지는 모두 직선노선이다.
- 택시의 기본요금으로 갈 수 있는 거리는 2km이다.
- 택시의 기본요금은 2,000원으로 추가되는 2km마다 100원씩 증가하며, 2km를 1분에 간다.
- 지하철은 2km를 2분에 가고, 버스는 2km를 3분에 간다. 버스와 지하철은 2km마다 정거장이 있고, 동일 노선을 운행한다.
- 버스와 지하철 요금은 1,000원이며 무료환승이 가능하다.
- 환승은 버스와 지하철, 버스와 택시 간에만 가능하고, 환승할 경우 소요시간은 2분이며 반드시 버스로 네 정거장을 가야만 한다.
- 환승할 때 느끼는 번거로움 등을 비용으로 환산하면 1분당 450원이다.

① 택시만 이용해서 이동한다.
② 버스만 이용해서 이동한다.
③ 지하철만 이용해서 이동한다.
④ 버스와 택시를 환승하여 이동한다.
⑤ 버스와 지하철을 환승하여 이동한다.

34 다음은 1인당 우편 이용 물량에 대한 자료이다. 이에 대한 설명으로 옳은 것은?

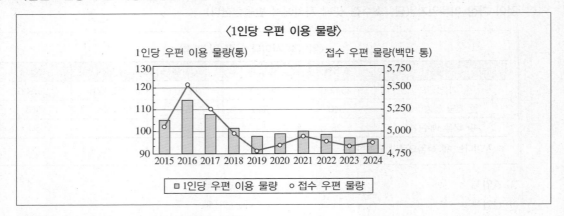

① 1인당 우편 이용 물량은 증가 추세에 있다.
② 1인당 우편 이용 물량은 2016년에 가장 높았고, 2019년에 가장 낮았다.
③ 매년 평균적으로 1인당 4일에 한 통 이상은 우편물을 보냈다.
④ 1인당 우편 이용 물량과 접수 우편 물량 모두 2021년부터 2024년까지 지속적으로 감소하고 있다.
⑤ 접수 우편 물량이 가장 많은 해와 가장 적은 해의 차이는 약 900백만 통이다.

35 H은행은 최근 열린 금융 세미나에 참여해 보이스피싱을 주제로 대화를 나누었다. 다음 중 B, C의 주장을 바르게 분석한 것은?

> H : 최근 보이스피싱 범죄가 모든 금융권으로 확산되면서 피해액이 늘어나고 있습니다. 이에 금융 당국이 은행에도 일부 보상 책임을 지게 하는 방안을 검토하는 것으로 알려지고 있습니다. 이에 대해 어떻게 생각하십니까?
> B : 개인들이 자신의 정보를 잘못 관리한 책임까지 은행에서 진다는 것은 문제가 있습니다. 도와드릴 수 있다면 좋겠지만, 은행 입장에서도 한계가 있는 부분이 있어 안타까울 뿐입니다.
> C : 소비자들이 자신의 개인 정보 관리에 다소 부주의함이 있다는 것은 인정합니다. 그러나 개인의 부주의를 얘기하는 것보다는 정부가 근본적인 해결책을 모색하는 것이 더욱 시급합니다.

① B와 달리 C는 보이스피싱 피해에 대한 책임을 소비자에게만 전가해서는 안 된다고 생각한다.
② B와 C는 보이스피싱 범죄의 확산에 대한 일차적 책임이 은행과 정부에 있다고 생각한다.
③ B와 C는 보이스피싱 범죄로 인한 피해를 방지하기 위해 은행에서 노력하고 있다고 생각한다.
④ B는 보이스피싱 범죄를 근본적으로 해결하기 위해 은행의 역할을, C는 정부의 역할을 강조한다.
⑤ B와 C는 보이스피싱 범죄의 확산을 막기 위해서는 제도적인 방안이 보완되어야 한다고 이야기하고 있다.

36 다음은 H공사 사보에 게시된 내용 중 일부이다. 이를 이해한 내용으로 적절하지 않은 것은?

리더는 자신이 가진 권위로 인해 쉽게 힘에 의존하는 경우가 있는데 이런 리더를 권위적이라 부른다. 대화나 공감보다는 힘을 앞세워 문제를 해결하려 하거나, 구성원들과 인간적인 측면의 교류보다는 권력을 가진 상위자로서 대접받고 싶어 한다는 말이다. 이는 개인의 성향과도 밀접한 관련이 있지만 그렇지 않은 사람도 분위기에 휩쓸리다 보면 자신도 모르는 사이에 권위주의적으로 바뀔 수 있다. 리더십은 개인의 스타일 외에 조직 문화에 의해서도 영향을 받기 때문이다.

종종 신문지상을 장식하는 기업들처럼 '시키면 시키는 대로 하는' 조직문화에서 리더의 명령은 절대적인 힘을 가질 수밖에 없다. 구성원들이 리더의 요구사항에 적절하게 대응하지 못하는 경우 리더는 권위에 대한 유혹을 느낀다. 이러한 과정에서 구성원들에게 욕설이나 협박, 인간적인 모욕감을 안겨주는 일이 일어날 수 있다. 그러다 보면 해야 할 말이 있어도 입을 꼭 다물고 말을 하지 않는 '침묵 효과'나 무엇을 해도 소용이 없을 것이라 여겨 저항 없이 시킨 일만 하는 '학습된 무기력'의 증상이 구성원들에게 나타날 수 있다.

조직에서 성과를 끌어내기 위한 가장 좋은 방법은 구성원들 스스로 목표를 인식하고 자발적으로 맡은 일에 전념함으로써 성과를 창출해 내도록 만드는 것이다. 리더가 구성원들의 머리와 가슴을 사로잡아 스스로 업무에 헌신하도록 만들어야 하는데 그러자면 리더는 덕(德)을 베풀 줄 알아야 한다.

한비자는 '덕(德)은 득(得)이다.'라고 말했다. 이는 덕이 단순히 도덕적인 품성을 갖추는 것뿐만 아니라 덕을 갖추면 얻는 것이 있다는 것을 나타낸다. 여기에서 얻을 수 있는 것이란 무엇일까? 다름 아닌 '사람'이다. 리더가 덕을 베풀면 구성원들은 마음을 열고 리더의 편이 된다. 구성원들이 리더의 편이 되면 강압적인 지시나 욕설이 아니어도 스스로 해야 할 일을 찾아 가치를 창출할 수 있게 된다.

권위는 자신도 모르는 사이에 외부로 드러날 수 있지만 분명한 한계를 가질 수밖에 없다. 처음에는 구성원들의 복종을 가져올 수 있겠지만 그것에 익숙해지면 더욱 강력한 권위 없이는 그들을 통제할 수 없게 된다. 반발을 불러일으키고 일정 수준이 넘어서게 되면 더 이상 리더가 가진 권위는 통하지 않게 된다. 그렇게 되면 리더는 더욱 강력한 권위에 의지하고 싶은 욕망이 생기게 되고 그것이 욕설이나 인격적인 모욕 등의 형태로 표출될 수밖에 없다. 이러한 것이 조직의 문화로 굳어지게 되면 그 조직은 권위 없이 움직일 수 없는 비효율적인 집단이 되고 만다. 아이오와 대학의 연구에 따르면 권위적인 리더가 이끄는 조직의 생산성은 높은 편이지만 리더가 자리를 비우게 되면 생산성이 급격히 떨어진다고 한다. 그러므로 리더는 구성원을 다루는 데 있어 권위를 제한적으로 사용하지 않으면 안 된다.

① 리더가 덕을 바탕으로 행동하면 이는 리더에 대한 충성으로 이어지게 된다.
② 권위적인 행동은 구성원들의 생산성을 떨어뜨리므로 하지 않아야 한다.
③ 리더의 강압적인 행동이나 욕설은 구성원들의 침묵과 학습된 무기력을 초래할 수 있다.
④ 덕으로 조직을 이끌면 구성원들로부터 긍정적인 감정을 얻게 된다.
⑤ 지속적으로 권위적인 행동을 하는 것은 구성원의 긴장을 야기하므로 좋지 않다.

37 A ~ E가 순서대로 퀴즈게임을 해서 벌칙 받을 사람 1명을 선정하고자 한다. 다음 게임 규칙과 결과에 근거할 때, 항상 옳은 것을 〈보기〉에서 모두 고르면?

• 규칙
  - A → B → C → D → E 순서대로 퀴즈를 1개씩 풀고, 모두 한 번씩 퀴즈를 풀고 나면 한 라운드가 끝난다.
  - 퀴즈 2개를 맞힌 사람은 벌칙에서 제외되고, 다음 라운드부터는 게임에 참여하지 않는다.
  - 라운드를 반복하여 맨 마지막까지 남는 한 사람이 벌칙을 받는다.
  - 벌칙에서 제외되는 4명이 확정되면 라운드 중이라도 더 이상 퀴즈를 출제하지 않는다. 이 외에는 라운드 끝까지 퀴즈를 출제한다.
  - 게임 중 동일한 문제는 출제되지 않는다.

• 결과
  3라운드에서 A는 참가자 중 처음으로 벌칙에서 제외되었고, 4라운드에서는 오직 B만 벌칙에서 제외되었으며, 벌칙을 받을 사람은 5라운드에서 결정되었다.

─〈보기〉─

ㄱ. 5라운드까지 참가자들이 정답을 맞힌 퀴즈는 총 9개이다.
ㄴ. 게임이 종료될 때까지 총 22개의 퀴즈가 출제되었다면, E는 5라운드에서 퀴즈의 정답을 맞혔다.
ㄷ. 게임이 종료될 때까지 총 21개의 퀴즈가 출제되었다면, 퀴즈를 푸는 순서가 벌칙을 받을 사람 선정에 영향을 미친 것으로 볼 수 있다.

---

① ㄱ
② ㄴ
③ ㄱ, ㄷ
④ ㄴ, ㄷ
⑤ ㄱ, ㄴ, ㄷ

38 H구에서는 주택을 소유하고 해당 주택에 거주하는 가구를 대상으로 주택 노후도 평가를 시행하여 그 결과에 따라 주택보수비용을 지원하고 있다. 다음 자료를 근거로 판단할 때 H구에 사는 C씨가 지원받을 수 있는 주택보수비용의 최대 액수는?

〈주택보수비용 지원 내용〉

구분	경보수	중보수	대보수
보수항목	도배 혹은 장판	수도시설 혹은 난방시설	지붕 혹은 기둥
주택당 보수비용 지원한도액	350만 원	650만 원	950만 원

〈소득인정액별 주택보수비용 지원율〉

구분	중위소득 25% 미만	중위소득 25% 이상 35% 미만	중위소득 35% 이상 43% 미만
지원율	100%	90%	80%

※ 소득인정액에 따라 위 보수비용 지원한도액의 80 ~ 100%를 차등 지원한다.

〈상황〉

C씨는 현재 거주하고 있는 A주택의 소유자이며, 소득인정액이 중위소득 40%에 해당한다. A주택의 노후도 평가 결과, 지붕의 수선이 필요한 주택보수비용 지원 대상에 선정되었다.

① 520만 원
② 650만 원
③ 760만 원
④ 855만 원
⑤ 950만 원

<규칙>

1. 한글 자음은 알파벳 a ~ n으로 치환하여 입력한다.
   예 ㄱ, ㄴ, ㄷ = a, b, c
   - 된소리 ㄲ, ㄸ, ㅃ, ㅆ, ㅉ는 치환하지 않고 그대로 입력한다.
2. 한글 모음 ㅏ, ㅑ, ㅓ, ㅕ, ㅗ, ㅛ, ㅜ, ㅠ, ㅡ, ㅣ는 알파벳 대문자 A ~ J로 치환하여 입력한다.
   예 ㅏ, ㅑ, ㅓ = A, B, C
   - 위에 해당하지 않는 모음은 치환하지 않고 그대로 입력한다.
3. 띄어쓰기는 반영하지 않는다.
4. 숫자 1 ~ 7을 요일별로 요일 순서에 따라 암호 첫째 자리에 입력한다.
   예 월요일 - 1, 화요일 - 2, …, 일요일 - 7

39 A씨가 다음과 같은 암호를 입력하여 금고를 열었다고 할 때, 암호로 치환하기 전의 문구로 옳은 것은?

6hJdㅐcEaAenJaIeaEdIdhDdgGhJㅆcAaE

① 이래도 그래 금고를 열 수 있을까
② 그래도 어쭈 금고를 열 수 없다고
③ 이래도 감히 금고를 열 수 있다고
④ 이래서 오잉 금고를 열 수 있다고
⑤ 이제야 겨우 금고를 열 수 없다고

40 다음 암호에 대한 해석으로 옳은 것은?

① 7hEeFnAcA → 일요일의 암호 '조묘하다'
② 3iJfhㅔaAbcA → 수요일의 암호 '집에가다'
③ 2bAaAbEdcA → 화요일의 암호 '나가돌다'
④ 6cEbhIdeCahIe → 토요일의 암호 '돈을먹음'
⑤ 1kAbjEgGiCh → 월요일의 암호 '칸트수정'

| 02 | 사무(조직이해능력)

41 H은행 직원들은 이번 달 금융상품 홍보 방안을 모색하기 위해 한 자리에 모여서 회의를 하고 있다. 다음 중 회의에 임하는 태도가 적절하지 않은 직원은?

> O계장 : 이번 달 실적을 향상시키기 위한 홍보 방안으로는 뭐가 있을까요? 의견이 있으면 주저하지 말고 뭐든지 말씀해 주세요.
> J사원 : 저는 조금은 파격적인 이벤트 같은 게 있었으면 좋겠어요. 예를 들면 곧 할로윈이니까 지점 내부를 할로윈 분위기로 꾸민 다음에 가면이나 가발 같은 걸 비치해 두고, 고객들이 인증샷을 찍으면 예금이나 환전 추가혜택을 주는 건 어떨까 싶어요.
> D주임 : 그건 좀 실현가능성이 없지 싶은데요. 그보다는 SNS로 이벤트 응모를 받아서 기프티콘 사은품을 쏘는 이벤트가 현실적이겠어요.
> C과장 : 가능성 여부를 떠나서 아이디어는 많을수록 좋으니 반박하지 말고 이야기하세요.
> H사원 : 의견 주시면 제가 전부 받아 적었다가 한꺼번에 정리하도록 할게요.

① O계장
② J사원
③ D주임
④ C과장
⑤ H사원

42 다음 글을 이해한 내용으로 가장 적절한 것은?

> 총무부는 회사에 필요한 사무용품을 대량으로 주문하였다. 주문서는 메일로 보냈는데, 배송 온 사무용품을 확인하던 중 책꽂이의 수량과 연필꽂이의 수량이 바뀌어서 배송된 것을 알았다. 주문서를 보고 주문한 수량을 한 번 더 확인한 후 바로 문구회사에 전화를 하니 상담원은 처음 발주한 수량대로 제대로 보냈다고 한다. 메일을 확인해 보니 수정 전의 파일이 발송되었다.

① 문구회사는 주문서를 제대로 보지 못하였다.
② 주문서는 메일로 보내면 안 된다.
③ 메일에 자료를 첨부할 때는 꼼꼼히 확인하여야 한다.
④ 책꽂이는 환불을 받는다.
⑤ 연필꽂이의 수량이 책꽂이보다 많았다.

43 김팀장은 매주 화요일 팀원이 모두 참여하는 팀 회의를 통해 중요한 사항에 대해 함께 결정한다. 처음에는 회의로 인해 개인 업무를 처리할 시간이 줄어들 것이라는 팀원들의 걱정도 있었지만, 우려와 달리 많은 장점을 발견하게 되었다. 다음 중 김팀장이 발견한 조직 내 집단의사결정의 장점으로 적절하지 않은 것은?

① 각자 다른 시각으로 문제를 바라봄에 따라 다양한 견해를 가지고 접근할 수 있다.

② 결정된 사항에 대하여 구성원들이 보다 수월하게 수용할 수 있다.

③ 구성원 간 의사소통의 기회가 향상된다.

④ 더 많은 지식과 정보로 효과적인 결정을 하도록 돕는다.

⑤ 의견이 서로 불일치하더라도 빠르게 의사결정을 완료할 수 있다.

44 다음 〈보기〉 중 경영활동을 이루는 구성요소를 감안할 때 경영활동을 수행하고 있다고 볼 수 없는 것은?

---〈보기〉---

(가) 다음 시즌 우승을 목표로 해외 전지훈련에 참여하여 열심히 구슬땀을 흘리고 있는 선수단과 이를 운영하는 구단 직원들

(나) 자발적인 참여로 뜻을 같이한 동료들과 함께 매주 어려운 이웃을 찾아다니며 봉사활동을 펼치고 있는 S씨

(다) 교육지원대대장으로서 사병들의 교육이 원활히 진행될 수 있도록 훈련장 관리와 유지에 최선을 다하고 있는 원 대령과 참모진

(라) 영화 촬영을 앞두고 시나리오와 제작 콘셉트를 회의하기 위해 모인 감독 및 스태프와 출연 배우들

(마) 대기업을 그만두고 가족들과 함께 조그만 무역회사를 차려 손수 제작한 밀짚 가방을 동남아로 수출하고 있는 B씨

① (가) ② (나)
③ (다) ④ (라)
⑤ (마)

45 경영참가제도는 근로자를 경영과정에 참가하게 하여 공동으로 문제를 해결하고 이를 통해 노사 간의 균형을 이루며, 상호신뢰로 경영의 효율을 향상시키는 제도이다. 경영참가제도의 유형은 자본참가, 성과참가, 의사결정참가로 구분되는데, 다음 중 자본참가에 해당하는 사례는?

① 임직원들에게 저렴한 가격으로 일정 수량의 주식을 매입할 수 있게 권리를 부여한다.

② 위원회제도를 활용하여 근로자의 경영참여와 개선된 생산의 판매가치를 기초로 성과를 배분한다.

③ 부가가치의 증대를 목표로 하여 이를 노사협력체제를 통해 달성하고, 이에 따라 증가된 생산성 향상분을 노사 간에 배분한다.

④ 천재지변의 대응, 생산성 하락, 경영성과 전달 등과 같이 단체교섭에서 결정되지 않은 사항에 대하여 노사가 서로 협력할 수 있도록 한다.

⑤ 노동자 또는 노동조합의 대표가 기업의 최고결정기관에 직접 참가해서 기업경영의 여러 문제를 노사공동으로 결정한다.

46 다음은 H회사의 직무전결표의 일부분이다. 이에 따라 문서를 처리한 내용으로 옳지 않은 것은?

직무 내용	대표이사	위임 전결권자		
		전무	이사	부서장
정기 월례 보고				○
각 부서장급 인수인계		○		
3천만 원 초과 예산 집행	○			
3천만 원 이하 예산 집행		○		
각종 위원회 위원 위촉	○			
해외 출장			○	

① 인사부장의 인수인계에 관하여 전무에게 결재받은 후 시행하였다.

② 인사징계위원회 위원을 위촉하기 위하여 대표이사 부재중에 전무가 전결하였다.

③ 영업팀장의 해외 출장을 위하여 이사에게 사인을 받았다.

④ 3천만 원에 해당하는 물품 구매를 위하여 전무 전결로 처리하였다.

⑤ 정기 월례 보고서를 작성한 후 부서장의 결재를 받았다.

47 다음 글에서 나타난 조직의 특성으로 가장 적절한 것은?

> H공사의 사내 봉사 동아리에 소속된 70여 명의 임직원이 연탄 나르기 봉사활동을 펼쳤다. 이날 임직원들은 지역 주민들이 보다 따뜻하게 겨울을 날 수 있도록 연탄 총 3,000장과 담요를 직접 전달했다. 사내 봉사 동아리에 소속된 김대리는 "매년 진행하는 연말 연탄 나눔 봉사활동을 통해 지역사회에 도움의 손길을 전할 수 있어 기쁘다."라며 "오늘의 작은 손길이 큰 불씨가 되어 많은 분들이 따뜻한 겨울을 보내길 바란다."라고 말했다.

① 인간관계에 따라 형성된 자발적인 조직
② 이윤을 목적으로 하는 조직
③ 규모와 기능 그리고 규정이 조직화되어 있는 조직
④ 조직구성원들의 행동을 통제할 장치가 마련되어 있는 조직
⑤ 공익을 요구하지 않는 조직

48 직업인은 조직의 구성원으로서 조직체제의 구성 요소를 이해하는 체제이해능력이 요구된다. 다음 중 조직체제 구성 요소에 대한 설명으로 옳지 않은 것은?

① 조직의 규칙 및 규정은 조직 구성원들의 자유로운 활동범위를 보장하는 기능을 가진다.
② 조직구조에서는 의사결정권이 하부구성원들에게 많이 위임되는 유기적 조직도 볼 수 있다.
③ 조직의 목표는 조직이 달성하려는 장래의 상태로, 조직이 존재하는 정당성과 합법성을 제공한다.
④ 조직문화는 조직 구성원들의 사고와 행동에 영향을 미치며, 일체감과 정체성을 부여한다.
⑤ 조직구조는 의사결정권의 집중정도, 명령계통, 최고경영자의 통제 등에 따라 달라진다.

※ 다음 글을 읽고 이어지는 질문에 답하시오. [49~50]

김본부장 : 이팀장, 오늘 대표이사님께 보고드릴 매출자료 좀 같이 봅시다.

이팀장 : 네. 본부장님. 바로 출력해서 회의실로 가겠습니다.

김본부장 : (매출보고서를 살펴보며) A고객사는 이번 분기 매출이 안 늘었네요? 지난번 단가를 내려달라는 요청이
와서 결재한 기억이 있는데 이러면 역마진이 날 텐데요.

이팀장 : 다음 분기에는 나아지겠죠. 기억하시는 것처럼 A사에서 갑자기 거래처를 바꾸겠다고 해서 저희가 급히
요구하는 수준으로 단가를 낮췄는데 생각만큼 주문물량이 늘어나지 않아서요.

김본부장 : 음. 그럼 이번 대표이사님 보고서에서 이 부분은 빼고 갑시다.

이팀장 : 사실대로 보고드리는 게 낫지 않을까요? 다음 분기도 저희 예상만큼 물량이 늘어난다는 보장도 없고
그때도 본부장님이 전결하신 건이라 대표이사님께는 보고가 되지 않았습니다.

김본부장 : 요즘 같은 때 뭐 좋은 일도 아닌데 굳이 이런 걸 보고하겠어요. 이번에는 그냥 넘어갑시다.

이팀장 : 그래도 나중에 문제가 커지는 것보다는 낫지 않을까요?

김본부장 : 나나 이팀장이 책임질 수 있는 것도 아닌데 다음 분기에 나아지면 그때 보고합시다.

이팀장 : 매도 먼저 맞는 게 낫다고 그래도 이번에 말씀드리는 게 낫지 않을까요?

---

49 다음 중 이팀장이 조직생활 과정에서 겪고 있는 상황으로 가장 적절한 것은?

① 집단 이기주의   ② 공동행동의 룰

③ 윤리적 가치   ④ 윤리적 갈등

⑤ 공동체의식 결여

50 다음 중 이팀장이 조직생활에서 고민하게 되는 요인으로 가장 적절한 것은?

① 진실 대 충성 : 진실을 말할 것인가? 상사에게 충성할 것인가?

② 단기 대 장기 : 자신의 결정이 단기적인 결과를 가져오는가? 장기적인 결과에 영향을 미치는가?

③ 개인 대 집단 : 자신의 결정이 개인에게 영향을 미치는가? 집단에 영향을 미치는가?

④ 위 세 가지 요인 모두를 고민하고 있다.

⑤ 위 세 가지 요인 중 '단기 대 장기', '개인 대 집단'의 두 가지를 고민하고 있다.

| 03 | 기술(기술능력)

※ H제조기업에서는 다음과 같은 사망재해 예방자료를 제작하여 작업현장에 배부하고자 한다. 이어지는 질문에 답하시오. [41~42]

〈주요 사망재해 5대 유형〉

① **끼임** : 제조업 전체의 28% 점유
- 사망재해는 이렇게 발생합니다.
  끼임으로 인한 사망재해는 방호장치가 미설치된 기계설비의 작업점, 기어·롤러의 말림점, 벨트·체인 등 동력전달부와 회전체 취급 작업 시 면장갑 착용 등으로 인해 발생합니다. 또한, 기계설비의 정비·수리 등의 작업 시 기계를 정지하지 않거나 타 근로자의 기동스위치 오조작으로 인해 발생합니다.
- 사망재해 예방 대책
  ① 기계설비의 작업점에는 센서, 덮개 등 방호장치 설치
  ② 기어, 롤러의 말림점에는 방호덮개 설치
  ③ 벨트, 체인 등 동력전달부에는 방호덮개 설치
  ④ 회전체 취급 작업 시 면장갑 착용 금지 및 적절한 작업복 착용
  ⑤ 정비·수리 등의 작업 시에는 반드시 기계를 정지한 후 작업을 실시하고, 조작부에는 잠금장치 및 표지판 설치

② **떨어짐** : 제조업 전체의 20% 점유
- 사망재해는 이렇게 발생합니다.
  떨어짐으로 인한 사망재해는 사다리의 파손·미끄러짐, 지붕 위에서 보수작업 중 선라이트 등 약한 부위 파손, 화물자동차의 적재·포장작업 및 대형설비나 제품 위에서의 작업 중에 주로 발생합니다.
- 사망재해 예방 대책
  ① 사다리는 파손되지 않는 견고한 것을 사용, 작업자는 안전모를 착용하고, 전도방지 조치를 한 후 사용
  ② 지붕 위 작업 시에는 30cm 이상의 작업발판을 설치하고, 하부에 안전방호망 설치
  ③ 트럭 적재함과 높이가 같은 전용 입·출하장에서 작업하고, 작업 시에는 안전모 착용
  ④ 대형설비나 제품 위에서의 작업 시에는 고소작업대 등 전용승강설비 사용 및 안전발판 설치

③ **부딪힘** : 제조업 전체의 9% 점유
- 사망재해는 이렇게 발생합니다.
  부딪힘으로 인한 사망재해는 작업장 내에서 지게차의 운반작업, 화물자동차의 운행, 백호(Back Hoe) 붐대의 회전, 크레인으로 중량물 운반 시에 주로 발생합니다.
- 사망재해 예방 대책
  ① 지게차 운행 시에는 운전자 시야를 확보할 수 있도록 적재하고, 제한속도를 지정하여 과속하지 않도록 조치
  ② 사업장 내 화물자동차 운행 시 유도자를 배치하고, 운전자는 유도자의 신호에 따라 운행
  ③ 백호 붐의 작업반경 내에서는 동시 작업 금지
  ④ 크레인으로 중량물 인양 시에는 편심이 되지 않도록 수직으로 인양하고, 무선리모컨 사용 등 작업자가 근접하지 않도록 조치

④ **물체에 맞음** : 제조업 전체의 8% 점유
- 사망재해는 이렇게 발생합니다.
  맞음으로 인해 발생하는 사망재해는 과도한 높이로 불안정하게 적재된 적재물, 적절한 포장이 없는 중량물을 지게차로 운반, 크레인의 와이어로프 파손 및 달기기구 이탈, 고속회전체인 숫돌 파손 등으로 인해 주로 발생합니다.

- 사망재해 예방 대책
  ① 지게차 운전자는 유자격자로 하고, 운전자 시야 확보 및 제한속도 지정 등으로 사업장 내 과속 금지
  ② 지게차 포크에 화물 적재 시 편하중 금지 및 전용 팰릿(Pallet) 사용
  ③ 경사면에서의 급선회 금지, 지게차에 좌석안전띠 설치 및 착용
  ④ 지게차 전용 운행통로 확보 및 근로자 출입금지 조치 시행

⑤ **화재 / 폭발 · 파열 / 누출** : 제조업 전체의 5% 점유
- 사망재해는 이렇게 발생합니다.
  화재 / 폭발 · 파열 / 누출로 인한 사망재해는 화학설비에서 인화성 물질의 누출, 용접 작업 중 불티의 비산, 인화성 물질이 잔류한 폐드럼 절단, 환기가 충분하지 않은 탱크 내부 등에서의 화기작업으로 인해 주로 발생합니다.
- 사망재해 예방 대책
  ① 인화성 물질 등을 취급하는 설비, 탱크 등은 누출이 없도록 조치(가스검지기 등 경보장치설치)
  ② 용접작업 시 불받이포 등 불티 비산방지 조치 및 소화기 비치
  ③ 폐드럼 절단 작업은 잔류 인화성 물질 제거 후 실시
  ④ 밀폐공간은 인화성 액체나 증기가 남아있지 않도록 환기 등의 조치 후 화기작업 실시

41 귀하는 상사의 지시에 따라 유형마다 그림을 추가하여 포스터 제작을 마무리하였다. 포스터 인쇄 전 최종 검토하는 과정에서 사망재해 예방 대책이 사망재해 유형과 어울리지 않는 부분이 있는 것을 찾았다. 귀하가 찾은 것은 어느 부분에 있는가?

① 끼임
② 떨어짐
③ 부딪힘
④ 물체에 맞음
⑤ 화재 / 폭발 · 파열 / 누출

42 작업장 내에서 사망재해를 줄이고자 자료를 포스터로 제작하여 현장에 부착하고자 한다. 귀하는 '떨어짐' 유형에 대해 다음과 같은 삽화를 제작하였다. 다음 중 적절하지 않은 이미지는?

①

②

③

④

⑤

43 다음 중 4M을 이해한 내용으로 적절하지 않은 것은?

〈산업재해의 원인을 설명하는 4M〉

Man (사람)	① 심리적 요인 : 억측 판단, 착오, 생략 행위, 무의식 행동, 망각 등 ② 생리적 요인 : 수면 부족, 질병, 고령 등 ③ 사회적 요인 : 사업장 내 인간관계, 리더십, 팀워크, 소통 등의 문제
Machine (기계, 설비)	① 기계, 설비의 설계상 결함 ② 점검, 정비의 결함 ③ 구조 불량 ④ 위험방호 불량 등
Media (작업정보, 방법, 환경)	① 작업계획, 작업절차 부적절 ② 정보 부적절 ③ 보호구 사용 부적절 ④ 작업 공간 불량 ⑤ 작업 자세, 작업 동작의 결함 등
Management (관리)	① 관리조직의 결함 ② 건강관리의 불량 ③ 배치의 불충분 ④ 안전보건교육 부족 ⑤ 규정, 매뉴얼 불철저 ⑥ 자율안전보건활동 추진 불량 등

① 개인의 단순한 부주의로 일어난 사고는 4M 중 Man에 해당된다고 볼 수 있어.

② 좁은 공간에서 일하면서 일어난 사고는 4M 중 Media에 속하겠구나.

③ 기계 점검을 충실히 하지 않아 일어난 사고는 4M 중 Machine에 해당되겠지?

④ 충분한 안전교육이 이루어지지 않아 일어난 사고는 4M 중 Management에 속해.

⑤ 개인별 당직근무 배치가 원활하지 않아 일어난 사고는 4M 중 Man에 해당된다고 볼 수 있어.

44 다음 사례에서 나타난 산업재해에 대한 원인으로 가장 적절한 것은?

> 원유저장탱크에서 탱크 동체 하부에 설치된 믹서 임펠러의 날개깃이 파손됨에 따라 과진동(과하중)이 발생하여 믹서의 지지부분(볼트)이 파손되어 축이 이탈되면서 생긴 구멍을 통해 탱크 내부의 원유가 대량으로 유출되었다. 분석에 따르면 임펠러 날개깃의 파손이 피로 현상에 의해 발생되어 표면에 응력집중을 일으킬 수 있는 결함이 존재하였을 가능성이 높다고 한다.

① 작업 관리상 원인　　　　　　② 기술적 원인
③ 교육적 원인　　　　　　　　④ 불안전한 행동
⑤ 고의적인 악행

45 다음 글을 읽고 이해한 내용으로 가장 적절한 것은?

> 최근 환경오염의 주범이었던 화학회사들이 환경 보호 정책을 표방하고 나섰다. 기업의 분위기가 변하면서 대학의 엔지니어뿐만 아니라 기업에 고용된 엔지니어들도 점차 대체기술, 환경기술, 녹색 디자인 등을 추구하는 방향으로 전환해 가고 있는 것이다.
> 또한, 최근 각광받고 있는 3R의 구호[줄이고(Reduce), 재사용하고(Reuse), 재처리하자(Recycle)]는 엔지니어들로 하여금 미래 사회를 위한 자신들의 역할에 대해 방향을 제시해 주고 있다.

① 균형과 조화를 위한 지속가능한 개발의 사례로 볼 수 있다.
② 자연과학기술에 대한 연구개발의 사례로 적절하다.
③ 개발이라는 이름으로 행해지는 개발독재의 사례로 볼 수 있다.
④ 기술이나 자금을 위한 개발수입의 사례이다.
⑤ 기업의 생산능률을 위한 조직개발의 사례로 볼 수 있다.

※ A씨는 H음식물처리기를 사용하기 전 주의사항을 알아보고자 설명서를 읽었다. 이어지는 질문에 답하시오.
[46~47]

<H음식물처리기 사용 시 주의사항>

■ **음식물 쓰레기 투입 전 주의사항**
- 씻어서 넣어 주세요.
- 수분을 제거 후 넣어 주세요.
- 잘라서 조금씩 넣어 주세요.
- 투입 가능한 물질만 넣어 주세요.

투입 가능한 물질	투입 불가능한 물질
- 과일, 야채류 - 어류 및 육류 - 과자 등의 곡류 - 김치류 - 생선뼈 - 계란	- 동물 뼈 - 조개껍데기류 - 줄기류 - 씨앗류 - 질기거나 딱딱한 껍질류 - 약품류 - 커피찌꺼기 - 고무 등의 기타 비음식류

■ **제품 보관 방법**
• 단기간(10일 미만) 미사용 시
- 전원 플러그를 뽑지 말고 연결한 상태를 유지해 주세요. 전원 플러그를 뽑으면 재사용 시 미생물 활동이 저하되거나 악취가 발생할 수 있습니다.
- 재사용 시 내부가 건조하면 수분기가 조금 있는 음식물쓰레기 또는 소량의 물을 함께 넣어 주세요.
• 장기간(10일 이상) 미사용 시
- 장기간 미사용 시 2일 전부터 음식물 쓰레기 투입을 멈추고 제습모드를 작동시켜 분해물이 건조 상태를 유지할 수 있도록 해 주세요.
- 분해 잔여물을 모두 배출하여 완벽하게 밀폐 후 보관하면 제품 재사용 시 잔여물을 사용할 수 있습니다.
- 수개월 이상 미사용할 경우에는 분해 잔여물을 모두 폐기하고 제품 재사용 시 미생물을 재구입하여 사용해 주세요.
- 제품 보관 시 전원플러그를 뽑고 필터, 뚜껑 등을 깨끗하게 청소한 후 건조하고 통풍이 잘 되는 곳에 보관해 주세요.

■ 고장신고 전 확인사항

증상	발생원인	해결방법
전원이 들어오지 않습니다.	전원플러그 연결 불량	전원 플러그를 연결하고 전원버튼을 눌러 주세요.
	전원버튼 미입력	
소음이 발생합니다.	무엇인가 부딪히는 소리	딱딱한 이물질을 제거해 주세요.
	'뿌드득' 등의 마찰음	소량의 수분을 공급해 주세요.
분해 잔해물에서 악취가 납니다.	청국장 냄새	정상입니다.
	시큼한 냄새	사용을 중단하고 밥 등을 투입해 주세요. 그 후에도 이상 발생 시 미생물 교환 또는 고객센터로 문의해 주세요.
악취가 유출됩니다.	각종 악취	제품의 덮개가 잘 덮여 있는지 확인해 주시고 덮여 있다면 필터를 교체해 주세요.
발효분해가 안 됩니다.	음식물 과다 투입	하루 정도 음식물 투입을 중단하고 제습 모드를 작동해 주세요.
	섬유질이 많은 음식 투입	시간이 지나면 분해됩니다. 꼭 잘라서 넣어 주세요.
벌레가 꼬입니다.	완전분해되지 않은 채 전원 중단	미생물을 교체해 주세요.

■ **고장신고** : 다음과 같은 증상이 지속되면 고객센터로 문의해 주세요.
 ‒ 모터 등의 기계적인 소음
 ‒ 음식물이 잘 안 섞이는 경우(모터 불량일 수 있습니다)
 ‒ 점검 불이 들어오는 경우
 ‒ 기타 제품 이상

46 다음 중 음식물처리기에 넣을 수 없는 음식물 쓰레기는?

 ① 콩밥
 ② 감기약
 ③ 고등어구이
 ④ 껍질을 깐 삶은 달걀
 ⑤ 데친 브로콜리

47 H음식물처리기 고객센터 B직원은 여러 건의 고객 문의를 받았다. 다음 중 바로 고장신고를 접수해야 하는 문의는?

 ① 음식물이 잘 안 섞입니다.
 ② 분해 잔여물에서 청국장 냄새가 납니다.
 ③ 제품에서 벌레가 나옵니다.
 ④ 내부에서 무엇인가 부딪히는 소리가 납니다.
 ⑤ 작동 시 눈 밟는 듯한 '뿌드득' 소리가 납니다.

48 기술개발팀에서 근무하는 A씨는 차세대 로봇에 사용할 주행 알고리즘을 개발하고 있다. 다음 주행 알고리즘과 예시를 참고하였을 때, 로봇의 이동 경로로 옳은 것은?

〈주행 알고리즘〉

회전과 전진만이 가능한 로봇이 미로에서 목적지까지 길을 찾아가도록 구성하였다. 미로는 (4단위)×(4단위)의 정방형 단위구역(Cell) 16개로 구성되며 미로 중앙부에는 1단위구역 크기의 도착지점이 있다. 도착지점에 이르기 전 로봇은 각 단위구역과 단위구역 사이를 이동할 때 벽의 유무를 탐지하여 벽이 없음이 감지되는 방향으로 주행한다. 로봇은 주명령을 수행하고, 이에 따라 주행할 수 없을 때만 보조명령을 따른다.

• 주명령 : 현재 단위구역(Cell)에서 로봇은 왼쪽, 앞쪽, 오른쪽 순서로 벽의 유무를 탐지하여 벽이 없음이 감지되는 방향의 단위구역을 과거에 주행한 기록이 없다면 해당 방향으로 한 단위구역만큼 주행한다.

• 보조명령 : 현재 단위구역에서 로봇이 왼쪽, 앞쪽, 오른쪽, 뒤쪽 순서로 벽의 유무를 탐지하여 벽이 없음이 감지되는 방향의 단위구역에 벽이 없음이 감지되는 방향과 반대 방향의 주행기록이 있을 때만, 로봇은 그 방향으로 한 단위구역만큼 주행한다.

〈예시〉

로봇이 A → B → C → B → A로 이동한다고 가정할 때, A에서 C로의 이동은 주명령에 의한 것이고 C에서 A로의 이동은 보조명령에 의한 것이다.

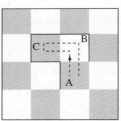

①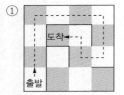

②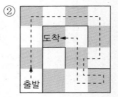

③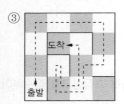

④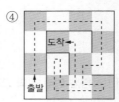

⑤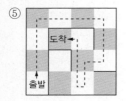

49 다음 (A), (B)의 사례는 4M 중 각각 어느 유형에 속하는가?

> (A) 유해가스 중독으로 작업자 2명이 사망하는 사고가 발생했다. 작업자 1명이 하수관 정비공사 현장에서 오수 맨홀 내부로 들어갔다가 유해가스를 마셔 의식을 잃고 추락했으며, 작업자를 구출하기 위해 다른 작업자가 맨홀 내부로 들어가 구조하여 나오던 중 같이 의식을 잃고 추락해 두 작업자 모두 사망한 것이다. 작업공간이 밀폐된 공간이어서 산소결핍이나 유해가스 등의 우려가 있었기 때문에 구명밧줄이나 공기 호흡기 등을 준비해야 했지만, 준비가 이루어지지 않아 일어난 안타까운 사고였다.
>
> (B) 플라스틱 용기 성형 작업장에서 작업자가 가동 중인 블로우 성형기의 이물질 제거 작업 중 좌우로 움직이는 금형 고정대인 조방 사이에 머리가 끼여 사망하는 사고가 발생했다. 당시 블로우 성형기 전면에 안전장치가 설치되어 있었으나, 안전장치가 제대로 작동하지 않아서 발생한 사고였다.

	(A)	(B)
①	Media	Man
②	Media	Machine
③	Media	Management
④	Management	Man
⑤	Management	Media

50 다음 뉴스 내용에서 알 수 있는 기술경영자의 능력으로 옳은 것은?

> 앵커 : 현재 국제 원유 값이 고공 행진을 계속하면서 석유자원에서 탈피하려는 기술 개발이 활발히 진행되고 있는데요. 석유자원을 대체하고 에너지의 효율성을 높일 수 있는 연구개발 현장을 이은경 기자가 소개합니다.
>
> 기자 : 네. 여기는 메탄올을 화학 산업에 많이 쓰이는 에틸렌과 프로필렌, 부탄 등의 경질 올레핀으로 만드는 공정 현장입니다. 석탄과 바이오매스, 천연가스를 원료로 만들어진 메탄올에서 촉매반응을 통해 경질 올레핀을 만들기 때문에 석유 의존도를 낮출 수 있는 기술을 볼 수 있는데요. 기존 석유 나프타 열분해 공정보다 수율이 높고, 섭씨 400도 이하에서 제조가 가능해 온실가스는 물론 에너지 비용을 50% 이상 줄일 수 있어 화제가 되고 있습니다.

① 빠르고 효과적으로 새로운 기술을 습득하고 기존의 기술에서 탈피하는 능력
② 기술 전문 인력을 운용할 수 있는 능력
③ 조직 내의 기술 이용을 수행할 수 있는 능력
④ 새로운 제품개발 시간을 단축할 수 있는 능력
⑤ 기술을 효과적으로 평가할 수 있는 능력

41 다음 시트에서 [E2:E7] 영역처럼 표시하려고 할 때, [E2] 셀에 입력해야 할 함수식으로 옳은 것은?

	A	B	C	D	E
1	순번	이름	주민등록번호	생년월일	백넘버
2	1	박민석 11	831121-1092823	831121	11
3	2	최성영 20	890213-1928432	890213	20
4	3	이형범 21	911219-1223457	911219	21
5	4	임정호 26	870211-1098432	870211	26
6	5	박준영 28	850923-1212121	850923	28
7	6	김민욱 44	880429-1984323	880429	44

① =MID(B2,5,2)

② =LEFT(B2,2)

③ =RIGHT(B2,5,2)

④ =MID(B2,5)

⑤ =LEFT(B2,5,2)

42 다음 프로그램의 실행 결과로 옳은 것은?

```
#include <stdio.h>
void main() {
    int arr[10] = {1, 2, 3, 4, 5};
    int num = 10;
    int i;

    for (i = 0; i < 10; i++) {
      num += arr[i];
    }
    printf("%d\n", num);
}
```

① 10

② 20

③ 25

④ 30

⑤ 55

43 다음 중 엑셀의 메모에 대한 설명으로 옳지 않은 것은?

① 새 메모를 작성하려면 바로가기 키 〈Shift〉+〈F2〉를 누른다.

② 작성된 메모가 표시되는 위치를 자유롭게 지정할 수 있고, 메모가 항상 표시되도록 설정할 수 있다.

③ [메모서식]에서 채우기 효과를 사용하면 이미지를 삽입할 수 있다.

④ 메모의 텍스트 서식을 변경하거나 메모에 입력된 텍스트에 맞도록 메모 크기를 자동으로 조정할 수 있다.

⑤ 피벗 테이블의 셀에 메모를 삽입한 경우 데이터를 정렬하면 메모도 데이터와 함께 정렬된다.

44 다음 〈보기〉 중 워드프로세서의 표시기능에 대한 설명으로 옳은 것을 모두 고르면?

─────〈보기〉─────

(가) 장평은 문자와 문자 사이의 간격을 의미하며, 장평 조절을 통해 가독성을 높일 수 있다.

(나) 상태표시줄에 표시되는 정보로는 현재 쪽, 단 정보, 현재 쪽 내에서의 커서 위치, 삽입 / 수정 상태를 볼 수 있다.

(다) 문서 작성 시 스크롤바를 이용하여 화면을 상·하로 이동할 수 있으나, 좌·우로는 이동할 수 없다.

(라) 조판 부호는 표나 글상자, 그림, 머리말 등을 기호화하여 표시하는 숨은 문자를 말한다.

① (가), (나)   ② (나), (라)

③ (다), (라)   ④ (가), (나), (다)

⑤ (나), (다), (라)

45 다음 중 컴퓨터 바이러스에 대한 설명으로 옳지 않은 것은?

① 보통 소프트웨어 형태로 감염되나 메일이나 첨부파일은 감염의 확률이 매우 낮다.

② 소프트웨어뿐만 아니라 하드웨어의 성능에도 영향을 미칠 수 있다.

③ 인터넷의 공개 자료실에 있는 파일을 다운로드하여 설치할 때 감염될 수 있다.

④ 온라인 채팅이나 인스턴트 메신저 프로그램을 통해서 전파되기도 한다.

⑤ 사용자가 인지하지 못한 사이 자가 복제를 통해 다른 정상적인 프로그램을 감염시켜 해당 프로그램이나 다른 데이터 파일 등을 파괴한다.

※ 다음 자료를 보고 이어지는 질문에 답하시오. **[46~47]**

	A	B	C	D	E	F	G
1							
2		구분	매입처수	매수	공급가액(원)	세액(원)	합계
3		전자세금계산서	12	8	11,096,174	1,109,617	12,205,791
4		수기종이계산서	1	0	69,180		76,098
5		합계	13	8	11,165,354	1,116,535	

46 A씨는 부가가치세(VAT) 신고를 준비하기 위해 엑셀 파일을 정리하고 있다. 세액은 공급가액의 10%이다. 수기종이계산서의 '세액(원)'인 [F4] 셀을 채우려 할 때 필요한 수식은?

① =E3*0.1 ② =E3*0.001

③ =E3*10% ④ =E4*0.1

⑤ =E4+0.1

47 다음 중 합계인 [G5] 셀을 채울 때 필요한 함수식과 결괏값이 바르게 연결된 것은?

	함수식	결괏값
①	=AVERAGE(G3:G4)	12,281,890
②	=SUM(G3:G4)	12,281,889
③	=AVERAGE(E5:F5)	12,281,890
④	=SUM(E3:F5)	12,281,889
⑤	=SUM(E5:F5)	12,281,888

48 다음 중 Windows에 설치된 프린터의 [인쇄 관리자] 창에서 할 수 있는 작업으로 옳지 않은 것은?

① 인쇄 중인 문서도 강제로 종료시킬 수 있다.

② 인쇄 중인 문서를 일시 정지하고 다른 프린터로 출력하도록 할 수 있다.

③ 현재 사용 중인 프린터를 기본 프린터로 설정할 수 있다.

④ 현재 사용 중인 프린터를 공유하도록 설정할 수 있다.

⑤ 현재 사용 중인 프린터의 기본 설정을 변경할 수 있다.

49 다음 워크시트와 같이 평점이 3.0 미만인 행 전체에 셀 배경색을 지정하고자 한다. 이를 위해 조건부 서식 설정에서 사용할 수식으로 옳은 것은?

	A	B	C	D
1	학번	학년	이름	평점
2	20959446	2	강혜민	3.38
3	21159458	1	김경식	2.60
4	21059466	2	김병찬	3.67
5	21159514	1	장현정	1.29
6	20959476	2	박동현	3.50
7	21159467	1	이승현	3.75
8	20859447	4	이병훈	2.93
9	20859461	3	강수빈	3.84

① =$D2<3

② =$D&2<3

⑤ =D2>3

③ =D2<3

④ =D$2<3

50 C주임은 최근 개인정보 보호의 중요성을 실감하였고, 개인정보의 종류를 파악하기 위해 다음과 같이 표를 만들었다. 빈칸 ㉠ ~ ㉤에 들어갈 내용으로 옳지 않은 것은?

분류	내용
일반정보	이름, 주민등록번호, 운전면허정보, 주소, 전화번호, 생년월일, 출생지, 본적지, 성별, 국적 등
가족 정보	가족의 이름, 직업, 생년월일, ㉠ , 출생지 등
교육 및 훈련정보	최종학력, 성적, 기술자격증 / 전문면허증, 이수훈련 프로그램, 서클 활동, 상벌사항, 성격 / 행태보고 등
병역 정보	군번 및 계급, 제대유형, 주특기, 근무부대 등
부동산 및 동산정보	소유주택 및 토지, ㉡ , 저축현황, 현금카드, 주식 및 채권, 수집품, 고가의 예술품, 보석 등
소득정보	연봉, 소득의 원천, ㉢ , 소득세 지불 현황 등
기타 수익정보	보험가입현황, 수익자, 회사의 판공비 등
신용정보	저당, 신용카드, 담보 설정 여부 등
고용정보	고용주, 회사주소, 상관의 이름, 직무수행평가 기록, 훈련기록, 상벌 기록 등
법적 정보	전과기록, 구속기록, 이혼기록 등
의료정보	가족병력기록, 과거 의료기록, 신체장애, 혈액형 등
조직정보	노조가입, ㉣ , 클럽회원, 종교단체 활동 등
습관 및 취미 정보	흡연 / 음주량, 여가활동, 도박성향, ㉤ 등

① ㉠ : 주민등록번호   ② ㉡ : 자동차
③ ㉢ : 대부상황   ④ ㉣ : 정당 가입
⑤ ㉤ : 비디오 대여기록

51 다음 중 한국수력원자력에서 시행하는 사회공헌 사업으로 옳지 않은 것은?

① 열여덟 혼자서기   ② 안심카 플러스
③ 안심가로등 플러스   ④ 안아드림

52 우리나라의 원자력 발전소는 5중 방벽을 사용한다. 다음 중 제1방벽부터 제5방벽까지 순서대로 바르게 나열한 것은?

① 원전 연료(펠렛) – 원자로 용기 – 핵연료 피복제 – 원자로 건물 내부철판 – 원자로 건물 외부차폐벽
② 원전 연료(펠렛) – 핵연료 피복제 – 원자로 건물 내부철판 – 원자로 용기 – 원자로 건물 외부차폐벽
③ 원전 연료(펠렛) – 원자로 건물 내부철판 – 원자로 용기 – 핵연료 피복제 – 원자로 건물 외부차폐벽
④ 원전 연료(펠렛) – 핵연료 피복제 – 원자로 용기 – 원자로 건물 내부철판 – 원자로 건물 외부차폐벽

53 다음 중 6세기 우리나라의 모습으로 옳지 않은 것은?

① 신라가 왕의 칭호를 사용하였다.
② 신라가 우산국을 정복하였다.
③ 백제는 웅진으로 천도하였다.
④ 신라에 율령이 반포되었다.

54 다음 중 밑줄 친 ㉠, ㉡에 대한 설명으로 옳은 것은?

조선 후기에 성리학이 현실 문제를 해결할 수 있는 기능을 상실하자, 이를 비판하면서 민생안정과 부국강병을 목표로 하여 비판적이고 실증적인 논리로 사회 개혁론을 제시한 실학이 등장하게 되었다. 실학자들 가운데는 농업을 중시하고 ㉠ 토지제도의 개혁을 통해 농민들의 생활을 안정시키는 것이 사회 발전의 기초가 된다고 주장하는 사람들과 ㉡ 상공업 활동을 활발히 하고 청의 선진 문물을 받아들여 기술을 개발함으로써 국가의 경제가 발전될 수 있을 것이라고 생각하는 사람들이 있었다.

① ㉠은 농업의 상업적 경영과 기술 혁신을 통해 생산을 높이자고 주장하였다.
② ㉠은 토지 제도의 개혁을 중심으로 자영농민 육성을 통한 개혁을 주장하였다.
③ ㉡은 양반 문벌 제도와 화폐 유통의 비생산성을 적극적으로 주장하였다.
④ ㉡은 급진적인 토지 제도 개혁보다는 점진적인 토지 소유의 평등을 주장하였다.

55 다음 중 대한민국 임시정부의 성립 및 성격으로 옳은 것은?

① 우리나라 민간 정부 탄생의 단서를 열어 놓았다.
② 대한민국 정부 요인에 의하여 세워진 망명 정부였다.
③ 한성정부, 대한국민의회 등과 별도로 활동한 정부였다.
④ 1910년 이래의 정부 공백 상태를 벗어나 민족 수난기에 민족사적 정통성을 회복한 것이었다.

3일 차
기출응용 모의고사

〈문항 및 시험시간〉

평가영역	문항 수	시험시간	모바일 OMR 답안채점 / 성적분석 서비스		
[공통] 의사소통＋수리＋문제해결 ＋자원관리 [사무] 조직이해 [기술] 기술 [ICT] 정보 [상식] 회사상식＋한국사	55문항	60분	사무	기술	ICT

3일 차 기출응용 모의고사

문항 수 : 55문항
시험시간 : 60분

제 1영역 직업기초능력

| 01 | 공통

01 다음 글을 읽고 알 수 없는 내용은?

> 콩나물의 가격 변화에 따라 콩나물의 수요량이 변하는 것은 일반적인 현상이다. 그러나 콩나물 가격은 변하지 않는데도 콩나물의 수요량이 변할 수 있다. 예를 들어, 시금치 가격이 상승하면 소비자들은 시금치를 콩나물로 대체한다. 그러면 콩나물 가격은 변하지 않는데도 시금치 가격의 상승으로 인해 콩나물의 수요량이 증가할 수 있다. 또는 콩나물이 몸에 좋다는 내용의 방송이 나가면 콩나물 가격은 변하지 않았음에도 불구하고 콩나물의 수요량이 급증한다. 이와 같이 특정한 상품의 가격은 변하지 않는데도 다른 요인으로 인하여 그 상품의 수요량이 변하는 현상을 수요의 변화라고 한다.
>
> 수요의 변화는 소비자의 소득 변화에 의해서도 발생한다. 예를 들어, 스마트폰 가격에 변동이 없음에도 불구하고 소득이 증가하면 스마트폰에 대한 수요량이 증가한다. 반대로 소득이 감소하면 수요량이 감소한다. 이처럼 소득의 증가에 따라 수요량이 증가하는 재화를 '정상재'라고 한다. 우리 주위에 있는 대부분의 재화들은 정상재이다. 그러나 소득이 증가하면 오히려 수요량이 감소하는 재화가 있는데 이를 '열등재'라고 한다. 예를 들어, 용돈을 받아 쓰던 학생 때는 버스를 이용하다 취직해서 소득이 증가하여 자가용을 타게 되면 버스에 대한 수요는 감소한다. 이 경우 버스는 열등재라고 할 수 있다.
>
> 정상재와 열등재는 수요의 소득탄력성으로도 설명할 수 있다. 수요의 소득탄력성이란 소득이 1% 변할 때 수요량이 변하는 정도를 말한다. 수요의 소득탄력성이 양수인 재화는 소득이 증가할 때 수요량도 증가하므로 정상재이다. 반대로 수요의 소득탄력성이 음수인 재화는 소득이 증가할 때 수요량이 감소하므로 열등재이다. 정상재이면서 소득탄력성이 1보다 큰, 즉 소득이 증가하는 것보다 수요량이 더 크게 증가하는 경우가 있다. 경제학에서는 이를 '사치재'라고 한다. 반면에 정상재이면서 소득탄력성이 1보다 작은 재화를 '필수재'라고 한다.
>
> 정상재와 열등재는 가격이나 선호도 등 다른 모든 조건이 변하지 않는 상태에서 소득만 변했을 때 재화의 수요가 어떻게 변했는지를 분석한 개념이다. 하지만 특정 재화를 명확하게 정상재나 열등재로 구별하기는 어렵다. 동일한 재화가 소득수준이나 생활환경에 따라 열등재가 되기도 하고 정상재가 되기도 하기 때문이다. 패스트푸드점의 햄버거는 일반적으로 정상재로 볼 수 있지만 소득이 아주 높아져서 취향이 달라지면 햄버거에 대한 수요가 줄어들어 열등재가 될 수도 있다. 이처럼 재화의 수요 변화는 재화의 가격뿐만 아니라 그 재화를 대체하거나 보완하는 다른 재화의 가격, 소비자의 소득, 취향, 장래에 대한 예상 등의 여러 요인에 의하여 결정된다.

① 사치재는 수요의 소득탄력성으로 설명할 수 있는가?
② 사치재와 필수재의 예로는 어떤 것이 있는가?
③ 수요의 변화가 발생하는 이유는 무엇인가?
④ 정상재와 열등재의 차이점은 무엇인가?
⑤ 수요의 변화란 무엇인가?

02 신도시를 건설 중인 H국 정부는 보행자를 위한 신호등을 설치하려고 하는데, 노인인구가 많은 도시의 특징을 고려하여 신호등의 점멸 신호 간격을 조정하려고 한다. 이와 관련된 H국의 도로교통법이 다음과 같다고 할 때, 5m와 20m 거리의 횡단보도 신호등 점멸시간은 각각 얼마인가?

〈도로교통법 시행령〉
- 일반적으로 성인이 걷는 속도인 60cm/초에 기초해 점멸시간을 정한다.
- 전체길이가 10m를 넘는 횡단보도의 경우, 10m 초과분에 대해서 추가적으로 1.2초/m의 시간을 추가해 점멸시간을 정한다.
- 신도시에 새롭게 건설되는 신호등에 대해서는 추가적으로 3초의 여유시간을 추가해 점멸시간을 정한다.
- 노인이 많은 지역에서는 일반적인 성인이 걷는 속도를 1.5로 나눈 값에 기초해 점멸시간을 정한다.

	5m	20m
①	8.3초	53초
②	8.3초	62초
③	15.5초	53초
④	15.5초	65초
⑤	15.5초	70초

03 다음은 H자동차 회사의 TV 광고모델 후보 5명에 대한 자료이다. 〈조건〉을 토대로 광고모델을 선정할 때 총광고효과가 가장 큰 모델은?(단, 광고는 TV를 통해서만 1년 이내에 모두 방송된다)

〈광고모델별 1년 계약금 및 광고 1회당 광고효과〉

(단위 : 만 원)

광고모델	1년 계약금	1회당 광고효과	
		수익 증대 효과	브랜드 가치 증대 효과
지후	1,000	100	100
문희	600	60	100
석이	700	60	110
서현	800	50	140
슬이	1,200	110	110

〈조건〉

• (총광고효과)=(1회당 광고효과)×(1년 광고횟수)
• (1회당 광고효과)=(1회당 수익 증대 효과)+(1회당 브랜드 가치 증대 효과)
• (1년 광고횟수)=(1년 광고비)÷(1회당 광고비)
• (1년 광고비)=(3,000만 원)−(1년 계약금)
• (1회당 광고비)=20만 원

① 지후   ② 문희
③ 석이   ④ 서현
⑤ 슬이

※ 다음 글을 읽고 이어지는 질문에 답하시오. [4~5]

여러 가지 센서 정보를 이용해 사람의 심리상태를 파악할 수 있는 기술을 '감정인식(Emotion Reading)'이라고 한다. 음성인식 기술에 이 기술을 더할 경우 인간과 기계, 기계와 기계 간의 자연스러운 대화가 가능해진다. 사람의 감정 상태를 기계가 진단해 보고 기초적인 진료 자료를 내놓을 수도 있다. 경찰 등 수사기관에서도 활용이 가능하다. 실제로 최근 상상을 넘어서는 수준의 놀라운 감정인식 기술이 등장하고 있다. 러시아 모스크바에 본사를 두고 있는 벤처기업 '엔테크랩(NTechLab)'은 뛰어난 안면인식 센서를 활용해 사람의 감정 상태를 상세히 읽어낼 수 있는 기술을 개발했다. 그리고 이 기술을 모스크바시 경찰 당국에 공급할 계획이다.

현재 모스크바시 경찰은 엔테크랩과 이 기술을 수사현장에 어떻게 도입할지 효과적인 방법을 모색하고 있다. 도입이 완료될 경우 감정인식 기술을 수사 현장에 활용하는 세계 최초의 사례가 된다. 이 기술을 활용하면 수백만 명이 모여 있는 군중 가운데서 특정 인상착의가 있는 사람을 찾아낼 수 있다. 또한 찾아낸 사람의 성과 나이 등을 모니터한 뒤 그 사람이 화가 났는지, 스트레스를 받았는지 혹은 불안해하는지 등을 판별할 수 있다.

엔테크랩의 공동창업자인 알렉산드르 카바코프(Alexander Kabakov)는 "번화가에서 수초 만에 테러리스트나 범죄자, 살인자 등을 찾아낼 수 있는 기술"이라며 "경찰 등 수사기관에서 이 기술을 도입할 경우 새로운 차원의 수사가 가능하다."라고 말했다. _____ 그는 이 기술이 러시아 경찰 어느 부서에 어떻게 활용될 것인지에 대해 밝히지 않았다. 카바코프는 "현재 CCTV 카메라에 접속하는 방안 등을 협의하고 있지만 아직까지 결정된 내용은 없다."라고 말했다.

이 기술이 처음 세상에 알려진 것은 2015년 미국 워싱턴 대학에서 열린 얼굴인식 경연대회에서다. 이 대회에서 엔테크랩의 안면인식 기술은 100만 장의 사진 속에 들어있는 특정인의 사진을 73.3%까지 식별해냈다. 이는 대회에 함께 참여한 구글의 안면인식 알고리즘을 훨씬 앞서는 기록이었다. 여기서 용기를 얻은 카바코프는 아르템 쿠크하렌코(Artem Kukharenko)와 함께 SNS 상에서 연결된 사람이라면 누구든 추적할 수 있도록 만든 앱 '파인드페이스(FindFace)'를 만들었다.

04 다음 중 윗글을 읽고 이해한 내용으로 적절하지 않은 것은?

① 엔테크랩의 감정인식 기술은 모스크바시 경찰이 범죄 용의자를 찾는 데 큰 기여를 하고 있다.

② 음성인식 기술과 감정인식 기술이 결합되면 기계가 사람의 감정을 진단할 수도 있다.

③ 감정인식 기술을 이용하면 군중 속에서 특정인을 쉽게 찾을 수 있다.

④ 엔테크랩의 안면인식 기술은 구글의 것보다 뛰어나다.

⑤ 카바코프는 쿠크하렌코와 함께 SNS 상에서 연결된 사람이라면 누구든 찾아낼 수 있는 앱을 개발하였다.

05 다음 중 빈칸에 들어갈 접속어로 가장 적절한 것은?

① 또한   ② 게다가

③ 그래서   ④ 그러나

⑤ 말하자면

06 정부는 지나친 음주와 흡연으로 인한 사회문제의 발생을 막기 위해 술과 담배에 세금을 부과하려고 한다. 이때 부과할 수 있는 세금에는 종가세와 정액세가 있다. 술과 담배를 즐기는 A씨의 소비량과 술, 담배 예상 세금 부과량이 다음과 같을 때, 조세 수입 극대화를 위해서 각각 어떤 세금을 부과해야 하며, 이때의 조세 총수입은 얼마인가?

〈술, 담배 가격 및 A씨의 소비량〉

구분	가격	현재 소비량	세금 부과 후 예상 소비량
술	2,000원	50병	20병
담배	4,500원	100갑	100갑

〈술, 담배 예상 세금 부과량〉

구분	예상 종가세 세율	예상 정액세 개당 세액
술	20%	300원
담배		800원

※ 종가세 : 가격의 일정 비율을 세금으로 부과하는 제도
※ 정액세 : 가격과 상관없이 판매될 때마다 일정한 액수의 세금을 부과하는 제도

	술	담배	조세 총수입
①	정액세	종가세	99,000원
②	정액세	종가세	96,000원
③	정액세	정액세	86,000원
④	종가세	정액세	88,000원
⑤	종가세	종가세	98,000원

07 영업사원 A가 다음 〈조건〉에 따라 도시를 방문할 때, 도시를 방문할 수 있는 방법의 수는?

─〈조건〉─

- 출발지는 상관없이 세 도시를 방문해야 한다.
- 같은 도시를 방문하지 않는다.
- 선 위에 있는 숫자는 거리(km)이다.
- 도시를 방문하는 순서 및 거리가 다르더라도 동일 도시를 방문하면 한 가지 방법이다.
- 도시를 방문하는 거리가 80km를 초과할 수 없다.
- 도시를 방문하는 방법 중 최소 거리로만 계산한다.

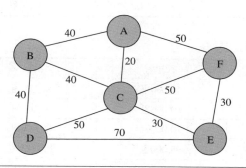

① 9가지   ② 10가지
③ 11가지   ④ 12가지
⑤ 13가지

08 다음과 같이 일정한 규칙으로 수를 나열할 때 빈칸에 들어갈 수로 옳은 것은?

| −296 | 152 | −72 | 40 | −16 | ( ) | −2 |

① 4   ② 7
③ 8   ④ 12
⑤ 14

※ 다음은 안성 호밀밭 축제에 대한 자료이다. 이어지는 질문에 답하시오. **[9~10]**

▲ 기본정보
- 위치 : 경기도 안성시 ○○읍 ◇◇길 안성 팜랜드
- 개장시간 : 10:00 ~ 18:00(17:00까지 입장)
- 입장료

구분	성인	소인(18세 미만)	기타
평일	12,000원	10,000원	36개월 미만 무료입장
주말	15,000원	12,000원	

▲ 주변 숙박 요금 비교(1박 기준)

구분		A민박	B펜션	C펜션
평일	2인실	45,000원	65,000원	90,000원
	4인실	60,000원	80,000원	100,000원
주말 / 공휴일	2인실	70,000원	80,000원	100,000원
	4인실	95,000원	100,000원	120,000원
추가비용		30,000원/인	25,000원/인	40,000원/인

※ A민박, B펜션, C펜션 모두 최대 4인실까지 있으며, 인원 추가는 최대 2명까지만 가능하다.
※ 추가비용은 주말·평일 동일하다.

09 주희는 토요일에 주희네 가족 4명과 중학생, 초등학생인 사촌동생 2명과 함께 안성 팜랜드를 방문하는 1박 2일 여행을 다녀왔다. 6명이 다 같이 사용할 수 있으며 숙박비가 총 15만 원을 초과하지 않는 방을 예약한 주희는 여행을 다녀와서 총경비를 정리하였다. 다음 중 총경비를 바르게 계산한 것은?(단, 주희네 가족은 모두 성인이고, 안성 팜랜드는 토요일에 방문한다)

- 총인원 : 6명
- 교통 : 6인승 차량 이용
  - 서울 → 안성 팜랜드(약 1시간 30분 소요)
    주유비 : 약 10,000원 / 통행료 : 약 5,800원
  - 안성 팜랜드 → 서울
    (서울 → 안성 팜랜드 교통 경비와 동일)
- 입장료 : (   )
- 숙박비 : (   )

  _____
- 총경비 : (   )

① 216,500원   ② 265,600원
③ 281,000원   ④ 285,600원
⑤ 290,000원

10 승준이는 일주일 뒤인 수요일에 친구들과 1박 2일로 안성 팜랜드에 방문하여 여행을 하기 위해 A민박에 예약을 하였다. 업체 사정에 따라 7명의 인원이 4인실에 4명, 2인실에 3명으로 나누어 예약하였고 숙박비를 모두 지불했으나, 부득이한 사정으로 못 가게 되었다. 숙박 시설별 환불 규정에 따라 오늘 예약 취소를 할 경우 승준이가 환불받는 금액과 지불해야 할 수수료는?

〈숙박 시설별 환불 규정〉

구분	A민박	B펜션	C펜션
30일 전	전액 환불	전액 환불	전액 환불
14일 전	50% 환불, 수수료 5,000원 발생	40% 환불, 수수료 7,000원 발생	35% 환불, 수수료 9,000원 발생
7일 전	30% 환불, 수수료 10,000원 발생	20% 환불, 수수료 12,000원 발생	10% 환불, 수수료 13,000원 발생

※ 예약일 하루 전부터 예약 당일까지는 취소가 불가능하며, 노쇼(No Show)의 경우에는 환불해 드리지 않습니다.

	환불받는 금액	수수료
①	30,000원	10,000원
②	40,500원	10,000원
③	50,000원	5,000원
④	63,000원	12,000원
⑤	120,000원	13,000원

11 농도가 10%인 소금물 200g에 농도가 15%인 소금물을 섞어서 13%인 소금물을 만들려고 한다. 이때, 농도가 15%인 소금물은 몇 g이 필요한가?

① 150g   ② 200g

③ 250g   ④ 300g

⑤ 350g

12 다음은 H교통카드의 환불방법에 대한 자료이다. 이에 대한 설명으로 옳지 않은 것은?

<H교통카드 정상카드 잔액환불 안내>

환불처		환불금액	환불방법	환불수수료	비고
편의점	A편의점	2만 원 이하	환불처에 방문하여 환불수수료를 제외한 카드잔액 전액을 현금으로 환불받음	500원	카드값 환불 불가
	B편의점 C편의점 D편의점 E편의점	3만 원 이하			
지하철	역사 내 H교통카드 서비스 센터	5만 원 이하	환불처에 방문하여 환불수수료를 제외한 카드잔액 전액 또는 일부 금액을 현금으로 환불받음 ※ 한 카드당 한 달에 최대 50만 원까지 환불 가능	500원 ※ 기본운임(1,250원) 미만 잔액은 수수료 없음	
은행 ATM	A은행	20만 원 이하	– 본인 명의의 해당은행 계좌로 환불수수료를 제외한 잔액 이체 ※ 환불 불가카드 – 모바일 H교통카드, Y사 플러스카드	500원	
	B은행 C은행 D은행 E은행 F은행	50만 원 이하			
모바일 (P사, Q사, R사)		50만 원 이하	– 1인 월 3회, 최대 50만 원까지 환불 가능 : 10만 원 초과 환불은 월 1회, 연 5회 가능 ※ App에서 환불신청 가능하며 고객명의 계좌로 환불수수료를 제외한 금액이 입금	500원 ※ 기본운임(1,250원) 미만 잔액은 수수료 없음	
H교통카드 본사			– 1인 1일 최대 50만 원까지 환불 가능 – 5만 원 이상 환불 요청 시 신분확인 (이름, 생년월일, 연락처) ※ 10만 원 이상 고액 환불의 경우 내방 당일 카드잔액 차감 후 익일 18시 이후 계좌로 입금(주말, 공휴일 제외) ※ 지참서류 : 통장사본, 신분증	월 누적 50만 원까지 수수료 없음 (50만 원 초과 시 수수료 1%)	

– 잔액이 5만 원을 초과하는 경우 H교통카드 본사로 내방하시거나, H교통카드 잔액환불 기능이 있는 ATM 에서 해당은행 계좌로 환불이 가능합니다(단, 모바일 H교통카드, Y사 플러스카드는 ATM에서 환불이 불 가능합니다).

– ATM 환불은 주민번호 기준으로 월 50만 원까지 가능하며, 환불금액은 해당은행 본인명의 계좌로 입금됩 니다.

※ 환불접수처 : H교통카드 본사, 지하철 역사 내 H교통카드 서비스센터, 은행 ATM, 편의점 등
 단, 부분환불 서비스는 H교통카드 본사, 지하철 역사 내 H교통카드 서비스센터에서만 가능합니다.

※ 부분환불 금액 제한 : 환불요청금액 1만 원 이상 5만 원 이하만 부분환불 가능(환불금액단위는 1만 원이며, 이용 건당 수수료는 500원)

① 모바일에서 환불 시 카드 잔액이 40만 원일 경우, 399,500원을 환불받을 수 있다.
② 카드 잔액 30만 원을 전액 환불할 경우, A은행을 제외한 은행 ATM에서 299,500원을 환불받을 수 있다.
③ 카드 잔액이 4만 원이고 환불요청금액이 2만 원일 경우, 지하철 역사 내 H교통카드 서비스센터에서 환불이 가능하다.
④ 환불금액이 13만 원일 경우 월 누적 환불금액이 37만 원 이하라면 H교통카드 본사 방문 시 수수료 없이 전액 환불받을 수 있다.
⑤ 카드 잔액 17만 원을 H교통카드 본사에 방문해 환불한다면, 당일 카드잔액을 차감하고 즉시 계좌로 이체받을 수 있다.

13 다음 제시된 문단을 읽고 이어질 문단을 논리적 순서대로 바르게 나열한 것은?

'낙수 이론(Trickle Down Theory)'은 '낙수 효과(Trickle Down Effect)'에 의해서 경제 상황이 개선될 수 있다는 것을 골자로 하는 이론이다. 이 이론은 경제적 상위계층의 생산 혹은 소비 등의 전반적 경제활동에 따라 경제적 하위계층에게도 그 혜택이 돌아간다는 모델에 기반을 두고 있다.

(가) 한국에서 이 낙수 이론에 의한 경제구조의 변화를 실증적으로 나타내는 것이 바로 70년대 경제 발전기의 경제 발전 방식과 그 결과물이다. 한국은 대기업 중심의 경제 발전을 통해서 경제의 규모를 키웠고, 이는 기대 수명 증가 등 긍정적 결과로 나타났다.

(나) 그러나 낙수 이론에 기댄 경제정책이 실증적인 효과를 낸 전력이 있음에도 불구하고, 낙수 이론에 의한 경제발전모델이 과연 전체의 효용이 바람직하게 증가했는지에 대해서는 여러 비판이 있다.

(다) 사회적 측면에서는 계층 간 위화감 조성이라는 문제점 또한 제기된다. 결국 상류층이 돈을 푸는 것으로 인하여 하류층의 경제적 상황에 도움이 되는 것이므로, 상류층과 하류층의 소비력의 차이가 여실히 드러나고, 이는 사회적으로 위화감을 조성시킨다는 것이다.

(라) 제일 많이 제기되는 비판은 경제적 상류계층이 경제활동을 할 때까지 기다려야 한다는 낙수 효과의 본질적인 문제점에서 연유한다. 결국 낙수 효과는 상류계층의 경제활동에 의해 이루어지는 것이므로, 당사자가 움직이지 않는다면 발생하지 않기 때문이다.

① (가) – (나) – (다) – (라)
② (가) – (나) – (라) – (다)
③ (가) – (라) – (나) – (다)
④ (라) – (가) – (다) – (나)
⑤ (라) – (다) – (가) – (나)

※ 다음은 주요 국가의 연도별 청년층 실업률 추이를 나타낸 자료이다. 이어지는 질문에 답하시오. [14~15]

〈주요 국가의 연도별 청년층(15 ~ 24세) 실업률 추이〉

(단위 : %)

구분	2019년	2020년	2021년	2022년	2023년	2024년
독일	13.6	11.7	10.4	11.0	9.7	8.5
미국	10.5	10.5	12.8	17.6	18.4	17.3
영국	13.9	14.4	14.1	18.9	19.3	20.0
일본	8.0	7.7	7.2	9.1	9.2	8.0
OECD 평균	12.5	12.0	12.7	16.4	16.7	16.2
대한민국	10.0	8.8	9.3	9.8	9.8	9.6

14 다음 중 자료에 대한 설명으로 옳지 않은 것은?

① 2020년 일본의 청년층 실업률은 3% 이상 감소하였다.
② 대한민국 청년층 실업률은 매년 OECD 평균보다 낮다.
③ 영국은 청년층 실업률이 주요 국가 중에서 매년 가장 높다.
④ 2022년 독일의 전년 대비 청년층 실업률 증가율은 대한민국보다 낮다.
⑤ 2021년 대비 2023년 청년층 실업률 증가량이 OECD 평균보다 높은 나라는 미국, 영국이다.

15 2019년과 비교하여 2024년에 청년층 실업률이 가장 크게 증가한 나라는?

① 독일
② 미국
③ 영국
④ 일본
⑤ 대한민국

16 K과장은 근무하는 사무실의 복합기에 고장이 발생하여 교체하려고 한다. 복합기의 성능 및 복합기 선택 기준이 다음과 같을 때 K과장이 선택할 복합기는 무엇인가?(단, 기간에 따른 월 이자는 고려하지 않는다)

〈복합기 성능 비교 분석〉

복합기	사용 가능 용지	분당 출력 매수	비용
A	A3, A4, A5 B4, B5	흑백 : 28매/분 컬러 : 22매/분	(판매)300만 원
B	A4, A5 B4, B5	흑백 : 30매/분 컬러 : (미지원)	(판매)270만 원
C	A3, A4 B4, B5	흑백 : 20매/분 컬러 : (미지원)	(판매)250만 원
D	A3, A4, A5 B4, B5	흑백 : 22매/분 컬러 : 10매/분	(판매)200만 원
E	A3, A4, A5 B4	흑백 : 33매/분 컬러 : 27매/분	(대여)23만 원/월
F	A3, A4, A5	흑백 : 29매/분 컬러 : 17매/분	(대여)15만 원/월
G	A3, A4, A5 B5	흑백 : 35매/분 컬러 : 20매/분	(대여)12만 원/월
H	A4, A5 B4, B5	흑백 : 20매/분 컬러 : 15매/분	(대여)10만 원/월

〈복합기 선택 조건〉
- 사무실에서 주로 사용하는 용지는 A3, A4, B5이다.
- 사무실에서 주로 컬러 인쇄를 사용한다.
- 분당 출력 매수가 적어도 15매는 넘어야 한다.
- 24개월 기준으로 비용을 최소인 것을 선택한다.

① A
② D
③ F
④ G
⑤ H

※ 유통업체인 H사는 유통대상의 정보에 따라 12자리로 구성된 분류코드를 부여하여 관리하고 있다. 이어지는 질문에 답하시오. **[17~18]**

〈분류코드 생성 방법〉

- 분류코드는 한 개 상품당 하나가 부과된다.
- 분류코드는 '발송코드 – 배송코드 – 보관코드 – 운송코드 – 서비스코드'가 순서대로 연속된 12자리 숫자로 구성되어 있다.
- 발송지역

발송지역	발송코드	발송지역	발송코드	발송지역	발송코드
수도권	a1	강원	a2	경상	b1
전라	b2	충청	c4	제주	t1
기타	k9	–	–	–	–

- 배송지역

배송지역	배송코드	배송지역	배송코드	배송지역	배송코드
서울	011	인천	012	강원	021
경기	103	충남	022	충북	203
경남	240	경북	304	전남	350
전북	038	제주	040	광주	042
대구	051	부산	053	울산	062
대전	071	세종	708	기타	009

- 보관구분

보관품목	보관코드	보관품목	보관코드	보관품목	보관코드
냉동	FZ	냉장	RF	파손주의	FG
고가품	HP	일반	GN	–	–

- 운송수단

운송수단	운송코드	운송수단	운송코드	운송수단	운송코드
5톤 트럭	105	15톤 트럭	115	30톤 트럭	130
항공 운송	247	열차 수송	383	기타	473

- 서비스 종류

배송서비스	서비스코드	배송서비스	서비스코드	배송서비스	서비스코드
당일 배송	01	지정일 배송	02	일반 배송	10

※ 수도권은 서울, 경기, 인천 지역이다.

17 다음 분류코드에서 확인할 수 있는 정보가 아닌 것은?

c4304HP11501

① 해당 제품은 충청지역에서 발송되어 경북지역으로 배송되는 제품이다.
② 냉장보관이 필요한 제품이다.
③ 15톤 트럭에 의해 배송될 제품이다.
④ 당일 배송 서비스가 적용된 제품이다.
⑤ 해당 제품은 고가품이다.

18 다음 정보를 근거로 할 때 제품 A에 적용될 분류코드는?

〈정보〉

• 제품 A는 Q업체가 7월 5일에 경기도에서 울산지역에 위치한 구매자에게 발송한 제품이다.
• 수산품인 만큼, 냉동 보관이 필요하며, 발송자는 택배 도착일을 7월 7일로 지정하였다.
• 제품 A는 5톤 트럭을 이용해 배송된다.

① k9062RF10510
② a1062FZ10502
③ a1062FZ11502
④ a1103FZ10501
⑤ a1102FZ10502

※ 환경문제에 관심이 많은 A사원은 미세먼지에 대한 신문기사를 읽었다. 이어지는 질문에 답하시오. [19~20]

봄철 미세먼지 때문에 야외활동이 힘들다. 미세먼지는 직경 $10\mu m$ 이하의 작은 입자 크기로, $1\mu m$은 0.001mm이다. 이렇게 작은 먼지들을 흡입하게 되면, 몸 밖으로 배출되지 않고 체내에 축적되기 때문에 더욱 위험하다. 폐에 쌓인 미세먼지는 잔기침과 가래를 유발하고, 폐렴이나 호흡곤란을 일으킬 수도 있다. 또, 호흡기를 지나 혈액으로 침투하게 되면 큰 질병으로 번질 우려가 있다. 이외에도 아토피나 알레르기성 피부염 증상을 유발하기도 하고, 결막염의 원인이 되기도 한다. 때문에 세계보건기구(WHO)는 미세먼지를 담배보다 해로운 1급 발암물질로 규정할 만큼 치명적이라고 한다.

이런 미세먼지를 막기 위해서는 어떻게 해야 할까? 전문가들은 야외로 나갈 때는 항상 마스크를 착용하도록 권장하고 있다. 여기서 마스크는 일반 마스크가 아닌 미세먼지 마스크를 말하는데, 일반 마스크로는 미세먼지를 막을 수 없기 때문이다. 그렇다면 미세먼지 전용 마스크에는 어떤 비밀이 숨어 있을까?

미세먼지 마스크의 비밀은 특수 필터와 섬유에 숨어있다. 일반적인 섬유보다 더 가늘게 연사한 나노 섬유(Nano Fiber)를 사용한 특수 필터가 세밀하게 미세먼지를 걸러준다. 게다가 섬유가 직각으로 교차하는 일반 마스크와는 달리 특수 필터의 섬유는 무작위로 얽혀 있어 틈이 매우 작다. 또한 섬유가 이중, 삼중으로 배치되어 있어 미세먼지들이 통과하지 못하고 걸러지게 제작되었다.

무작위로 얽힌 섬유가 아무리 빼곡할지라도 틈새는 있기 마련이다. 그래서 $2\mu m$보다 작은 먼지들이 통과하지 못하도록 미세먼지 마스크의 특수 섬유는 정전기를 띠고 있다. 정전기를 이용한 특수 섬유에는 부분별로 다른 극성을 띄도록 제작되었다. 그래서 양극(+)이나 음극(-) 중 하나를 띄고 있는 미세먼지 대부분을 잡아낼 수 있는 것이다. _____ 미세먼지 마스크는 이런 구조 탓에 재활용을 할 수 없다는 단점이 있다.

미세먼지 농도를 수시로 확인해서 미세먼지 농도가 높을 때에는 외출을 자제해야 한다. 외출이 불가피한 경우에는 미세먼지 마스크의 착용은 물론 신체노출부위를 최소화할 수 있도록 긴소매의 옷을 입어주는 것이 안전하다. 귀가 후에는 양치질을 통해 몸에 남아있는 미세먼지를 제거해야 한다.

외출을 아무리 자제한다고 해도 실내 미세먼지의 위험이 있을 수 있다. 가정 또는 사무실에서 창문을 열어 놓으면 미세먼지가 유입될 가능성이 높다. 이때에는 공기청정기와 가습기를 이용해 쾌적한 내부 환경을 유지하고, 가급적 많은 양의 물을 마셔서 호흡기를 건조하지 않게 하는 것이 좋다. 또, 실내에서 흡연을 하거나 촛불을 켜는 것도 미세먼지 농도를 높이는 원인이 될 수 있으니 자제해야 한다.

19 다음 중 윗글을 읽고 A사원이 동료 직원들에게 조언할 말로 적절하지 않은 것은?

① 일반 마스크로는 미세먼지를 막을 수 없으니, 반드시 미세먼지 전용 마스크를 착용하도록 해.

② 가급적 물을 많이 마셔서 호흡기가 건조하지 않도록 하고, 외출 시 신체노출부위를 최소화하도록 해.

③ 체내에 쌓인 미세먼지는 폐렴을 유발할 수 있고, 혈액으로 침투해 큰 병을 일으킬 수 있으니 조심해야 해.

④ 외출을 자제한다고 해도 실내에 미세먼지가 있을 수 있으니 공기청정기와 가습기로 적절한 실내 환경을 만들어야 해.

⑤ 미세먼지 전용 마스크는 특수 섬유로 이루어져 있어 대부분의 미세먼지를 막을 수 있고, 여러 번 재사용할 수 있으니 경제적이야.

20 다음 중 빈칸에 들어갈 접속어로 가장 적절한 것은?

① 하지만　　　　　　　　② 또한
③ 그런데도　　　　　　　④ 그리고
⑤ 요컨대

21 H기업의 생산 관리팀에서 근무하고 있는 귀하는 총생산비용의 감소율을 30%로 설정하려고 한다. 1단위 생산 시 단계별 부품 단가가 다음과 같을 때, ⓐ+ⓑ의 값은?

단계	부품 1단위 생산 시 투입비용(원)	
	개선 전	개선 후
1단계	4,000	3,000
2단계	6,000	ⓐ
3단계	11,500	ⓑ
4단계	8,500	7,000
5단계	10,000	8,000

① 4,000원　　　　　　　② 6,000원
③ 8,000원　　　　　　　④ 10,000원
⑤ 12,000원

22 대구에서 광주까지 편도운송을 하는 H사의 화물차량 운행상황은 다음과 같다. 만약 적재효율을 기존의 1,000상자에서 1,200상자로 높여 운행 횟수를 줄이고자 한다면, H사가 얻을 수 있는 월 수송비 절감액은?

> • 차량 운행대수 : 4대
> • 1대당 1일 운행횟수 : 3회
> • 1대당 1회 수송비 : 100,000원
> • 월 운행일수 : 20일

① 3,500,000원   ② 4,000,000원
③ 4,500,000원   ④ 5,000,000원
⑤ 5,500,000원

23 다음 〈조건〉에 따라 악기를 배치하고자 할 때, 옳지 않은 것은?

〈조건〉

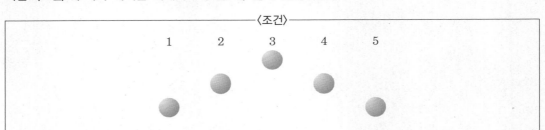

> • 목관 5중주는 플루트, 클라리넷, 오보에, 바순, 호른 각 1대씩으로 이루어진다.
> • 최상의 음향 효과를 내기 위해서는 음색이 서로 잘 어울리는 악기는 바로 옆자리에 놓아야 하고, 서로 잘 어울리지 않는 악기는 바로 옆자리에 놓아서는 안 된다.
> • 오보에와 클라리넷의 음색은 서로 잘 어울리지 않는다.
> • 플루트와 클라리넷의 음색은 서로 잘 어울린다.
> • 플루트와 오보에의 음색은 서로 잘 어울린다.
> • 호른과 오보에의 음색은 서로 잘 어울리지 않는다.
> • 바순의 음색과 서로 잘 어울리지 않는 악기는 없다.
> • 바순은 그 음이 낮아 제일 왼쪽(1번) 자리에는 놓일 수 없다.

① 플루트는 3번 자리에 놓일 수 있다.
② 클라리넷은 5번 자리에 놓일 수 있다.
③ 오보에는 2번 자리에 놓일 수 있다.
④ 바순은 3번 자리에 놓일 수 없다.
⑤ 호른은 2번 자리에 놓일 수 없다.

24 다음 글을 읽고 알 수 있는 내용으로 적절하지 않은 것은?

인간의 사유는 특정한 기준을 바탕으로 다른 것과의 차이를 인식하는 것이라 할 수 있다. 이때의 기준을 이루는 근간(根幹)은 당연히 현실 세계의 경험과 인식이다. 하지만 인간은 현실적 경험으로 인식되지 않는 대상을 사유하기도 하는데, 그중 하나가 신화적 사유이며, 이는 상상력의 산물이다.

상상력은 통념(通念)상 현실과 대립되는 위치에 속한다. 또한, 현대 문명에서 상상력은 과학적·합리적 사고와 반대되는 사유 체계로 간주되기도 한다. 그러나 신화적 사유를 떠받치고 있는 상상력은 '현실적 – 비현실적', '논리적 – 비논리적', '합리적 – 비합리적' 등과 같은 단순한 양항 체계 속으로 환원될 수 없다.

초기 인류학에서는 근대 문명과 대비시켜 신화적 사유를 미개한 존재들의 미숙한 단계의 사고로 간주(看做)했었다. 이러한 입장을 대표하는 레비브륄에 따르면 미개인은 논리 이전의 사고방식과 비현실적 감각을 가진 존재이다. 그러나 신화 연구에 적지 않은 영향을 끼쳤고 오늘날에도 여전히 유효한 레비스트로스의 논의에 따르면 미개인과 문명인의 사고방식은 사물을 분류하는 방식과 주된 관심 영역 등이 다를 뿐, 어느 것이 더 합리적이거나 논리적이라고 할 수는 없다. 또한, 그것은 세계를 이해하는 두 가지의 서로 다른 방식 혹은 태도일 뿐이다. 신화적 사유를 비롯한 이른바 미개인의 사고방식을 가리키는 레비스트로스가 말하는 '야생의 사고'는 이러한 사고방식이 근대인 혹은 문명인 못지않게 질서와 체계에 민감하고 그 나름의 현실적, 논리적, 합리적 기반을 갖추고 있음을 함축하는 개념이다.

레비스트로스의 '야생의 사고'는 신화시대와 신화적 사유를 근대적 문명에 입각한 발전론적 시각이 아닌 상대주의적 시각으로 바라보았다는 점에서 의미가 크다. 그러나 그가 신화 자체의 사유 방식이나 특성을 특정 시대의 것으로 한정(限定)하는 오류를 범하고 있다는 점에 유의해야 한다. 과거 신화시대에 생겨난 신화적 사유는 신화가 재현되고 재생되는 한 여전히 시간과 공간을 뛰어넘어 현재화되고 있기 때문이다.

이상에서 보듯이 신화적 사유는 현실적·경험적 차원의 '진실'이나 '비진실'로 구분될 수 없다. 신화는 허구적이거나 진실한 것 모두를 '재료'로 사용할 수 있으며, 이러한 재료들은 신화적 사유 고유의 규칙과 체계에 따라 배열된다. 그러므로 신화 텍스트에서 이러한 재료들의 구성 원리를 밝히는 것은 그 신화에 반영된 신화적 사유 체계를 밝히는 것이라 할 수 있다. 또한, 이는 신화를 공유하고 전승(傳承)해 왔던 집단의 원형적 사유 체계에 접근하는 작업이라고도 할 수 있다.

① 신화적 사유는 그 고유의 규칙과 체계를 갖고 있다.
② 신화적 사유는 상상력의 산물이라 할 수 있다.
③ 신화적 사유는 특정 시대의 사유 특성에 한정된다.
④ 신화적 상상력은 상상력에 대한 통념적 인식과 차이가 있다.
⑤ 신화적 사유에 대한 레비스트로스의 논의는 의의와 한계가 있다.

※ 다음은 H공사의 성과급 지급 규정이다. 이어지는 질문에 답하시오. **[25~27]**

〈성과급 지급 규정〉

성과급의 정의(제1조)
성과급이란 조직원의 사기진작과 합리적인 임금 체계 구축을 위해 평가된 결과에 따라 차등 지급되는 보수를 말한다.

지급대상(제2조)
① 성과연봉의 지급대상자는 성과평가 대상기간 중 1개월 이상의 기간 동안 H공사에 직원으로 근무한 자로 한다.
② 제1항의 근무기간에 휴직기간, 징계기간, 직위해제기간, 결근기간은 포함하지 않는다.
③ 1개월 이상 H공사 직원으로 근무하였음에도 성과평가 결과를 부여받지 못한 경우에는 최하등급 기준으로 성과
    연봉을 지급한다.

평가시기(제3조)
평가는 분기별로 1회씩 이루어진다.

평가기준(제4조)
평가항목과 가중치에 따라 다음과 같은 기준을 제시한다.

구분	전문성	유용성	수익성
가중치	0.3	0.2	0.5

점수별 등급(제5조)
성과평가 점수에 따른 평가등급을 다음과 같이 제시한다.

성과평가 점수	9.0 이상	8.0 이상 9.0 미만	7.0 이상 8.0 미만	6.0 이상 7.0 미만	5.0 이상 6.0 미만
평가등급	S등급	A등급	B등급	C등급	D등급

지급기준(제6조)
분기별 평가등급에 따라 다음과 같이 지급한다.

평가등급	S등급	A등급	B등급	C등급	D등급
지급액	100만 원	80만 원	60만 원	40만 원	20만 원

25 다음 중 성과급 지급 규정에 대해 바르게 이해하지 못한 사람은?

① A사원 : 성과연봉을 받기 위해서는 성과평가 대상기간 중 1개월 이상의 기간은 직원으로 H공사에서 근무해야 해.

② B사원 : 1개월 이상 H공사 직원으로 근무하였어도 성과평가 결과를 부여받지 못한 경우에는 성과연봉이 하나도 지급되지 않아.

③ C사원 : 성과급 평가기준은 전문성, 유용성, 수익성으로 나뉘는데, 수익성＞전문성＞유용성 순으로 가중치가 커.

④ D사원 : 성과평가는 분기별로 한 번씩 이루어져.

⑤ E사원 : A가 말한 근무기간에 휴직기간, 징계기간, 직위해제기간, 결근기간은 포함하지 않아.

26 H공사에 근무하는 O대리의 평가점수가 다음과 같다고 할 때 1년 동안 총 얼마의 성과급을 받는가?

〈O대리 분기별 평가점수〉

(단위 : 점)

구분	전문성	유용성	수익성
1분기	6	8	7
2분기	7	7	6
3분기	8	6	7
4분기	7	8	9

① 200만 원
② 210만 원
③ 220만 원
④ 230만 원
⑤ 240만 원

27 성과급 지급 규정의 평가기준에서 수익성의 비중을 높여 전문성 0.3, 유용성 0.2, 수익성 0.6으로 가중치를 변경한다면, 26번에서 계산한 O대리의 1년 성과급보다 얼마나 증가하는가?

① 40만 원
② 50만 원
③ 60만 원
④ 70만 원
⑤ 80만 원

28 다음은 H국 국회의원의 SNS(소셜네트워크서비스) 이용자 수 현황에 대한 자료이다. 이를 나타낸 그래프로 옳지 않은 것은?(단, 소수점 둘째 자리에서 반올림한다)

〈H국 국회의원의 SNS 이용자 수 현황〉

(단위 : 명)

구분	정당	당선 횟수별				당선 유형별		성별	
		초선	2선	3선	4선 이상	지역구	비례대표	남자	여자
여당	A	82	29	22	12	126	19	123	22
야당	B	29	25	13	6	59	14	59	14
	C	7	3	1	1	7	5	10	2
합계		118	57	36	19	192	38	192	38

① 국회의원의 여야별 SNS 이용자 수

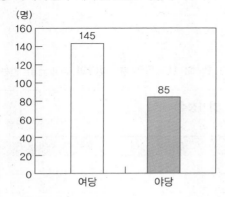

② 남녀 국회의원의 여야별 SNS 이용자 구성비

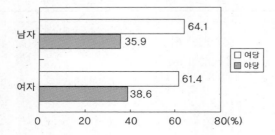

③ 야당 국회의원의 당선 횟수별 SNS 이용자 구성비

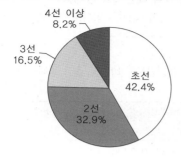

④ 2선 이상 국회의원의 정당별 SNS 이용자 수

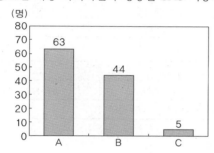

⑤ 여당 국회의원의 당선 유형별 SNS 이용자 구성비

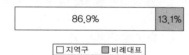

29. A사원은 3박 4일 동안 대전으로 출장을 다녀오려고 한다. 출장 경비에 대한 정보가 다음과 같을 때 A사원의 출장 경비 총액으로 옳은 것은?(단, A사원의 출장 세부내역 이외의 지출은 없다고 가정한다)

〈출장 경비〉
• 출장일부터 귀가할 때까지 소요되는 모든 교통비, 식비, 숙박비를 합산한 비용을 출장 경비로 지급한다.
• 교통비(서울 → 대전 / 대전 → 서울)

교통수단	기차	비행기	버스
비용(편도)	39,500원	43,250원	38,150원

※ 서울 및 대전 내에서의 시내이동에 소요되는 비용은 출장 경비로 인정하지 않는다.

• 식비

식당	P식당	S식당	Y식당
식비(끼니당)	8,500원	8,700원	9,100원

• 숙박비

숙소	가	나	다
숙박비(1박)	75,200원	81,100원	67,000원
비고	연박 시 1박당 5% 할인	연박 시 1박당 10% 할인	−

〈A사원의 출장 세부내역〉
• A사원은 대전행은 기차를, 서울행은 버스를 이용하였다.
• A사원은 2일간 P식당을, 나머지 기간은 Y식당을 이용하였으며 출장을 시작한 날부터 마지막 날까지 하루 3끼를 먹었다.
• A사원은 출장기간 동안 숙소는 할인을 포함하여 가장 저렴한 숙소를 이용하였다.

① 359,100원 ② 374,620원
③ 384,250원 ④ 396,500원
⑤ 410,740원

30 다음은 청소년의 경제의식에 대한 설문조사결과를 정리한 자료이다. 이에 대한 설명으로 옳은 것은?

〈경제의식에 대한 설문조사결과〉

(단위 : %)

설문 내용	구분	전체	성별		학교별	
			남	여	중학교	고등학교
용돈을 받는지 여부	예	84.2	82.9	85.4	87.6	80.8
	아니오	15.8	17.1	14.6	12.4	19.2
월간 용돈 금액	5만 원 미만	75.2	73.9	76.5	89.4	60
	5만 원 이상	24.8	26.1	23.5	10.6	40
용돈기입장 기록 여부	기록한다	30	22.8	35.8	31	27.5
	기록 안 한다	70	77.2	64.2	69.0	72.5

① 용돈을 받는 남학생의 비율이 용돈을 받는 여학생의 비율보다 높다.
② 월간 용돈을 5만 원 미만으로 받는 비율은 중학생이 고등학생보다 높다.
③ 고등학생 전체 인원을 100명이라 한다면, 월간 용돈을 5만 원 이상 받는 학생은 40명이다.
④ 용돈기입장은 기록하는 비율이 안하는 비율보다 높다.
⑤ 용돈을 받지 않는 중학생 비율이 용돈을 받지 않는 고등학생 비율보다 높다.

31 H회사가 A ~ D 네 부서에 한 명씩 신입사원을 선발하였다. 지원자는 총 5명이었으며, 선발 결과에 대해 다음과 같이 진술하였다. 이 중 1명의 진술만 거짓일 때, 항상 옳은 것은?

지원자 1 : 지원자 2가 A부서에 선발되었다.
지원자 2 : 지원자 3은 A 또는 D부서에 선발되었다.
지원자 3 : 지원자 4는 C부서가 아닌 다른 부서에 선발되었다.
지원자 4 : 지원자 5는 D부서에 선발되었다.
지원자 5 : 나는 D부서에 선발되었는데, 지원자 1은 선발되지 않았다.

① 지원자 1은 B부서에 선발되었다.
② 지원자 2는 A부서에 선발되었다.
③ 지원자 3은 D부서에 선발되었다.
④ 지원자 4는 B부서에 선발되었다.
⑤ 지원자 5는 C부서에 선발되었다.

32 다음 글의 내용으로 적절하지 않은 것은?

1930년대 대공황 상황에서 케인스는 당시 영국과 미국에 만연한 실업의 원인을 총수요의 부족이라고 보았다. 그는 총수요가 증가하면 기업의 생산과 고용이 촉진되고 가계의 소득이 늘어 경기를 부양할 수 있다고 주장했다. 따라서 정부의 재정정책을 통해 총수요를 증가시킬 필요성을 제기하였다.

케인스는 총수요를 늘리기 위해서 총수요 중 많은 부분을 차지하는 가계의 소비에 주목하였고, 소비는 소득과 밀접한 관련이 있다고 생각하였다. 케인스는 절대소득가설을 내세워, 소비를 결정하는 요인들 중에서 가장 중요한 것은 현재의 소득이라고 하였다. 그리고 소득이 없더라도 생존을 위해 꼭 필요한 소비인 기초소비가 존재하며, 소득이 증가함에 따라 일정 비율로 소비도 증가한다고 주장하였다. 이러한 절대소득가설은 1950년대까지 대표적인 소비결정이론으로 사용되었다.

그러나 쿠즈네츠는 절대소득가설로는 설명하기 어려운 소비 행위가 이루어지고 있음에 주목하였다. 쿠즈네츠가 미국에서 장기간에 걸쳐 일어난 각 가계의 실제 소비 행위를 분석한 결과는 절대소득가설로 명확히 설명하기 어려운 것이었다. 이러한 현상을 설명하기 위해 프리드먼은 장기적인 기대소득으로서의 항상소득에 의존한다는 항상소득가설을 내세웠다. 프리드먼은 실제로 측정되는 소득을 실제소득이라 하고, 실제소득은 항상소득과 임시소득으로 구성된다고 보았다. 항상소득이란 평생 동안 벌어들일 것으로 기대되는 소득의 매기 평균 또는 장기적 평균 소득이다. 임시소득은 장기적으로 예견되지 않은 일시적인 소득으로서 양(+)일 수도, 음(−)일 수도 있다. 프리드먼은 소비가 임시소득과는 아무런 상관관계가 없고 오직 항상소득에만 의존한다고 보았으며, 임시소득의 대부분은 저축된다고 설명했다. 사람들은 월급과 같이 자신이 평균적으로 벌어들이는 돈을 고려하여 소비하지, 예상치 못한 복권 당첨이나 주가 하락에 의한 손실을 고려하여 소비하지는 않는다는 것이다.

항상소득가설을 바탕으로 프리드먼은 쿠즈네츠가 발견한 현상을 단기적인 소득의 증가는 임시소득이 증가한 것에 해당하므로 소비가 늘어나지 않은 것이라고 설명하였다. 항상소득가설에 따른다면 소비를 늘리기 위해서는 단기적인 재정정책보다 장기적인 재정정책을 펴는 것이 바람직하다. 가령 정부가 일시적으로 세금을 줄여 가계의 소득을 증가시키고 그에 따른 소비 진작을 기대한다 해도 가계는 일시적인 소득의 증가를 항상소득의 증가로 받아들이지 않아 소비를 늘리지 않기 때문이다.

① 케인스는 소득이 없어도 기초소비가 발생한다고 보았다.
② 케인스는 대공황 상황에서 총수요를 늘릴 것을 제안했다.
③ 쿠즈네츠는 미국에서 실제로 일어난 소비 행위를 분석하였다.
④ 프리드먼은 쿠즈네츠의 연구 결과를 설명하는 가설을 내놓았다.
⑤ 케인스는 가계가 미래의 소득을 예측하여 소비를 결정한다고 주장했다.

33 약사인 L씨는 개인약국을 개업하기 위해 부동산을 통하여 시세를 알아보았다. 리모델링이 필요할 경우 100평당 5백만 원의 추가 비용이 들며, 개업 후 한 달 동안 입점해 있는 병원 1곳당 초기 입점 비용의 3%의 이윤이 기대된다. A ~ E 다섯 상가의 입점조건이 다음과 같을 때, 어느 곳에 입점하는 것이 가장 이득이겠는가?(단, 최종 비용은 초기 입점 비용과 한 달 간의 이윤을 고려하여 결정한다)

〈상가별 입점 관련 정보〉

구분	매매가	중개수수료율	평수	리모델링 필요 여부	병원 입점 수
A상가	9억 2천만 원	0.6%	200평	×	2곳
B상가	8억 8천만 원	0.7%	200평	○	3곳
C상가	9억 원	0.5%	180평	×	1곳
D상가	9억 5천만 원	0.6%	210평	×	1곳
E상가	8억 7천만 원	0.7%	150평	○	2곳

※ 초기 입점 비용 : (매매가)+(중개수수료)+(리모델링 비용)

① A상가
② B상가
③ C상가
④ D상가
⑤ E상가

34 다음은 H기업의 지역별 매장 수 증감에 대한 자료이다. 2021년에 매장이 두 번째로 많은 지역의 매장 개수는?

〈지역별 매장 수 증감〉

(단위 : 개)

지역	2021년 대비 2022년 증감 수	2022년 대비 2023년 증감 수	2023년 대비 2024년 증감 수	2024년 매장 수
서울	2	2	−2	17
경기	2	1	−2	14
인천	−1	2	−5	10
부산	−2	−4	3	10

① 10개
② 12개
③ 14개
④ 16개
⑤ 18개

35 다음은 제품 생산에 소요되는 작업 시간을 정리한 자료이다. 〈조건〉을 토대로 추론한 내용으로 옳은 것은?

〈제품 생산에 소요되는 작업시간〉

(단위 : 시간)

작업구분 제품	절삭 작업	용접 작업
a	2	1
b	1	2
c	3	3

───〈조건〉───

- a, b, c제품을 각 1개씩 생산한다.
- 주어진 기계는 절삭기 1대, 용접기 1대이다.
- 각 제품은 절삭 작업을 마친 후 용접 작업을 해야 한다.
- 총작업시간을 최소화하기 위해 제품의 제작 순서는 관계없다.

① 가장 적게 소요되는 총작업시간은 8시간이다.
② 가장 많이 소요되는 총작업시간은 12시간이다.
③ 총작업시간을 최소화하기 위해 제품 b를 가장 늦게 만든다.
④ 총작업시간을 최소화하기 위해 제품 a를 가장 먼저 만든다.
⑤ b → c → a로 작업할 때, b작업 후 1시간 동안 용접을 더 하면 작업 시간이 늘어난다.

36 다음 글의 빈칸에 들어갈 내용으로 가장 적절한 것은?

태양은 지구의 생명체가 살아가는 데 필요한 빛과 열을 공급해 준다. 태양은 이런 막대한 에너지를 어떻게 계속 내놓을 수 있을까?

16세기 이전까지는 태양을 포함한 별들이 지구상의 물질을 이루는 네 가지 원소와 다른, 불변의 '제5원소'로 이루어졌다고 생각했다. 하지만 밝기가 변하는 신성(新星)이 별 가운데 하나라는 사실이 알려지면서 별이 불변이라는 통념은 무너지게 되었다. 또한, 태양의 흑점 활동이 관측되면서 태양 역시 불덩어리일지도 모른다고 생각하기 시작했다. 그 후 섭씨 5,500℃로 가열된 물체에서 노랗게 보이는 빛이 나오는 것을 알게 되면서 유사한 빛을 내는 태양의 온도도 비슷할 것이라고 추측하게 되었다.

19세기에는 에너지 보존 법칙이 확립되면서 새로운 에너지 공급이 없다면 태양의 온도가 점차 낮아져야 한다는 결론을 내렸다. 그렇다면 과거에는 태양의 온도가 훨씬 높았어야 했고, 지구의 바다가 펄펄 끓어야 했을 것이다. 하지만 실제로는 그렇지 않았고, 사람들은 태양의 온도를 일정하게 유지해 주는 에너지원이 무엇인지에 대해 생각하게 되었다.

20세기 초 방사능이 발견되면서 사람들은 방사능 물질의 붕괴에서 나오는 핵분열 에너지를 태양의 에너지원으로 생각하였다. 그러나 태양빛의 스펙트럼을 분석한 결과 태양에는 우라늄 등의 방사능 물질 대신 수소와 헬륨이 있다는 것을 알게 되었다. 즉, 방사능 물질의 붕괴에서 나오는 핵분열 에너지가 태양의 에너지원이 아니었던 것이다.

현재 태양의 에너지원은 수소 원자핵 네 개가 헬륨 원자핵 하나로 융합하는 과정의 질량 결손으로 인해 생기는 핵융합 에너지로 알려져 있다. 태양은 엄청난 양의 수소 기체가 중력에 의해 뭉쳐진 것으로, 그 중심으로 갈수록 밀도와 압력, 온도가 증가한다. 태양에서의 핵융합은 천만℃ 이상의 온도를 유지하는 중심부에서만 일어난다. 높은 온도에서만 원자핵들은 높은 운동 에너지를 가지게 되며, 그 결과로 원자핵들 사이의 반발력을 극복하고 융합되기에 충분히 가까운 거리로 근접할 수 있기 때문이다. 태양빛이 핵융합을 통해 나온다는 사실은 태양으로부터 온 중성미자가 관측됨으로써 더 확실해졌다.

중심부의 온도가 올라가 핵융합 에너지가 늘어나면 그 에너지로 인한 압력으로 수소를 밖으로 밀어내어 중심부의 밀도와 온도를 낮추게 된다. 이렇게 온도가 낮아지면 방출되는 핵융합 에너지가 줄어들며, 그 결과 압력이 낮아져서 수소가 중심부로 들어오게 되어 중심부의 밀도와 온도를 다시 높인다. 이렇듯 태양 내부에서 중력과 핵융합 반응의 평형상태가 유지되기 때문에 _____ 태양은 이미 50억 년간 빛을 냈고, 앞으로도 50억 년 이상 더 빛날 것이다.

① 태양의 핵융합 에너지가 폭발적으로 증가할 수 있게 된다.
② 태양 외부의 밝기가 내부 상태에 따라 변할 수 있게 된다.
③ 태양이 오랫동안 안정적으로 빛을 낼 수 있게 된다.
④ 태양이 일정한 크기를 유지할 수 있었다.
⑤ 과거와 달리 태양이 일정한 온도를 유지할 수 있게 된다.

※ 다음은 서울시 ○○구에 위치한 H은행의 지점을 도식화한 그림이다. 그림의 각 마디(Node)는 영업점을, 가지(Link)는 연결 가능한 구간을, 가지 위의 숫자는 두 영업점 간의 거리(Km)를 나타내고 있다. 이어지는 질문에 답하시오. **[37~38]**

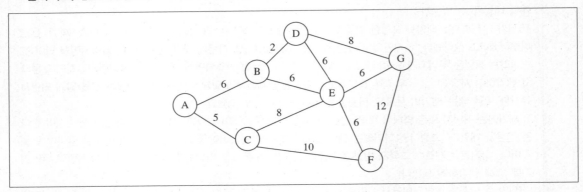

37 A지점은 ○○구의 신규 입주아파트 분양업자와 협약체결을 통하여 분양 중도금 관련 집단대출을 전담하게 되었다. A지점에 근무하는 귀하는 한 입주예정자로부터 평일에는 개인사정으로 인해 영업시간 내에 방문하지 못한다는 문의를 받고 근처 다른 지점에 방문하여 대출신청을 진행할 수 있도록 안내하였다. 다음 〈조건〉을 토대로 입주예정자의 대출신청을 완료할 때까지 걸리는 최소시간은 얼마인가?

――― 〈조건〉 ―――
- 입주예정자는 G지점 근처에서 거주하고 있어, 영업시간 내에 언제든지 방문 가능하다.
- 대출과 관련한 서류는 A지점에서 G지점까지 행낭을 통해 전달한다.
- 은행 영업점 간 행낭 배송은 시속 60km로 운행하며, 요청에 따라 배송지 순서는 변경(생략)할 수 있다(단, 연결된 구간으로만 운행 가능).
- 대출신청서 등 대출 관련 서류는 입주예정자 본인 또는 대리인(대리인증명서 필요)이 작성하여야 한다(작성하는 시간은 총 30분이 소요됨).
- 대출신청 완료는 A지점에 입주예정자가 작성한 신청서류가 도착했을 때를 기준으로 한다.

① 46분　　　　　　　　　　② 49분
③ 57분　　　　　　　　　　④ 1시간 2분
⑤ 1시간 5분

38 은행 지점 간 행낭 배송에 대한 잦은 요청으로 배송 업무의 비효율성이 높아져, 상당한 비용과 인력이 낭비되는 현상을 개선하고자 다음과 같은 규칙을 정하였다. 규칙에 따라 운행할 경우, 하루 동안 발생하는 최소 비용은 얼마인가?

〈규칙〉

• 행낭 배송은 오전 1회, 오후 1회로 운영하며, 각 지점에 하루 2회 방문한다(단, 오전 배송 마지막 지점은 하루 1회 방문함).
• 행낭 배송은 오전 10:00에 A지점에서부터 시작하며, 오후 16:00에 A지점이 아닌 곳에서 마감한다.
• 1회 운송 시 관할 구의 모든 지점을 단 한번만 거쳐야 한다.
• 각 지점에서 갈 수 있는 경로 중 최소거리의 경로만을 선택하여 배송한다(단, 이미 지나온 경로나 지점은 고려하지 않음).

〈고려사항〉

• 행랑 배송원은 10:00 ~ 16:00까지 근무하며, 시간당 10,000원의 급여가 지급된다(점심식대는 시급의 80%를 별도로 지급함).
• 유류비는 1km당 200원을 기준으로 계산하며, 운행거리에 따라 지급한다.

① 53,500원   ② 62,200원
③ 80,000원   ④ 82,800원
⑤ 84,200원

39 A는 이번 달에 350kWh의 전기를 사용하였고 B는 A가 내야 할 요금의 2배만큼 사용하였다. B가 이번 달에 사용한 전기량은 몇 kWh인가?

〈전기 사용량 구간별 요금〉

구분	요금
200kWh 이하	100원/kWh
400kWh 이하	200원/kWh
400kWh 초과	400원/kWh

① 350kWh   ② 400kWh
③ 450kWh   ④ 500kWh
⑤ 550kWh

40 다음은 근대 소설의 특징을 설명하는 글이다. 이를 이해한 내용으로 가장 적절한 것은?

근대 소설이 이전의 이야기들과 구분되는 가장 중요한 특징은 '개인'이 이야기의 주인이 되었다는 데 있다. 이때 개인은 외면적으로는 자유로운 인간이지만 사회와 전면적으로 만날 수밖에 없는 근대의 산물이다. 반드시 따라야 할 윤리는 없지만, 적응하지 못하면 아무런 보호도 받을 수 없는 환경 아래서 개인은 소외되고 고독하며 비극적일 수밖에 없다. 그리고 그러한 인물이 몸으로 부딪치며 살아가는 과정을 다룬 것이 근대 소설의 이야기이다. 근대 사회에서의 이러한 소설의 발생에 대해 고전 소설과 비교하여 살펴보자.

'심청전'의 주인공 심청이나 '춘향전'의 주인공 춘향이 지키려고 한 가치는 유교 사회의 윤리 덕목인 효와 절개였다. 그들은 자신이 지켜야 하는 윤리 덕목 때문에 여러 가지 어려움을 겪지만 결코 신념이 흔들리거나 행동에 주저하는 법이 없다. 그들에게 있어 지켜야 할 덕목은 너무나도 확실했고, 그것을 지키지 않고 얻을 수 있는 어떤 가치도 존재하지 않는다. 그러나 이러한 윤리적 행동이 심청과 춘향 개인의 입장에서 고민되고 선택된 것이라고 볼 수는 없다. 효나 절개는 그들이 따라야 할 가치로 이미 존재하고 있었다. 그들이 살았던 시대는 개인이 그런 덕목에 도전할 수 없었을 뿐만 아니라 그런 생각을 하는 것조차 용인되지 않았다. 물론 이는 작품이 창작되고 유통되던 당시의 현실 전체를 의미하지는 않는다. 현실에서는 시대의 가치에서 일탈한 경우를 자주 볼 수 있었을지 모른다. 그러나 그러한 예외적인 경우가 문학 작품 안으로 수용될 만큼 의미 있게 받아들여지지는 않았다.

이렇게 보면 춘향과 심청이 목숨을 걸고 지키려 한 시대의 가치들은 개인의 가치라기보다는 사회적 가치들이었다고 볼 수 있다. 고전 소설은 당대의 절대적 가치와 진리가 일치했던 그들 문화의 일반적인 경향을 반영하는 소설이었던 셈이다. 개인의 행동이 정당한지 아닌지를 판단하는 기준은 '전통' 혹은 '시대 윤리' 등의 집단적이고 추상적인 것에 한정되어 있었다. 이런 소설이 창작되고 유통될 때는 모든 사람이 지켜야 할 덕목이 확실히 존재했는데, 그 윤리의 덕목이 개인이 지향하는 가치 덕목과 분리되지 않았던 것이다. 고전 소설의 마무리가 대부분 권선징악인 이유도 이러한 데서 찾을 수 있다. 동시대의 윤리를 착실히 따르는 사람이 이를 수 있는 길은 마땅히 가장 행복한 길이어야 했다. 독자들에게 나아갈 방향을 제시해 주는 대로 행동한 사람의 마지막을 불행한 모습으로 보여준다면, 공통의 가치는 아무런 힘도 발휘하지 못할 것이기 때문이다.

근대 소설의 발생과 관련한 이론을 전개했던 이안 왓트는 '보통 사람들의 일상생활에 대한 소설의 진지한 관심'을 언급하는데, 이는 개인주의가 소설 속에서 발현되는 양상을 말한다. 개인들이 따르는 사회의 공통된 가치가 있는 것이 아니라, 모든 개인의 가치가 관심을 받는 속에서 근대 소설이 탄생했다는 말이다. 그런데 이런 개인들의 삶은 사회 이념을 대표할 수 없다. 그리하여 근대 사회에서 개인과 사회의 만남은 어떤 식으로든 불화를 만들어 내게 된다. 그리하여 근대 소설 속에는 철없이 세계와 대결하려다 실패하는 개인이 있고, 자신의 처지를 자각하지 못하고 끝내 미망 속에서 헤어나지 못하는 개인도 있다. 즉, 그런 인물이 탄생한 것이 근대라면 그런 인물이 이야기의 주인으로 자리 잡은 것이 근대 소설이라 할 수 있다.

① 고전 소설의 주인공은 개인의 입장에서 윤리적 행동을 선택할 수 있었다.
② 고전 소설에서 개인의 행동에 대한 정당성은 개인이 지향하는 가치로부터 나타난다.
③ 근대 소설에서는 집단주의가 발현되는 양상을 보인다.
④ 근대 소설은 개인의 가치에 대한 관심으로 나타났다.
⑤ 근대 소설 속의 주인공은 대부분 사회와 타협하는 모습을 보인다.

41 다음 중 A사원이 처리할 첫 업무와 마지막 업무를 바르게 나열한 것은?

> A씨, 우리 팀이 준비하는 프로젝트가 마무리 단계인 건 알고 있죠? 이제 곧 그동안 진행해 온 팀 프로젝트를 발표해야 하는데 A씨가 발표자로 선정되어서 몇 가지 말씀드릴 게 있어요. 9월 둘째 주 월요일 오후 4시에 발표를 할 예정이니 그 시간에 비어있는 회의실을 찾아보고 예약해 주세요. 오늘이 벌써 첫째 주 수요일이네요. 보통 일주일 전에는 예약해야 하니 최대한 빨리 확인하고 예약해 주셔야 합니다. 또 발표 내용을 PPT 파일로 만들어서 저한테 메일로 보내 주세요. 검토 후 수정사항을 회신할 테니 반영해서 최종본 내용을 브로슈어에 넣어 주세요. 최종본 내용을 모두 입력하면 디자인팀 D대리님께 파일을 넘겨줘야 해요. 디자인팀에서 작업 후 인쇄소로 보낼 겁니다. 최종 브로슈어는 1층 인쇄소에서 받아오시면 되는데 원래는 한나절이면 찾을 수 있지만 이번에 인쇄 주문 건이 많아서 다음 주 월요일에 찾을 수 있을 거예요. 아, 그리고 브로슈어 내용 정리 전에 작년에 프로젝트 발표자였던 B주임에게 물어보면 어떤 식으로 작성해야 할지 이야기해 줄 거예요.

① PPT 작성 – D대리에게 파일 전달
② 회의실 예약 – B주임에게 조언 구하기
③ 회의실 예약 – 인쇄소 방문
④ B주임에게 조언 구하기 – 인쇄소 방문
⑤ 회의실 예약 – D대리에게 파일 전달

42 다음 중 밑줄 친 ㉠, ㉡에 대한 설명으로 옳은 것은?

> 조직구조는 조직마다 다양하게 이루어지며, 조직목표의 효과적 달성에 영향을 미친다. 조직구조에 대한 많은 연구를 통해 조직구조에 영향을 미치는 요인으로는 조직의 전략, 규모, 기술, 환경 등이 있음을 확인할 수 있으며, 이에 따라 ㉠ 기계적 조직 혹은 ㉡ 유기적 조직으로 설계된다.

① ㉠은 의사결정 권한이 조직의 하부구성원들에게 많이 위임되어 있다.
② ㉡은 상하 간의 의사소통이 공식적인 경로를 통해 이루어진다.
③ ㉠은 규제나 통제의 정도가 낮아, 의사결정이 쉽게 변할 수 있다.
④ ㉡은 구성원들의 업무가 분명하게 정의된다.
⑤ 안정적이고 확실한 환경에서는 ㉠이, 급변하는 환경에서는 ㉡이 적합하다.

43 영업팀 사원인 K씨는 출장 유류비와 식대로 총 35만 원을 지불하고 영업처 식대로 10만 원을 지불했다. 다음 중 결재규정에 따라 K씨가 제출할 결재양식으로 옳은 것은?

〈결재규정〉

- 결재를 받으려는 업무에 대하여 최고결재권자(대표이사) 포함 이하 직책의 결재를 받아야 한다.
- 전결이라 함은 회사의 경영활동이나 관리활동을 수행함에 있어 의사결정이나 판단을 요하는 일에 대하여 최고결재권자의 결재를 생략하고, 전결권자의 책임하에 최종적으로 의사 결정이나 판단을 하는 행위를 말한다.
- 전결사항에 관해서도 위임받은 자를 포함한 이하 직책의 결재를 받아야 한다.
- 표시내용 : 결재를 올리는 자는 최고결재권자로부터 전결 사항을 위임받은 자가 있는 경우 전결권자의 결재란에 전결이라고 표시한다.
- 최고결재권자의 결재사항 및 최고결재권자로부터 위임된 전결 사항은 아래의 표에 따른다.
- 결재를 하지 않는 자의 결재란은 작성하지 않는다.

구분	내용	금액기준	결재서류	팀장	본부장	대표이사
영업비	영업처 식대 판촉물 구입비 등	30만 원 이하	접대비지출품의서 지출결의서	○ □		
		30만 원 초과			○ □	
		50만 원 이상				○ □
출장비	출장 유류비 출장 식대	30만 원 이하	출장계획서 청구서	○ □		
		30만 원 초과			○	□
		50만 원 이상				○ □
교육비	내부교육비	50만 원 이하	기안서 법인카드신청서	○	□	
	외부강사초청비	50만 원 이하			○	□
		50만 원 초과				○
		100만 원 초과				□

※ ○ : 기안서, 출장계획서, 접대비지출품의서
※ □ : 지출결의서, 각종 신청서 및 청구서

①

출장계획서				
결재	담당	팀장	본부장	대표이사
	K			

②

청구서			
결재	담당	팀장	본부장
	K		

③

출장계획서				
결재	담당	팀장	본부장	대표이사
	K	전결		

④

출장계획서			
결재	담당	팀장	본부장
	K		전결

⑤

접대비지출품의서			
결재	담당	팀장	본부장
	K		

44 다음 중 민츠버그의 구분에 따른 경영자의 역할에 대한 설명으로 옳지 않은 것은?

① 조직 규모의 확대에 따라 경영자도 수직적 분업화가 이루어지는 것이 효율적이다.

② 경영자는 조직의 변화방향을 설정하고 조직의 성과에 책임을 진다.

③ 조직 운영을 위해서는 경영자가 구성원들과 의사소통하는 것이 중요하다.

④ 분쟁 혹은 협상을 조정하는 것은 조직의 의사결정자로서 경영자의 중요한 역할이다.

⑤ 민츠버그의 구분에 따르면 기업을 둘러싼 외부환경을 모니터링하는 것은 경영자의 역할 중 의사결정적 역할에 포함된다.

45 다음 중 대학생인 지수의 일과를 통해 알 수 있는 사실로 옳은 것은?

> 지수는 화요일에 학교 수업, 아르바이트, 스터디, 봉사활동 등을 한다.
> 다음은 지수의 화요일 일과이다.
> • 지수는 오전 11시부터 오후 4시까지 수업이 있다.
> • 수업이 끝나고 학교 앞 프렌차이즈 카페에서 3시간 동안 아르바이트를 한다.
> • 아르바이트를 마친 후, NCS 공부를 하기 위해 2시간 동안 스터디를 한다.
> • 스터디 후에는 전국적으로 운영되는 유기견 보호단체와 함께 1시간 동안 봉사활동을 한다.

① 비공식적이면서 소규모조직에서 3시간 있었다.

② 공식조직에서 9시간 있었다.

③ 비영리조직이며 대규모조직에서 6시간 있었다.

④ 영리조직에서 2시간 있었다.

⑤ 비공식적이며 비영리조직에서 2시간 있었다.

46 직장생활을 하면 해외 바이어를 만날 일이 생기기도 한다. 다음 중 이를 대비해 알아두어야 할 국제매너로 옳지 않은 것은?

① 미국인들과 악수를 할 때에는 손끝만 살짝 잡아서 해야 한다.

② 러시아, 라틴아메리카 사람들은 포옹으로 인사를 하는 경우도 많다.

③ 이라크 사람들은 상대방이 약속시간이 지나도 기다려 줄 것으로 생각한다.

④ 악수를 한 후 명함을 건네는 것이 순서이다.

⑤ 국가에 따라 필요한 예절이 다르기 때문에 사전에 확인해야 한다.

47 다음 중 조직의 변화에 대한 설명으로 옳은 것은?

① 조직변화와 관련된 환경의 변화는 조직에 영향이 없는 변화들도 모두 포함한다.

② 변화를 실행하고자 하는 조직은 기존의 규정 내에서 환경에 대한 최적의 적응방안을 모색해야 한다.

③ 조직의 변화전략은 실현 가능할 뿐 아니라 구체적이어야 한다.

④ 조직구성원들이 현실에 안주하고 변화를 기피하는 경향이 약할수록 환경 변화를 인지하지 못한다.

⑤ 조직의 변화는 '조직변화 방향 수립 – 조직변화 실행 – 변화결과 평가 – 환경변화 인지' 순으로 이루어진다.

48 다음 중 S사원에게 해줄 수 있는 조언으로 가장 적절한 것은?

> S사원은 팀장으로부터 업무성과를 높이기 위한 방안을 보고하라는 지시를 받았고, 다음날 팀장에게 보고서를 제출하였다. 보고서를 본 팀장은 S사원에게 다음과 같이 말했다.
> "S씨, 보고서에 있는 방법은 우리 회사에서는 적용할 수가 없습니다. 노사규정상 근무시간을 늘릴 수 없게 되어 있어요. 근무시간을 늘려서 업무성과를 높이자는 건 바람직한 해결책이 아니군요."

① 자신의 능력 범위 안에서 가능한 목표를 설정해야 한다.
② 조직의 구조, 문화, 규칙 등의 체제요소를 고려해야 한다.
③ 조직의 목표 달성을 위해서는 조직 응집력이 중요하다.
④ 새로운 자원을 발굴하고, 도전하는 것을 중시해야 한다.
⑤ 조직의 구성원들에게 일체감과 정체성을 부여해야 한다.

49 다음은 직무전결표의 일부분이다. 이에 따른 문서의 결재선으로 옳은 것은?

<직무전결표>

직무 내용	위임전결권자			대표이사
	부서장	상무	부사장	
주식관리 – 명의개서 및 제신고		○		
기업공시에 관한 사항				○
주식관리에 관한 위탁계약 체결				○
문서이관 접수	○			
인장의 보관 및 관리	○			
4대 보험 관리		○		
직원 국내출장			○	
임원 국내출장				○

① 신입직원의 고용보험 가입신청을 위한 결재처리 – 대리 김철민 / 부장 전결 박경석
② 박경석 상무의 국내출장을 위한 결재처리 – 대리 서민우 / 부장 박경석 / 상무 전결 최석우
③ 임원변경에 따른 기업공시를 위한 결재처리 – 부장 최병수 / 상무 임철진 / 부사장 전결 신은진
④ 주식의 명의개서를 위한 결재처리 – 주임 신은현 / 부장 전결 최병수
⑤ 최병수 부장의 국내출장을 위한 결재처리 – 대리 서민우 / 부장 박경석 / 상무 대결 최석우 / 부사장 전결

50 다음 지시사항을 토대로 C사원이 해야 할 업무를 〈보기〉에서 골라 순서대로 바르게 나열한 것은?

> 상사 : 벌써 2시 50분이네. 3시에 팀장회의가 있어서 지금 업무지시를 할게요. 업무보고는 내일 9시 30분에 받을게요. 업무보고 전 아침에 회의실과 마이크 체크를 한 내용을 업무보고에 반영해 주세요. 내일 3시에 있을 팀장회의도 차질 없이 준비해야 합니다. 아, 그리고 오늘 P사원이 아파서 조퇴했으니 P사원 업무도 부탁할게요. 간단한 겁니다. 사업 브로슈어에 사장님의 개회사를 추가하는 건데, 브로슈어 인쇄는 2시간밖에 걸리지 않지만 인쇄소가 오전 10시부터 6시까지 하니 비서실에 방문해 파일을 미리 받아 늦지 않게 인쇄소에 넘겨 주세요. 비서실은 본관 15층에 있으니 가는 데 15분 정도 걸릴 거예요. 브로슈어는 다음날 오전 10시까지 준비되어야 하는 거 알죠? 팀장회의에 사용할 케이터링 서비스는 매번 시키는 K업체로 예약해 주세요. 24시간 전에는 예약해야 하니 서둘러 주세요.

〈보기〉

(가) 비서실 방문 　　　　　　　　　(나) 회의실, 마이크 체크
(다) 케이터링 서비스 예약 　　　　　(라) 인쇄소 방문
(마) 업무보고

① (가) - (다) - (라) - (나) - (마)
② (나) - (가) - (라) - (마) - (다)
③ (나) - (다) - (라) - (가) - (마)
④ (다) - (가) - (라) - (나) - (마)
⑤ (다) - (나) - (가) - (라) - (마)

41 농한기인 1 ~ 2월에 자주 발생하는 영농기자재 고장을 방지하고자 영농기자재 관리 방법에 대한 매뉴얼을 작성하여 농가에 배포하였다. 다음 중 매뉴얼에 따라 영농기자재를 바르게 관리한 것은?

〈매뉴얼〉

월	기계종류	내용
1월	트랙터	(보관 중 점검) • 유압실린더는 완전상승 상태로 함 • 엔진 계통의 누유 점검(연료탱크, 필터, 파이프) • 축전지 보충충전
	이앙기	(장기보관 중 점검) • 본체의 누유, 누수 점검 • 축전지 보관 상태 점검, 보충충전 • 페인트가 벗겨진 부분에는 방청유를 발라 녹 발생 방지 • 커버를 씌워 먼지, 이물질에 의한 부식 방지
	콤바인	(장기보관 중 점검) • 회전부, 작동부, 와이어류에 부식 방지를 위해 오일 주입 • 각부의 누유 여부 점검 • 스프링 및 레버류에 부식 방지를 위해 그리스를 바름
2월	트랙터	(사용 전 점검) • 팬벨트 유격 10mm 이상 시 발전기 고정 볼트를 풀어 유격 조정 • 냉각수량 – 외기온도에 알맞은 비중의 부동액 확인(40% 확인) • 축전지액량 및 접속상태, 배선 및 각종 라이트 경고 점검, 충전상태 점검 • 좌우 브레이크 페달 유격 및 작동 상태 점검
	이앙기	(장기보관 중 점검) • 누유 · 누수 점검 • 축전지 보충충전 • 녹이 발생된 부분은 녹을 제거하고 방청유를 바름
	콤바인	(장기보관 중 점검) • 엔진을 회전시켜 윤활시킨 후 피스톤을 압축상사점에 보관 • 각 회전부, 작동부, 와이어류에 부식 방지를 위해 오일 주입 • 스프링 및 레버류에 부식 방지를 위해 그리스를 바름

① 1월에 트랙터의 브레이크 페달 작동 상태를 점검하였다.

② 2월에 장기보관 중이던 이앙기에 커버를 씌워 먼지 및 이물질에 의한 부식을 방지하였다.

③ 1 ~ 2월 모두 이앙기에 녹 발생 방지를 위해 방청유를 발랐다.

④ 트랙터 사용 전에 유압실린더와 엔진 누유 상태를 중점적으로 점검하였다.

⑤ 장기보관 중인 콤바인을 꺼낸 후 타이어 압력을 기종별 취급설명서에 따라 점검하였다.

42 다음은 제품 매뉴얼과 업무 매뉴얼에 대한 설명이다. 이에 대한 내용으로 옳지 않은 것은?

> 제품 매뉴얼이란 사용자를 위해 제품의 특징이나 기능 설명, 사용방법과 고장 조치방법, 유지 보수 및 A/S, 폐기까지 제품에 관련된 모든 서비스에 대해 소비자가 알아야 할 모든 정보를 제공하는 것을 말한다.
> 다음으로 업무 매뉴얼이란 어떤 일의 진행 방식, 지켜야 할 규칙, 관리상의 절차 등을 일관성 있게 여러 사람이 보고 따라할 수 있도록 표준화하여 설명하는 지침서를 말한다.

① 제품 매뉴얼은 혹시 모를 사용자의 오작동까지 고려하여 만들어져야 한다.
② '재난대비 국민행동 매뉴얼'은 업무 매뉴얼의 사례로 볼 수 있다.
③ 제품 매뉴얼은 제품의 설계상 결함이나 위험 요소를 대변해야 한다.
④ 제품 매뉴얼과 업무 매뉴얼 모두 필요한 정보를 빨리 찾을 수 있도록 구성되어야 한다.
⑤ 제품 매뉴얼은 제품의 의도된 안전한 사용과 사용 중 해야 할 일 또는 하지 말아야 할 일까지 정의해야한다.

43 다음은 기술선택에 대한 설명이다. 이에 대한 내용으로 옳지 않은 것은?

> 기술선택이란 기업이 어떤 기술에 대하여 외부로부터 도입할 것인가 또는 그 기술을 자체 개발하여 활용할 것인가를 결정하는 것이다. 기술을 선택하는 의사결정은 크게 다음과 같이 두 가지 방법으로 볼 수 있다.
> 먼저 상향식 기술선택(Bottom Up Approach)은 기업 전체 차원에서 필요한 기술에 대한 체계적인 분석이나 검토 없이 연구자나 엔지니어들이 자율적으로 기술을 선택하도록 하는 것이다.
> 다음으로 하향식 기술선택(Top Down Approach)은 기술경영진과 기술기획담당자들에 의한 체계적인 분석을 통해 기업이 획득해야 하는 대상기술과 목표기술수준을 결정하는 것이다.

① 상향식 기술선택은 경쟁기업과의 경쟁에서 승리할 수 없는 기술이 선택될 수 있다.
② 상향식 기술선택은 기술자들의 창의적인 아이디어를 얻기 어려운 단점을 볼 수 있다.
③ 상향식 기술선택은 시장의 고객들이 요구하는 제품이나 서비스를 개발하는 데 부적합한 기술이 선택될수 있다.
④ 하향식 기술선택은 사업전략의 성공적인 수행을 위해 필요한 기술들을 열거하고, 각각의 기술에 대한 획득의 우선순위를 결정하는 것이다.
⑤ 하향식 기술선택은 먼저 기업이 직면하고 있는 외부환경과 보유 자원에 대한 분석을 통해 중·장기적인 사업목표를 설정하는 것이다.

44 다음 중 A사와 B사가 활용한 벤치마킹의 종류를 바르게 나열한 것은?

A사는 기존 신용카드사가 시도하지 않았던 새로운 분야를 개척하며 성장했다. A사만의 독특한 문화와 경영 방식 중 상당 부분은 회사 바깥에서 얻었다. 이런 작업의 기폭제가 바로 'Insight Tour'이다. A사 직원들은 업종을 불문하고 새로운 마케팅으로 주목받는 곳을 방문한다. 심지어 혁신적인 미술관이나 자동차 회사까지 찾아간다. 금융회사는 가급적 가지 않는다. 카드사는 고객이 결제하는 카드만 취급하는 것이 아니라 회사의 고객 라이프 스타일까지 디자인하는 곳이라는 게 A사의 시각이다. A사의 브랜드 실장은 "카드사는 생활과 밀접한 분야에서 통찰을 얻어야 한다. 'Insight Tour'는 고객의 삶을 업그레이드하는 데 역점을 둔다."고 강조했다.

B사의 첫 벤치마킹 대상은 선반이 높은 창고형 매장을 운영한 월마트였다. 하지만 한국 문화에 맞지 않았다. 3년 후 일본 할인점인 이토요카토로 벤치마킹 대상을 바꿨다. 신선식품에 주력하고 시식행사도 마련하였고, 결과는 성공이었다. 또한 자체브랜드(PL; Private Label) 전략도 벤치마킹을 통해 가다듬었다. 기존 B사의 PL은 저가 이미지가 강했지만, 이를 극복하기 위해 B사는 'PL 종주국' 유럽을 벤치마킹했다. 유럽의 기업인 테스코는 PL 브랜드를 세분화해서 '테스코 파이니스트 – 테스코 노멀 – 테스코 벨류'란 브랜드를 달았다. 이와 유사하게 B사도 '베스트 – 벨류 – 세이브' 등의 브랜드로 개편했다.

	A사	B사
①	경쟁적 벤치마킹	비경쟁적 벤치마킹
②	간접적 벤치마킹	글로벌 벤치마킹
③	비경쟁적 벤치마킹	글로벌 벤치마킹
④	직접적 벤치마킹	경쟁적 벤치마킹
⑤	비경쟁적 벤치마킹	경쟁적 벤치마킹

45 다음 뉴스 기사에서 나타난 산업재해의 원인으로 가장 적절한 것은?

〈◇◇의 등대, 잠들지 못하는 ○○업 종사자들〉

◇◇지역에 위치한 ○○업의 대표적인 기업에서 올해 들어 직원 3명의 사망사고가 발생하였다. ◇◇의 등대라는 단어는 잦은 야근으로 인해 자정에 가까운 시간에도 사무실에 불빛이 환하게 밝혀져 있는 모습에서 나온 지금은 공공연해진 은어이다. 이처럼 계속된 과로사의 문제로 인해 작년 12월 고용노동부의 근로 감독이 이루어졌으나, 시정되지 못하고 있는 실정이다.

… 하략 …

① 교육적 원인 : 충분하지 못한 OJT
② 기술적 원인 : 노후화된 기기의 오작동으로 인한 작업 속도 저하
③ 작업 관리상 원인 : 초과 근무를 장려하는 관리 운영 지침
④ 불안전한 행동 : 작업 내용 미저장 / 하드웨어 미점검
⑤ 불안전한 상태 : 시설물 자체 결함 / 복장·보호구의 결함

※ 다음은 H전자의 유·무상 수리 기준을 나타낸 자료이다. 이어지는 질문에 답하시오. [46~48]

〈H전자의 유·무상 수리 기준〉

1. 유·무상 수리 기준

구분		적용 항목
무상		– 보증기간(1년) 이내에 정상적인 사용 상태에서 발생한 성능·기능상의 고장인 경우 – H전자 엔지니어의 수리 이후 12개월 이내 동일한 고장이 발생한 경우 – 품질보증기간 동안 정상적인 사용 상태에서 발생한 성능·기능상의 고장인 경우 ※ 보증기간은 구입 일자를 기준으로 산정함
유상	보증기간	– 보증기간이 경과된 제품
	설치/철거	– 이사나 가정 내 제품 이동으로 재설치를 요청하는 경우 – 제품의 초기 설치 이후 추가로 제품 연결을 요청하는 경우 – 홈쇼핑, 인터넷 등에서 제품 구입 후 설치를 요청하는 경우
	소모성	– 소모성 부품의 보증기간 경과 및 수명이 다한 경우(배터리, 필터류, 램프류, 헤드, 토너, 드럼, 잉크 등) – 당사에서 지정하지 않은 부품이나 옵션품으로 인해 고장이 발생한 경우
	천재지변	– 천재지변(지진, 풍수해, 낙뢰, 해일 등) 외 화재, 염해, 동파, 가스 피해 등으로 인해 고장이 발생한 경우
	고객 부주의	– 사용자 과실로 인해 고장이 발생한 경우 – 사용설명서 내의 주의사항을 지키지 않아 고장이 발생한 경우 – H전자 서비스센터 외 임의 수리·개조로 인해 고장이 발생한 경우 – 인터넷, 안테나 등 외부 환경으로 인해 고장이 발생한 경우
	기타	– 제품 고장이 아닌 고객 요청에 의한 제품 점검(보증기간 이내라도 유상 수리)

2. 서비스 요금 안내

서비스 요금은 부품비, 수리비, 출장비의 합계액으로 구성되며, 각 요금의 결정은 다음과 같다.

• 부품비 : 수리 시 부품 교체를 할 경우 소요되는 부품 가격

제품		가격
전자레인지	마그네트론	20,000원
에어컨	콤프레셔	400,000원
TV	LCD	150,000원
	PDP	300,000원

• 수리비 : 유상 수리 시 부품비를 제외한 기술료로, 소요시간, 난이도 등을 감안하여 산정된다.

• 출장비 : 출장 수리를 요구하는 경우 적용되며, 18,000원을 청구한다(단, 평일 18시 이후, 휴일 방문 시 22,000원).

3. 안내 사항

• 분쟁 발생 시 품목별 해결 기준

분쟁 유형		해결 기준
구입 후 10일 이내에 정상적인 사용 상태에서 발생한 성능·기능상의 하자로 수리를 요할 때		제품 교환 또는 구입가 환급
구입 후 1개월 이내에 정상적인 사용 상태에서 발생한 성능·기능상의 하자로 중요한 수리를 요할 때		제품 교환 또는 무상수리
보증기간 이내에 정상적인 사용 상태에서 발생한 성능·기능상의 하자	수리 불가능 시	제품 교환 또는 구입가 환급
	교환 불가능 시	구입가 환급
	교환된 제품이 1개월 이내에 중요한 수리를 요할 때	구입가 환급

• 다음의 경우는 보증기간이 $\frac{1}{2}$ 로 단축 적용된다.

  – 영업용도나 영업장에서 사용할 경우 예 비디오(비디오 SHOP), 세탁기(세탁소) 등
  – 차량, 선박 등에 탑재하는 등 정상적인 사용 환경이 아닌 곳에서 사용할 경우
  – 제품사용 빈도가 극히 많은 공공장소에 설치하여 사용할 경우 예 공장, 기숙사 등

• 휴대폰 소모성 액세서리(이어폰, 유선충전기, USB 케이블)는 H전자 유상 수리 후 2개월 동안 품질 보증

46 다음은 LCD 모니터 수리에 대한 고객의 문의 사항이다. 고객에게 안내할 내용으로 가장 적절한 것은?

> 안녕하세요. 3개월 전에 H전자에서 LCD 모니터를 구입한 사람입니다. 얼마 전에 모니터 액정이 고장 나서 동네 전파상에서 급하게 수리를 하였는데 1개월도 안 돼서 다시 액정이 망가져 버렸습니다.

① 저희 서비스센터가 아닌 사설 업체에서 수리를 받았기 때문에 무상 수리는 어렵습니다. 유상 수리로 접수해 드릴까요?
② 무상 수리를 받으시려면 자사가 취급하는 액정인지 확인이 필요합니다. 교체하신 액정의 정보를 알려주실수 있을까요?
③ 수리 이후에 1개월 이내에 동일한 고장이 발생하셨군요. 보증기간과 관계없이 제품의 구입가를 환불해 드리겠습니다.
④ 구입하시고 1년 이내에 수리를 받으셨군요. 더 이상 수리가 불가능하므로 새 제품으로 교환해 드리겠습니다.
⑤ 구입하신 지 아직 1년이 넘지 않으셨네요. 보증기간에 따라 무상 수리가 가능합니다.

47 A씨는 사용하던 전자레인지가 고장이 나자 H전자 서비스센터에 전화하였고, 이틀 후인 수요일 오후 4시경에 엔지니어가 방문하기로 하였다. 방문한 엔지니어가 전자레인지의 부품 중 하나인 마그네트론을 교체하였고, A씨는 유상 수리 서비스 요금으로 총 53,000원의 금액을 납부하였다. 다음 중 전자레인지의 수리비로 옳은 것은?

① 10,000원
② 15,000원
③ 18,000원
④ 21,000원
⑤ 23,000원

48 다음 중 정상적인 사용 상태에서 제품의 성능·기능상 고장이 발생했을 때, 무상 수리 서비스를 받을 수 없는 것은?

① 3개월 전 구매하여 설치한 세탁소의 세탁기
② 열흘 전 구매한 개인 휴대폰
③ 1년 전 구매하였으나 1개월 전 H전자에서 유상 수리를 받은 휴대폰 이어폰
④ 2개월 전 구매하여 차량에 설치한 휴대용 냉장고
⑤ 8개월 전 구매하여 설치한 기숙사 내 정수기

49 다음은 기술혁신의 과정과 역할을 나타낸 자료이다. (A) ~ (E)에 대한 설명으로 옳지 않은 것은?

〈기술혁신의 과정과 역할〉

기술혁신 과정	혁신 활동	필요한 자질과 능력
아이디어 창안 (Idea Generation)	• 아이디어를 창출하고 가능성을 검증한다. • _____(A)_____ • 혁신적인 진보를 위해 탐색한다.	• 각 분야의 전문지식 • 추상화와 개념화 능력 • 새로운 분야의 일을 즐기는 능력
(B) <u>챔피언</u> (Entrepreneuring or Championing)	• 아이디어를 전파한다. • 혁신을 위한 자원을 확보한다. • 아이디어 실현을 위해 헌신한다.	• 정력적이고 위험을 감수하는 능력 • 아이디어의 응용에 대한 관심
프로젝트 관리 (Project Leading)	• 리더십을 발휘한다. • 프로젝트를 기획하고 조직한다. • _____(C)_____	• 의사결정 능력 • 업무 수행 방법에 대한 지식
정보 수문장 (Gate Keeping)	• 조직 내 정보원 기능을 수행한다.	• 높은 수준의 기술적 역량 • _____(D)_____
_____(E)_____	• 혁신에 대해 격려하고 안내한다. • 불필요한 제약에서 프로젝트를 보호한다. • 혁신에 대한 자원 획득을 지원한다.	• 조직의 주요 의사결정에 대한 영향력

① (A)에 들어갈 적절한 내용은 '일을 수행하는 새로운 방법을 고안한다.'이다.
② 밑줄 친 (B)는 '기술적인 난관을 해결하는 방법을 찾아 시장상황에 대처할 수 있는 인재'를 의미한다.
③ (C)에 들어갈 적절한 내용은 '조직 외부의 정보를 내부 구성원들에게 전달한다.'이다.
④ (D)에 들어갈 적절한 내용은 '원만한 대인관계능력'이다.
⑤ (E)에 들어갈 용어는 '후원(Sponsoring or Coaching)'이다.

50 H회사에 입사한 귀하는 시스템 모니터링 및 관리 업무를 담당하게 되었다. 다음 자료를 참고할 때 〈보기〉의 빈칸에 들어갈 코드로 옳은 것은?

다음 모니터에 나타나는 정보를 이해하고 시스템 상태를 판독하여 코드를 입력하는 방식을 파악하시오.

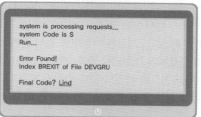

```
system is processing requests...
system Code is S
Run...

Error Found!
Index BREXIT of File DEVGRU

Final Code? Lind
```

항목	세부사항
Index ◇◇◇ of File ◇◇◇	• 오류 문자 : Index 뒤에 나타나는 문자 • 오류 발생 위치 : File 뒤에 나타나는 문자
Error Value	• 오류 문자와 오류 발생 위치를 의미하는 문자에 사용된 알파벳을 비교하여 일치하는 알파벳의 개수를 확인
Final Code	• Error Value를 통하여 시스템 상태 판단

판단 기준	Final Code
일치하는 알파벳의 개수＝0	Svem
0＜일치하는 알파벳의 개수≦1	Atur
1＜일치하는 알파벳의 개수≦3	Lind
3＜일치하는 알파벳의 개수≦5	Nugre
일치하는 알파벳의 개수＞5	Qutom

〈보기〉

```
system is processing requests...
sysytem Code is S
Run...

Error Found!
Index SHAWTY of File CRISPR

Final Code? _____
```

① Svem   ② Atur

③ Lind   ④ Nugre

⑤ Qutom

| 04 | ICT(정보능력)

41 다음은 정보화 사회에서 필수적으로 해야 할 일에 대한 글이다. 이에 대한 사례로 적절하지 않은 것은?

> 첫째, 정보검색이다. 인터넷에는 수많은 사이트가 있으며, 여기서 내가 원하는 정보를 찾는 것을 정보검색,
> 즉 인터넷 서핑이라 할 수 있다. 현재 인터넷에는 수많은 사이트가 있으며, 그 많은 사이트에서 내가 원하는
> 정보를 찾기란 그렇게 만만하지 않다. 지금은 다행히도 검색 방법이 발전하여 문장 검색용 검색엔진과 자연
> 어 검색 방법도 나와 네티즌들로부터 대환영을 받고 있다. 검색이 그만큼 쉬워졌다는 것이다. 이러한 발전에
> 맞추어 정보화 사회에서는 궁극적으로 타인의 힘을 빌리지 않고 내가 원하는 정보는 무엇이든지 다 찾을 수
> 있어야 한다. 즉, 자신이 가고 싶은 곳의 정보라든지 궁금한 사항을 스스로 해결할 정도는 되어야 한다는 것
> 이다.
> 둘째, 정보관리이다. 인터넷에서 어렵게 검색하여 찾아낸 결과를 관리하지 못하여 머리 속에만 입력하고, 컴
> 퓨터를 끄고 나면 잊어버리는 것은 정보관리를 못하는 것이다. 자기가 검색한 내용에 대하여 파일로 만들어
> 보관하든 프린터로 출력하여 인쇄물로 보관하든 언제든지 필요할 때 다시 볼 수 있을 정도가 되어야 한다.
> 셋째, 정보전파이다. 정보관리를 못한 사람은 정보전파가 어렵다. 오로지 입을 이용해서만 전파가 가능하기
> 때문이다. 요즘은 전자우편과 SNS를 이용해서 정보를 전달하기 때문에 정보전파가 매우 쉽다. 참으로 편리
> 한 세상이 아닐 수 없다. 인터넷만 이용하면 편안히 서울에 앉아서 미국에도 논문을 보낼 수 있는 것이다.

① A씨는 내일 축구에서 승리하는 국가를 맞추기 위해 선발 선수들의 특징을 파악했다.
② B씨는 라면을 맛있게 조리할 수 있는 비법을 SNS에 올렸다.
③ C씨는 다음 주 제주도 여행을 위해서 다음 주 날씨를 요일별로 잘 파악해서 기억하고자 했다.
④ D씨는 가진 금액에 맞는 의자를 사기 위해 가격 비교 사이트를 이용했다.
⑤ E씨는 작년에 작성했었던 보고서를 지금 미국에 출장 가 있는 동료에게 보내주었다.

42 워드프로세서에서는 일정한 영역(Block)을 지정하여 영역 전체에 특정 명령을 일괄적으로 지정할 수 있다.
다음 중 영역의 지정에 대한 설명으로 옳은 것은?

① 해당 단어 안에 마우스 포인터를 놓고 한 번 클릭하면 한 단어 영역 지정이 가능하다.
② 문서 내의 임의의 위치에서 〈Ctrl〉+〈E〉를 누르면 문서 전체 영역 지정이 가능하다.
③ 해당 문단의 임의의 위치에 마우스 포인터를 놓고 세 번 클릭하면 문단 전체 영역 지정이 가능하다.
④ 해당 줄의 왼쪽 끝으로 마우스 포인터를 이동하여 포인터가 화살표로 바뀌고 나서 두 번 클릭하면 한 줄
영역 지정이 가능하다.
⑤ 문서 내의 한 행 왼쪽 끝에서 마우스 포인터가 화살표로 바뀌고 나서 두 번 클릭하면 문서 전체 영역 지정이
가능하다.

※ 병원에서 근무하는 귀하는 건강검진 관리 현황을 정리하고 있다. 이어지는 질문에 답하시오. **[43~44]**

	A	B	C	D	E	F
1			〈건강검진 관리 현황〉			
2	이름	검사구분	주민등록번호	검진일	검사항목 수	성별
3	강민희	종합검진	960809-2******	2024-11-12	18	
4	김범민	종합검진	010323-3******	2024-03-13	17	
5	조현진	기본검진	020519-3******	2024-09-07	10	
6	최진석	추가검진	871205-1******	2024-11-06	6	
7	한기욱	추가검진	980232-1******	2024-04-22	3	
8	정소희	종합검진	001015-4******	2024-02-19	17	
9	김은정	기본검진	891025-2******	2024-10-14	10	
10	박미옥	추가검진	011002-4******	2024-07-21	5	

43 2024년 하반기에 검진받은 사람의 수를 확인하려 할 때 사용해야 할 함수는?

① COUNT
② COUNTA
③ SUMIF
④ COUNTIF
⑤ MATCH

44 주민등록번호를 통해 성별을 구분하려고 할 때, 각 셀에 필요한 함수식으로 옳은 것은?

① F3 : =IF(AND(MID(C3,8,1)="2",MID(C3,8,1)="4"),"여자","남자")

② F4 : =IF(AND(MID(C4,8,1)="2",MID(C4,8,1)="4"),"여자","남자")

③ F7 : =IF(OR(MID(C7,8,1)="2",MID(C7,8,1)="4"),"여자","남자")

④ F9 : =IF(OR(MID(C9,8,1)="1",MID(C9,8,1)="3"),"여자","남자")

⑤ F6 : =IF(OR(MID(C6,8,1)="2",MID(C6,8,1)="3"),"남자","여자")

45 다음 C 프로그램을 실행하였을 때 출력되는 값은?

```c
#include <stdio.h>
int power(int x, int y);
int main(void)
{    int a, b;
     a=6;
     b=4;
     printf("%d",power(a,b));
     return 0;
}int power(int x, int y)
{    if(y==0)
     return 1;
     return x*power(x,y-1);
}
```

① 64   ② 666
③ 982   ④ 1,000
⑤ 1,296

46 다음 중 스프레드시트의 고급필터에 대한 설명으로 옳지 않은 것은?

① AND조건은 지정한 모든 조건을 만족하는 데이터만 출력되며 조건을 모두 같은 행에 입력해야 한다.
② 원본 데이터와 다른 위치에 추출된 결과를 표시할 수 있으며, 조건에 맞는 특정한 필드(열)만을 추출할 수도 있다.
③ 조건을 지정하거나 특정한 필드만을 추출할 때 사용하는 필드명은 반드시 원본 데이터의 필드명과 같아야 한다.
④ OR조건은 지정한 조건 중 하나의 조건이라도 만족하는 경우 데이터가 출력되며 조건을 모두 같은 행에 입력해야 한다.
⑤ 고급필터는 자동필터에 비해 복잡한 조건을 사용하거나 여러 필드를 결합하여 조건을 지정할 경우에 사용한다.

47 다음 사례에서 요리연구가 A씨가 사용한 방법은?

> 요리연구가 A씨는 수많은 요리를 개발하면서 해당 요리의 조리방법을 기록해 왔다. 몇 년에 걸쳐 진행한 결과 A씨가 연구해 온 요리가 수백 개에 달했고, 이에 A씨가 해당 요리에 대한 내용을 찾으려 할 때, 상당한 시간이 걸렸다. A씨는 고민 끝에 요리방법을 적은 문서를 분류하기로 하였고 이를 책으로 출판하였다. 책은 각 요리에서 주재료로 사용된 재료를 기준으로 요리방법이 분류되었으며, 해당 재료에 대한 내용이 서술되어 있는 페이지도 같이 기술하였다.

① 목록   ② 목차
③ 분류   ④ 초록
⑤ 색인

48 다음 〈보기〉 중 창고 물품 내역에 대해 작성한 재고량 조사표의 수정 사항으로 옳은 것을 모두 고르면?

〈창고 물품 내역〉

- A열 : LCD 모니터 3대, 스캐너 2대, 마우스 2대
- B열 : 스피커 5대, USB 메모리 15개, 키보드 10대
- C열 : 레이저 프린터 3대, 광디스크 4개

〈재고량 조사표〉

구분	입력 장치	출력 장치	저장 장치
수량(개)	14	15	19

─〈보기〉─

ㄱ. 입력 장치의 수량을 12개로 한다.
ㄴ. 출력 장치의 수량을 11개로 한다.
ㄷ. 저장 장치의 수량을 16개로 한다.

① ㄱ   ② ㄴ
③ ㄱ, ㄷ   ④ ㄴ, ㄷ
⑤ ㄱ, ㄴ, ㄷ

49 다음 시트에서 상품이 '하모니카'인 악기의 평균매출액을 구하려고 할 때, [E11] 셀에 입력할 수식으로 옳은 것은?

	A	B	C	D	E
1	모델명	상품	판매금액	판매수량	매출액
2	D7S	통기타	₩189,000	7	₩1,323,000
3	LC25	우쿨렐레	₩105,000	11	₩1,155,000
4	N1120	하모니카	₩60,000	16	₩960,000
5	MS083	기타	₩210,000	3	₩630,000
6	H904	하모니카	₩63,000	25	₩1,575,000
7	C954	통기타	₩135,000	15	₩2,025,000
8	P655	기타	₩193,000	8	₩1,544,000
9	N1198	하모니카	₩57,000	10	₩513,000
10	하모니카의 평균 판매수량				17
11	하모니카 평균매출액				₩1,016,000

① =COUNTIF(B2:B9, "하모니카")

② =AVERAGE(E2:E9)

③ =AVERAGEIFS(B2:B9, E2:E9, "하모니카")

④ =AVERAGEA(B2:B9, "하모니카", E2:E9)

⑤ =AVERAGEIF(B2:B9, "하모니카", E2:E9)

50 다음은 4차 산업혁명에 대한 글이다. 빈칸에 들어갈 단어를 순서대로 나열한 것은?

> 4차 산업혁명이란 사물인터넷, 인공지능, 빅데이터, 블록체인 등 정보통신기술의 _____으로 새로운 서비스와 산업이 창출되는 차세대 혁명이다. 이 용어는 2016년 _____에서 클라우스 슈밥 회장이 처음 사용하면서 이슈화됐다. 경제 산업 전반에 정보화, 자동화를 통한 생산성 증대뿐 아니라 자율주행차, 무인점포 등 일상생활에 획기적 변화를 가져다주고 있다. 예를 들면 미래 사회에는 사물과 인간, 사물과 사물 간이 자유자재로 연결되고 정보를 공유하며, 인공지능의 발달로 우리의 실생활 곳곳에 인공지능 로봇이 자리를 잡으면서 산업분야의 경계가 허물어질 수 있다.

① 융합, IMD

② 복합, WEF

③ 집합, IMD

④ 융합, WEF

⑤ 집합, WEF

51 다음 중 한국수력원자력의 핵심가치로 옳지 않은 것은?

① 안전 최우선 : 안전책임의식을 바탕으로 기본과 원칙을 준수한다.

② 지속 성장 : 업무에 있어서 탁월함을 추구하고, 끊임없는 개선과 발전적 도전을 한다.

③ 상호 존중 : 다양성을 인정하고 열린 소통과 자발적 협업을 통해 시너지를 창출한다.

④ 현장 중심 : 현장과 데이터 중심의 혁신 행정을 통해 국민의 이익을 증진한다.

52 다음 중 빈칸에 들어갈 말로 옳은 것은?

한국수력원자력의 미션은 '_____ 에너지로 삶을 풍요롭게'이다.

① 녹색

② 친환경

③ 고효율

④ 신재생

53 다음 밑줄 친 왕에 대한 설명으로 옳은 것은?

왕의 이름은 소(昭)이다. 치세 초반에는 신하에게 예를 갖추어 대우하고 송사를 처리하는 데 현명하였다. 빈민을 구휼하고, 유학을 중히 여기며, 노비를 조사하여 풀어 주었다. 밤낮으로 부지런하여 거의 태평의 정치를 이루었다. 중반 이후로는 신하를 많이 죽이고, 불법(佛法)을 지나치게 좋아하며 절도가 없이 사치스러웠다. – 『고려사절요』

① 쌍기의 건의로 과거제를 실시하였다.

② 12목을 설치하고 지방관을 파견하였다.

③ 호족을 견제하기 위해 사심관과 기인제도를 마련하였다.

④ 승려인 신돈을 등용하여 전민변정도감을 설치하였다.

54 다음 중 3·1 운동의 역사적 의의로 옳은 것은?

① 농민들의 소작 쟁의를 유발했다.

② 윌슨의 민족 자결주의, 중국의 5·4 운동에 자극을 받아 일어난 범세계적 운동이다.

③ 민족주의와 사회주의계의 합작에 의한 단일적 대중 운동이다.

④ 가혹한 식민지 정책에 반발한 전 민족적 민중 구국 운동으로, 독립 운동의 방향에 전기를 마련했다.

55 다음 글에 나타난 문제점을 해결하기 위해 개편한 수취제도에 대한 설명으로 옳지 않은 것은?

> 지방에서 토산물을 공물로 바칠 때 중앙 관청의 서리가 공납을 일체 막고 본래 값의 백배가 되지 않으면 받지
> 도 않습니다. 견디지 못하여 납부하지 못하고 도망가는 백성들이 줄을 이었습니다.
>
> － 『선조실록』

① 국가에서 필요로 하는 공물은 해당 관청에서 직접 징수하게 되었다.

② 궁방이나 관청에서 필요한 물품을 공급하는 공인을 지정하게 되었다.

③ 과세의 기준을 가호 단위에서 토지 결수로 바꾸게 되었다.

④ 공물을 현물 대신 미곡이나 포, 화폐로 징수하게 하였다.

4일 차
기출응용 모의고사

〈문항 및 시험시간〉

평가영역	문항 수	시험시간	모바일 OMR 답안채점 / 성적분석 서비스		
[사무] 법학, 행정학, 경제학, 경영학 [기술] 선발 분야별 해당 전공지식	각 25문항	30분	사무	기계	전기전자
			토목	건축	

4일 차 기출응용 모의고사

문항 수 : 각 25문항
시험시간 : 30분

| 01 | 사무(법학 · 행정학 · 경제학 · 경영학)

01 다음 중 법의 적용에 대한 설명으로 옳지 않은 것은?

① 법을 적용하기 위한 사실의 확정은 증거에 의한다.

② 확정의 대상인 사실이란 자연적으로 인식한 현상 자체를 말한다.

③ 사실의 추정은 확정되지 못한 사실을 그대로 가정하여 법률효과를 발생시키는 것이다.

④ 간주는 법이 의제한 효과를 반증에 의해 번복할 수 없다.

02 헌법 제8조에 따르면 정당의 목적이나 활동이 민주적 기본질서에 위배될 때에는 정부는 헌법재판소에 그 해산을 제소할 수 있다. 이는 헌법상의 어느 원리가 구체화된 것인가?

① 자유민주주의

② 국민주권의 원리

③ 방어적 민주주의

④ 사회적 시장경제주의

03 다음 중 민법상 임대차에 대한 설명으로 옳지 않은 것은?(단, 다툼이 있는 경우 판례에 따른다)

① 임대차기간의 약정이 없는 때에는 당사자는 1개월 전에 계약해지의 통고를 해야 한다.

② 임차인이 임차물의 보존에 관한 필요비를 지출한 때에는 임대인에 대하여 그 상환을 청구할 수 있다.

③ 임대차는 당사자 일방이 상대방에게 목적물을 사용, 수익하게 할 것을 약정하고 상대방이 이에 대하여 차임을 지급할 것을 약정함으로써 그 효력이 생긴다.

④ 부동산임차인은 당사자 간에 반대약정이 없으면 임대인에 대하여 그 임대차등기절차에 협력할 것을 청구할 수 있다.

04 다음 중 공무원의 헌법상 지위에 대한 설명으로 옳은 것은?

① 공무원은 국민대표기관인 국회에 대하여 책임을 진다.

② 공무원에 대하여 근로자의 권리를 제한하는 것은 위헌이다.

③ 국민 전체에 대한 봉사자라는 뜻은 국민주권의 원리에 입각하여 국민에 대한 책임을 진다는 것을 말한다.

④ 공무원은 특정 정당에 대한 봉사자가 될 수 있다.

05 다음 중 지방자치단체에 대한 설명으로 옳지 않은 것은?

① 주민은 지방자치단체의 조례를 폐지할 것을 청구할 수 있다.

② 지방자치단체는 관할 구역, 주민, 위임사무를 구성의 3대 요소로 한다.

③ 지방자치단체는 행정 주체로서 권한을 행사하고 의무를 진다.

④ 지방자치단체의 종류는 법률로 정한다.

06 다음 중 기본권 존중주의에 대한 설명으로 옳지 않은 것은?

① 자유와 권리의 본질적 내용은 결코 침해되어서는 아니 된다.

② 사회적 국가원리도 기본권존중주의의 기초가 된다.

③ 표현의 자유에 대한 사전 검열제는 금지되어야 한다.

④ 법률의 형식에 의하기만 한다면 얼마든지 기본권을 제한할 수 있다.

07 다음 중 정보화 및 전자민주주의에 대한 설명으로 옳지 않은 것은?

① 전자민주주의는 정치의 투명성 확보를 용이하게 한다.

② 전자민주주의의 부정적 측면으로 전자전제주의(Telefascism)가 나타날 수 있다.

③ 정보의 비대칭성이 발생하지 않도록 정보관리는 배제성의 원리가 적용되어야 한다.

④ 정부는 지능정보화 기본법에 의해 3년마다 지능정보사회 종합계획을 수립하여야 한다.

08 다음 〈보기〉 중 분배정책과 재분배정책에 대한 설명으로 옳은 것을 모두 고르면?

─〈보기〉─

ㄱ. 분배정책에서는 로그롤링(Log Rolling)이나 포크배럴(Pork Barrel)과 같은 정치적 현상이 나타나기도 한다.
ㄴ. 분배정책은 사회계급적인 접근을 기반으로 이루어지기 때문에 규제정책보다 갈등이 더 가시적이다.
ㄷ. 재분배정책에는 누진소득세, 임대주택 건설사업 등이 포함된다.
ㄹ. 재분배정책에서는 자원배분에 있어서 이해당사자들 간의 연합이 분배정책에 비하여 안정적으로 이루어진다.

① ㄱ, ㄴ
② ㄱ, ㄷ
③ ㄴ, ㄷ
④ ㄷ, ㄹ

09 다음 중 조직이론에 대한 설명으로 옳지 않은 것은?

① 상황이론은 유일한 최선의 대안이 존재한다는 것을 부정한다.
② 조직군 생태론은 횡단적 조직분석을 통하여 조직의 동형화(Isomorphism)를 주로 연구한다.
③ 거래비용이론의 조직가설에 따르면 정보의 비대칭성과 기회주의에 의한 거래비용의 증가 때문에 계층제가 필요하다.
④ 자원의존이론은 조직을 주도적 · 능동적으로 환경에 대처하며, 그 환경을 조직에 유리하도록 관리하려는 존재로 본다.

10 윌슨은 정부 규제로부터 감지되는 비용과 편익의 분포에 따라 규제정치를 다음과 같이 네 가지 유형으로 구분하였다. 빈칸 ㉠ ~ ㉣에 들어갈 유형과 그 사례가 바르게 연결된 것은?

구분		감지된 편익	
		넓게 분산	좁게 집중
감지된 비용	넓게 분산	㉠	㉡
	좁게 집중	㉢	㉣

① ㉠ 대중적 정치 : 각종 위생 및 안전 규제
② ㉡ 고객 정치 : 수입 규제
③ ㉢ 기업가적 정치 : 낙태 규제
④ ㉣ 이익집단 정치 : 농산물에 대한 최저가격 규제

11 다음 중 관료제의 병리와 역기능에 대한 설명으로 옳지 않은 것은?

① 파킨슨의 법칙은 업무량과는 상관없이 기구와 인력을 팽창시키려는 역기능을 의미한다.

② 관료들은 상관의 권위에 무조건적으로 의존하는 경향이 있다.

③ 관료들은 보수적이며 변화와 혁신에 저항하는 경향이 있다.

④ 셀즈닉(P. Selznik)에 따르면 최고관리자의 관료에 대한 지나친 통제가 조직의 경직성을 초래하여 관료제의 병리현상이 나타난다.

12 다음 중 우리나라 책임운영기관에 대한 설명으로 옳지 않은 것은?

① 행정안전부장관은 5년 단위로 책임운영기관의 관리 및 운영 전반에 관한 기본계획을 수립하여야 한다.

② 책임운영기관은 기관의 지위에 따라 소속책임운영기관과 중앙책임운영기관으로 구분된다.

③ 중앙책임운영기관의 장의 임기는 2년으로 하되, 한 차례만 연임할 수 있다.

④ 소속책임운영기관의 장의 채용기간은 2년의 범위에서 소속중앙행정기관의 장이 정한다.

13 다음 중 인간관계론에 대한 설명으로 옳지 않은 것은?

① 1930년대 대공황 이후 과학적 관리론의 한계로부터 발전된 이론이다.

② 인간을 기계적으로만 취급할 것이 아니라 조직구성원들의 사회적·심리적 욕구와 조직 내 비공식집단 등을 중시한다.

③ 메이요(G. Elton Mayo) 등 하버드 대학의 경영학 교수들이 진행한 호손 실험에 의해 본격적으로 이론적 틀이 마련되었다.

④ 행정조직이나 민간조직을 단순한 기계적인 구조로만 보고, 오직 시스템의 개선만으로 능률성을 추구하려 하였다.

14 다음 중 최고경영자, 중간경영자, 하위경영자 모두가 공통적으로 가져야 할 능력은 무엇인가?

① 타인에 대한 이해력과 동기부여 능력

② 지식과 경험을 해당 분야에 적용시키는 능력

③ 복잡한 상황 등 여러 상황을 분석하여 조직 전체에 적용하는 능력

④ 담당 업무를 수행하기 위한 육체적, 지능적 능력

15 다음 〈보기〉 중 재무제표 관련 용어에 대한 설명이 바르게 연결된 것을 모두 고르면?

─────〈보기〉─────

ㄱ 매출채권 : 기업이 상품을 판매하는 과정에서 발생한 채권으로, 외상매출금과 받을어음으로 구분된다.

ㄴ 당좌자산 : 기업이 판매하기 위하여 또는 판매를 목적으로 제조 과정 중에 있는 자산을 의미한다.

ㄷ 미수수익 : 수익이 실현되어 청구권이 발생했으나 아직 회수되지 않은 수익을 의미한다.

ㄹ 자본잉여금 : 기업의 법정자본금을 초과하는 순자산금액 중 이익을 원천으로 하는 잉여금을 의미한다.

① ㄱ, ㄴ
② ㄱ, ㄷ
③ ㄴ, ㄷ
④ ㄴ, ㄹ

16 다음 중 지식경영시스템(KMS)에 대한 설명으로 옳지 않은 것은?

① KMS는 'Knowledge Management System'의 약자로, 지식경영시스템 또는 지식관리시스템을 나타낸다.

② 지식관리시스템은 지식베이스, 지식스키마, 지식맵의 3가지 요소로 구성되어 있다.

③ 지식베이스가 데이터베이스에 비유된다면 지식스키마는 원시데이터에 대한 메타데이터를 담고 있는 데이터사전 또는 데이터베이스에 비유될 수 있다.

④ 조직에서 필요한 지식과 정보를 창출하는 연구자, 설계자, 건축가, 과학자, 기술자는 필수적으로 포함되어야 한다.

17 다음 글에서 설명하는 현상은 무엇인가?

- 응집력이 높은 집단에서 나타나기 쉽다.
- 집단구성원들이 의견 일치를 추구하려다가 잘못된 의사결정을 하게 된다.
- 이에 대처하기 위해서는 자유로운 비판이 가능한 분위기 조성이 필요하다.

① 집단사고(Groupthink)
② 조직시민행동(Organizational Citizenship Behavior)
③ 임파워먼트(Empowerment)
④ 몰입상승(Escalation of Commitment)

18 (주)H의 2024년의 매입액이 150,000원이었고, 부가가치율이 25%라면 해당 연도의 매출액은 얼마인가?

① 180,000원
② 200,000원
③ 220,000원
④ 240,000원
⑤ 260,000원

19 다음 내용을 토대로 할 때 엥겔지수는 얼마인가?

- 독립적인 소비지출 : 100만 원
- 한계소비성향 : 0.6
- 가처분소득 : 300만 원
- 식비지출 : 70만 원

① 0.2
② 0.25
③ 0.3
④ 0.35

20 다음 〈보기〉 중 게임이론에서 사용되는 전략에 대한 설명으로 옳지 않은 것을 모두 고르면?

---〈보기〉---

㉠ 내쉬균형은 모두 우월전략이다.
㉡ 내쉬균형은 항상 파레토 효율적인 자원배분을 보장한다.
㉢ 상대방의 전략을 주어진 것으로 보고 각 경기자가 자신에게 가장 유리한 전략을 선택하였을 때 도달하는 균형을 내쉬균형이라고 한다.
㉣ 순수전략이란 경기자가 여러 가지 전략 중에서 특정한 한 가지 전략을 선택하는 것을 의미한다.

① ㉠, ㉡   ② ㉠, ㉢
③ ㉡, ㉢   ④ ㉡, ㉣

21 다음 중 과점시장에 대한 설명으로 옳지 않은 것은?

① 쿠르노(Cournot) 과점시장에서는 기업 수가 많아질수록 시장 전체의 산출량은 증가한다.
② 베르트랑(Bertrand) 모형에서는 가격의 추측된 변화가 1이라고 가정한다.
③ 쿠르노(Cournot) 모형에서는 산출량의 추측된 변화가 0이라고 가정한다.
④ 죄수의 딜레마(Prisoner's Dilemma) 모형을 통해 과점기업들이 공동행위를 통한 독점이윤을 누리기 어려운 이유를 설명할 수 있다.

22 다음 중 보상적 임금격차에 대한 설명으로 옳지 않은 것은?

① 오염된 지역이나 물가가 비싼 지역에서 근무할 경우 보상적 임금은 양(+)의 값을 나타낼 것이다.
② 보상적 임금격차 개념에 기초할 때 높은 승진 가능성이 있는 직업에서는 낮은 임금이 형성될 가능성이 크다.
③ 비슷한 교육수준에도 불구하고 대학 교수들이 의사나 변호사에 비해 낮은 임금을 받는 것은 보상적 임금격차로 설명할 수 있다.
④ 대기업의 근로자들은 중소기업의 근로자들보다 좋은 환경에서 근무하므로 보상적 임금은 음(−)의 값을 가질 것이다.

23 다음 중 공공재에 대한 설명으로 옳지 않은 것은?

① 특정 소비자를 공공재의 소비로부터 배제할 수 없다.

② 공공재에 대한 시장수요함수는 개별수요함수를 수직으로 합하여 얻어진다.

③ 공공재는 비배제성은 충족되지 않으나, 비경합성은 충족된다.

④ 공공재 한 단위를 추가로 공급하는 사회적 한계편익은 그 한 단위를 소비하는 모든 소비자의 한계편익의 합과 일치한다.

24 다음 중 등량곡선에 대한 설명으로 옳지 않은 것은?(단, 투입량의 증가에 따라 산출량의 증가를 가져오는 표준적인 두 종류의 생산요소를 가정한다)

① 등량곡선이 원점에 대해 볼록한 이유는 한계기술대체율이 체감하기 때문이다.

② 등량곡선이 원점으로 접근할수록 더 적은 산출량을 의미한다.

③ 기술진보가 이루어진다면 같은 생산량을 갖는 등량곡선은 원점으로부터 멀어진다.

④ 동일한 등량곡선상에서의 이동은 생산요소 결합비율의 변화를 의미한다.

25 어느 경제의 노동자 명목임금(w)이 16,000원에서 15% 상승하였고, 물가지수(P)는 200에서 두 배 상승하였을 때, 변화 후 실질임금$\left(\dfrac{w}{P}\right)$은 얼마인가?

① 8,000원

② 7,600원

③ 4,600원

④ 3,200원

⑤ 1,200원

| 02 | 기계

01 다음 중 유압 잭(Jack)으로 작은 힘을 이용하여 자동차를 들어올릴 때 적용되는 기본 원리나 법칙은?

① 보일의 법칙

② 샤를의 법칙

③ 파스칼의 원리

④ 보일·샤를의 법칙

02 다음 중 펄라이트 상태의 강을 오스테나이트(Austenite) 상태까지 가열하여 급랭할 경우 발생하는 조직은?

① 시멘타이트(Cementite)

② 마텐자이트(Martensite)

③ 펄라이트(Pearlite)

④ 베이나이트(Bainite)

03 바깥지름 $d_1 = 5\text{cm}$, 안지름 $d_2 = 3\text{cm}$인 중공원 단면의 극관성 모멘트 I_p는 얼마인가?

① 25.2cm^4

② 34.8cm^4

③ 53.4cm^4

④ 62.5cm^4

04 지름이 d이고 길이가 L인 전동축이 있다. 비틀림모멘트에 의해 발생된 비틀림각이 a라고 할 때, 이 축의 비틀림각을 $\dfrac{a}{4}$로 줄이고자 한다면, 축의 지름을 얼마로 변경해야 하는가?

① $\sqrt{2}\,d$

② $2d$

③ $\sqrt[3]{4}\,d$

④ $4d$

05 허용인장강도 600MPa의 연강봉에 50kN의 축방향 인장하중이 가해질 경우 안전율을 7이라 하면 강봉의 최소 지름은 몇 cm까지 가능한가?

① 2.7cm
② 3.4cm
③ 5.7cm
④ 7.3cm

06 다음 중 주철의 장점으로 옳지 않은 것은?

① 주조성이 우수하다.
② 고온에서 쉽게 소성변형 되지 않는다.
③ 값이 싸므로 널리 이용된다.
④ 복잡한 형상으로도 쉽게 주조된다.

07 다음 중 〈보기〉의 항온열처리의 종류에 대한 설명이 바르게 연결된 것은?

(가) Ms점과 Mf점 사이에서 항온처리하며, 마텐자이트와 베이나이트의 혼합조직을 얻는다.
(나) 특정 온도로 유지한 후 공기 중에서 냉각하여 베이나이트 조직을 얻는다.
(다) 과랭 오스테나이트에서 소성 가공을 한 후 마텐자이트화한다.

─── 〈보기〉 ───

㉠ 오스템퍼링
㉡ 오스포밍
㉢ 마템퍼링

① (가) – ㉠, (나) – ㉡, (다) – ㉢
② (가) – ㉡, (나) – ㉠, (다) – ㉢
③ (가) – ㉡, (나) – ㉢, (다) – ㉠
④ (가) – ㉢, (나) – ㉠, (다) – ㉡

08 다음 중 강에서 열처리 조직으로 경도가 가장 큰 것은?

① 오스테나이트   ② 마텐자이트

③ 페라이트   ④ 시멘타이트

09 다음 설명에 해당하는 시험 방법은?

> • 해머의 낙하 높이와 반발 높이를 이용한다.
> • 끝에 다이아몬드가 부착된 해머를 시편 표면에 낙하시킨다.
> • 반발 높이가 높을수록 시편의 경도가 높다.

① 피로 시험   ② 브리넬 경도 시험

③ 샤르피식 시험   ④ 쇼어 경도 시험

10 다음 중 재결정온도에 대한 설명으로 옳은 것은?

① 1시간 안에 완전하게 재결정이 이루어지는 온도이다.

② 재결정이 시작되는 온도이다.

③ 시간에 상관없이 재결정이 완결되는 온도이다.

④ 재결정이 완료되어 결정립성장이 시작되는 온도이다.

11 균일 분포하중 $\omega = 10N/mm$가 전 길이에 작용할 때, 길이 50cm인 단순지지보에 생기는 최대 전단력은?

① 0.25kN   ② 2.5kN

③ 25kN   ④ 250kN

12 다음 〈보기〉 중 상온에서 금속결정의 단위격자가 면심입방격자(FCC)인 것을 모두 고르면?

┌─────────────────────〈보기〉─────────────────────┐
│ ㄱ. Pt   ㄴ. Cr   │
│ ㄷ. Ag   ㄹ. Zn   │
│ ㅁ. Cu   │
└───┘

① ㄱ, ㄷ, ㄹ   ② ㄱ, ㄷ, ㅁ
③ ㄴ, ㄷ, ㄹ   ④ ㄷ, ㄹ, ㅁ

13 알루미늄합금인 두랄루민은 기계적 성질이 탄소강과 비슷하며, 무게를 중시하고 강도가 큰 것을 요구하는 항공기, 자동차, 유람선 등에 사용된다. 다음 중 두랄루민의 주요 성분은?

① Al – Cu – Ni   ② Al – Cu – Cr
③ Al – Cu – Mg – Mn   ④ Al – Si – Ni

14 다음 중 크리프(Creep) 변형에 대한 설명으로 옳은 것은?

① 응력이 증가하여 재료의 항복점을 지났을 때 일어나는 파괴현상이다.
② 반복응력이 장시간 가해졌을 때 일어나는 파괴현상이다.
③ 응력과 온도가 일정한 상태에서 시간이 지남에 따라 변형이 연속적으로 진행되는 현상이다.
④ 균열이 진전되어 소성변형 없이 빠르게 파괴되는 현상이다.

15 다음 중 구성인선(Built Up Edge)에 대한 설명으로 옳지 않은 것은?

① 구성인선은 일반적으로 연성재료에서 많이 발생한다.

② 구성인선은 공구 윗면경사면에 윤활을 하면 줄일 수 있다.

③ 구성인선에 의해 절삭된 가공면은 거칠게 된다.

④ 구성인선은 절삭속도를 느리게 하면 방지할 수 있다.

16 다음 중 소성가공법에 대한 설명으로 옳지 않은 것은?

① 압출 : 상온 또는 가열된 금속을 용기 내의 다이를 통해 밀어내어 봉이나 관 등을 만드는 가공법이다.

② 인발 : 금속봉이나 관 등을 다이를 통해 축방향으로 잡아당겨 지름을 줄이는 가공법이다.

③ 전조 : 형을 사용하여 판상의 금속재료를 굽혀 원하는 형상으로 변형시키는 가공법이다.

④ 압연 : 열간 혹은 냉간에서 금속을 회전하는 두 개의 롤러 사이를 통과시켜 두께나 지름을 줄이는 가공법이다.

17 다음 중 사각형의 단면계수를 구하는 식으로 옳은 것은?

① $Z = \dfrac{bh^2}{3}$

② $Z = \dfrac{bh^3}{30}$

③ $Z = \dfrac{\pi d^3}{32}$

④ $Z = \dfrac{bh^2}{6}$

18 지름이 50mm인 황동봉을 주축의 회전수 2,000rpm인 조건으로 원통 선삭할 때 최소절삭동력은?(단, 주절삭분력은 60N이다)

① $0.1\pi\,\text{kW}$

② $0.2\pi\,\text{kW}$

③ $\pi\,\text{kW}$

④ $2\pi\,\text{kW}$

19 다음 중 회전수 400rpm, 이송량 2mm/rev로 120mm 길이의 공작물을 선삭가공할 때 걸리는 가공시간은?

① 7초
② 9초
③ 11초
④ 13초

20 다음 중 소재에 없던 구멍을 가공하는 데 가장 적합한 것은?

① 브로칭(Broaching)
② 밀링(Milling)
③ 셰이핑(Shaping)
④ 리밍(Reaming)

21 다음 중 헬리컬 기어(Helical Gear)의 특징으로 옳지 않은 것은?

① 원통 기어의 하나이다.
② 스퍼 기어(평 기어)보다 큰 힘을 전달한다.
③ 기어 제작이 쉽다.
④ 주로 동력 전달 장치나 감속기에 사용한다.

22 다음 중 나사를 1회전을 시켰을 때 축방향 이동거리가 가장 큰 것은?

① 1줄 M48×5
② 2줄 M30×2
③ 2줄 M20×3
④ 3줄 M8×1

23 밑변이 20cm이고 높이가 30cm인 삼각형 단면이 있다. 이 삼각형의 밑변과 평행하고 도심을 지나는 축에 대한 단면 2차 모멘트의 크기는?

① $5,000\text{cm}^4$
② $15,000\text{cm}^4$
③ $25,000\text{cm}^4$
④ $35,000\text{cm}^4$

24 다음 설명에 해당하는 나사는?

- 애크미(Acme)나사라고도 하며, 정밀가공이 용이하다.
- 공작기계의 리드스크루와 같이 정밀한 운동의 전달용으로 사용한다.

① 사각나사
② 톱니나사
③ 사다리꼴나사
④ 둥근나사

25 다음 중 감기 전동장치에 대한 설명으로 옳지 않은 것은?

① 벨트 전동장치는 벨트와 풀리 사이의 마찰력에 의해 동력을 전달한다.
② 타이밍 벨트 전동장치는 동기(Synchronous)전동을 한다.
③ 체인 전동장치를 사용하면 진동과 소음이 작게 발생하므로 고속회전에 적합하다.
④ 구동축과 종동축 사이의 거리가 멀리 떨어져 있는 경우에도 동력을 전달할 수 있다.

| 03 | 전기전자

01 다음 중 자동화재 탐지설비의 구성 요소가 아닌 것은?

① 비상콘센트   ② 표시램프

③ 수신기   ④ 감지기

02 $+Q_1[C]$과 $-Q_2[C]$의 전하가 진공 중에서 $r[m]$의 거리에 있을 때 이들 사이에 작용하는 정전기력 $F[N]$는?

① $9 \times 10^{-7} \times \dfrac{Q_1 Q_2}{r^2}$ ② $9 \times 10^{-9} \times \dfrac{Q_1 Q_2}{r^2}$

③ $9 \times 10^{9} \times \dfrac{Q_1 Q_2}{r^2}$ ④ $9 \times 10^{10} \times \dfrac{Q_1 Q_2}{r^2}$

03 전속 밀도가 $100C/m^2$, 전기장의 세기가 $50V/m$인 유전체의 단위 체적에 축적되는 에너지는?

① $5,000J/m^3$ ② $2,500J/m^3$

③ $1,500J/m^3$ ④ $1,000J/m^3$

04 서로 다른 종류의 안티몬과 비스무트의 두 금속을 접합한 후 여기에 전류를 통하면 그 접점에서 열의 발생 또는 흡수가 일어난다. 다음 중 전류의 방향에 따라 열의 흡수와 발생이 다르게 나타나는 현상은?

① 펠티에 효과   ② 제벡 효과

③ 제3금속의 법칙   ④ 열전 효과

05 내구의 반지름이 a[m], 외구의 반지름이 b[m]인 동심 구형 콘덴서에서 내구의 반지름과 외구의 반지름을 각각 $2a$[m], $2b$[m]로 증가시키면 구형 콘덴서의 정전용량은 몇 배로 되는가?

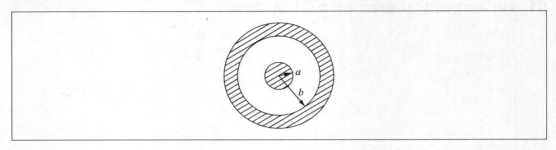

① 1배

② 2배

③ 4배

④ 8배

06 점 A에 정지해 있던 질량 1kg, 전하량 1C의 물체가 점 A보다 전위가 2V 낮은 점 B로 전위차에 의해서 가속되었을 때, 이 물체가 점 B에 도달하는 순간의 속도는?

① 1m/s

② 2m/s

③ 3m/s

④ 4m/s

07 다음 중 $\dfrac{1}{A}\sin\omega t$의 라플라스 변환은?

① $\dfrac{As}{s^2+\omega^2}$

② $\dfrac{\omega}{A(s^2+\omega^2)}$

③ $\dfrac{A}{s^2+\omega^2}$

④ $\dfrac{s}{A(s^2-\omega^2)}$

08 다음 중 전류에 의한 자계의 세기와 관계가 있는 법칙은?

① 옴의 법칙　　　　　　　　　　② 렌츠의 법칙

③ 키르히호프의 법칙　　　　　　④ 비오 – 사바르의 법칙

09 권수 300회의 코일에 6A의 전류가 흘러서 0.05Wb의 자속이 코일을 지날 때, 이 코일의 자체 인덕턴스는 몇 H인가?

① 0.25H　　　　　　　　　　　② 0.35H

③ 2.5H　　　　　　　　　　　　④ 3.5H

10 인덕턴스가 100mH인 코일에 전류가 0.5초 사이에 10A에서 20A로 변할 때, 이 코일에 유도되는 평균기전력과 자속의 변화량은?

	평균기전력[V]	자속의 변화량[Wb]
①	1	0.5
②	1	1
③	2	0.5
④	2	1

11 다음 중 가공전선의 구비조건으로 옳지 않은 것은?

① 도전율이 클 것

② 비중이 클 것

③ 기계적 강도가 클 것

④ 부식성이 작을 것

12 직경이 3.2mm인 경동연선의 소선 총 가닥수가 37가닥일 때, 연선의 바깥지름은?

① 12.4mm

② 14.6mm

③ 18.7mm

④ 22.4mm

13 다음 중 송전선에 복도체를 사용할 경우의 특징으로 옳지 않은 것은?

① 인덕턴스는 감소하고, 정전용량은 증가한다.

② 허용전류가 증가하고, 송전용량이 증가한다.

③ 전선표면의 전위경도가 증가한다.

④ 코로나 임계전압이 증가한다.

14 송전선로의 코로나 손실을 나타내는 Peek식에서 E_o에 해당하는 것은?[단, Peek식은 $P = \dfrac{241}{\delta}(f + 25)$ $\sqrt{\dfrac{d}{2D}}(E - E_o)^2 \times 10^{-5}$(kW/km/선)이다]

① 코로나 임계전압

② 전선에 걸리는 대지전압

③ 송전단 전압

④ 기준충격 절연강도 전압

15 전압과 역률이 일정할 때, 전력을 몇 % 증가시키면 전력손실이 3배로 증가하는가?

① 43%

② 53%

③ 63%

④ 73%

16 다음 중 비사인파를 많은 사인파의 합성으로 표시하는 전개식은?

① 푸리에(Fourier) ② 헤르츠(Hertz)

③ 라플라스(Laplace) ④ 페러데이(Faraday)

17 다음 중 빈칸에 들어갈 원소로 옳지 않은 것은?

P형 반도체는 전하 운반자 역할을 하는 양공의 수가 전자의 수에 비해서 훨씬 많이 있는 반도체로, 순수한 반도체에서 양공을 증가시키기 위해서는 불순물인 _____, _____, _____, _____ 등의 3가인 원소를 첨가해야 한다.

① Al ② Si

③ B ④ Ga

18 교류 정류 자기에서 갭의 자속 분포가 정현파로 Φ m=0.14Wb, P=2, a=1, Z=200, n=20rps일 때 브러시 축이 자극 축과 30°일 때의 속도 기전력 E_S는?

① 약 200V ② 약 400V

③ 약 600V ④ 약 800V

19 저항 $8\,\Omega$, 리액턴스 $6\,\Omega$ 이 직렬로 연결된 회로에 $V = 250\sqrt{2}\sin\omega t$ 의 전압이 인가될 때, 전류의 실횻값은?

① 2.5A

② 5A

③ 10A

④ 25A

20 다음 중 증폭기에 대한 설명으로 옳지 않은 것은?

① 직류 증폭기는 직류 및 교류 신호 모두를 증폭한다.

② 플레이트 접지 증폭기는 진공관의 양극을 접지한 증폭기이다.

③ 아날로그인 연산증폭기는 입력저항이 크다.

④ 증폭기는 입력신호의 에너지를 감소시켜 출력측에 에너지로 변환시킨다.

21 다음 중 전계효과 트랜지스터(FET)에 대한 설명으로 옳지 않은 것은?

① 전압이 아닌 전류를 증폭시킨다.

② 트랜지스터의 병렬연결이 가능하다.

③ 제어전류가 거의 흐르지 않는다.

④ 입력저항이 $10^{14}\,\Omega$ 정도까지 높다.

22 다음 중 발전기나 변압기 보호에 사용되는 보호계전기로 옳지 않은 것은?

① 차동계전기

② 비율차동계전기

③ 부흐홀츠계전기

④ 방향계전기

23 다음 중 수정발진기에 대한 설명으로 옳지 않은 것은?

① 송신기의 중심주파수를 결정하는 주발진기는 대부분 수정발진기이다.

② 수정 결정의 압전현상을 이용한 수정진동자를 발진주파수의 제어소자로 사용한다.

③ 피어스(Pierce) 수정제어발진기가 대표적인 예이다.

④ 수정발진기의 주파수 안정도는 10^{-8} 미만으로 작동한다.

24 다음 중 슈미트 트리거 회로에 대한 설명으로 옳지 않은 것은?

① 히스테리시스 특성을 가지고 있어 어떤 입력 파형이라도 깨끗한 구형파로 만들 수 있다.

② 비교기, 파형 정형, 펄스폭 변조, 펄스증폭 등에 쓰인다.

③ 입력진폭이 소정의 값을 넘으면 출력값을 얻을 수 없다.

④ 입력진폭이 소정의 값 이하가 되면 즉시 복구하는 동작을 한다.

25 다음 중 밝기와 관련된 용어에 대한 설명으로 옳지 않은 것은?

① 광도(Luminosity Intense) : 단위입체각을 통과하는 가시광선의 총량이다.

② 광속(Luminosity Flux) : 단위시간당 광원에서 발산하는 가시광선의 총량이다.

③ 조도(Illuminance) : 단위면적과 평행 방향으로 지나가는 가시광선의 총량이다.

④ 휘도(Luminance) : 입사된 광원을 반사하는 단위면적당 가시광선의 총량이다.

| 04 | 토목

01 펌프의 토출량이 $0.94\text{m}^3/\text{min}$이고, 흡입구의 유속이 2m/s라 가정할 때 펌프의 흡입구경은?

① 100mm

② 200mm

③ 250mm

④ 300mm

02 폭 b, 높이 h인 구형 단면에서 중립축의 단면 2차 모멘트를 I_A, 밑면의 단면 2차 모멘트를 I_B라 할 때 $\dfrac{I_A}{I_B}$는?

① 1

② $\dfrac{1}{2}$

③ $\dfrac{1}{3}$

④ $\dfrac{1}{4}$

03 다음 그림과 같은 단면적 1cm^2, 길이 1m인 철근 AB부재가 있다. 이 철근이 최대 $\delta = 1.0\text{cm}$ 늘어날 때 이 철금의 허용하중 P는?[단, 철근의 탄성계수(E)는 $2.1 \times 10^4 \text{kN/cm}^2$로 한다]

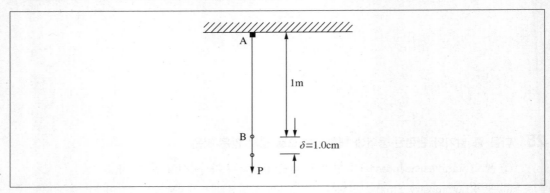

① 160kN

② 180kN

③ 210kN

④ 240kN

04 다음 중 구조해석의 기본 원리인 겹침의 원리(Principal of Superposition)에 대한 설명으로 옳지 않은 것은?

① 탄성한도 이하의 외력이 작용할 때 성립한다.

② 외력과 변형이 비선형관계가 있을 때 성립한다.

③ 여러 종류의 하중이 실린 경우에 이 원리를 이용하면 편리하다.

④ 부정정 구조물에서도 성립한다.

05 다음 그림에서 휨모멘트가 최대가 되는 단면의 위치는 B점에서 얼마만큼 떨어져 있는가?

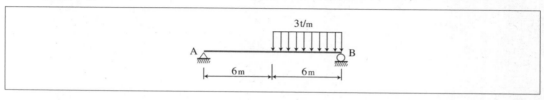

① 4.2m

② 4.5m

③ 4.8m

④ 5.2m

06 지름 d인 구가 밀도 ρ의 유체 속을 유속 V로 침강할 때, 구의 항력 D는?(단, 항력계수는 C_D라 한다)

① $\dfrac{1}{8} c_d \pi d^2 \rho V^2$

② $\dfrac{1}{4} c_d \pi d^2 \rho V^2$

③ $\dfrac{1}{2} c_d \pi d^2 \rho V^2$

④ $c_d \pi d^2 \rho V^2$

07 축척 1 : 2,000 도면상의 면적을 축척 1 : 1,000으로 잘못 알고 면적을 관측하여 24,000m² 를 얻었을 때, 다음 중 실제 면적은 얼마인가?

① 6,000m²

② 12,000m²

③ 24,000m²

④ 96,000m²

08 다음 단순보에 하중 $P = 10t$이 보의 중앙에 작용한다. 이때 보 중앙에 생기는 처짐은?(단, 보의 길이 $l = 8.0m$, 휨 강성계수 $EI = 1,205 \times 10^4 \, t \cdot cm^2$ 이다)

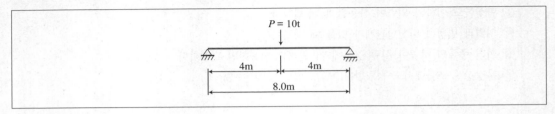

① 약 5.459cm   ② 약 8.852cm

③ 약 11.542cm   ④ 약 15.472cm

09 다음 트래버스 측량의 각 관측 방법 중 방위각법에 대한 설명으로 옳지 않은 것은?

① 진북을 기준으로 어느 측선까지 시계 방향으로 측정하는 방법이다.

② 험준하고 복잡한 지역에서는 적합하지 않다.

③ 각이 독립적으로 관측되므로 오차 발생 시 개별각의 오차는 이후의 측량에 영향이 없다.

④ 각 관측값의 계산과 제도가 편리하고 신속히 관측할 수 있다.

10 다음 중 지형측량의 과정을 순서대로 바르게 나열한 것은?

① 측량계획 – 골조측량 – 측량원도작성 – 세부측량

② 측량계획 – 세부측량 – 측량원도작성 – 골조측량

③ 측량계획 – 측량원도작성 – 골조측량 – 세부측량

④ 측량계획 – 골조측량 – 세부측량 – 측량원도작성

11 직사각형의 가로, 세로의 거리가 다음과 같을 때, 면적 A의 표현으로 옳은 것은?

$75m \pm 0.003m$ $\boxed{A}$

$100m \pm 0.008m$

① $7,500m^2 \pm 0.67m^2$

② $7,500m^2 \pm 0.41m^2$

③ $7,500.9m^2 \pm 0.67m^2$

④ $7,500.9m^2 \pm 0.41m^2$

12 다음 중 직사각형 단면에서 평균전단응력 대비 최대전단응력은 몇 배인가?

① 2.5배

② 2.0배

③ 1.5배

④ 1.0배

13 관수로에서 관의 마찰손실계수가 0.02, 관의 지름이 40cm일 때, 관내 물의 흐름이 100m를 흐르는 동안 2m의 마찰손실수두가 발생하였다면 관내의 유속은?

① 약 0.3m/s

② 약 1.3m/s

③ 약 2.8m/s

④ 약 3.8m/s

14 저수지의 측벽에 폭 20cm, 높이 5cm의 직사각형 오리피스를 설치하여 유량 200L/s를 유출시키려고 할 때, 수면으로부터의 오피리스 설치 위치는?(단, 유량계수 $C = 0.62$이다)

① 약 33m

② 약 43m

③ 약 53m

④ 약 63m

15 수평으로 관 A와 B가 연결되어 있다. 관 A에서 유속은 2m/s, 관 B에서의 유속은 3m/s이며, 관 B에서의 유체압력이 $9.8kN/m^2$일 때, 관 A에서의 유체압력은?(단, 에너지 손실은 무시한다)

① 약 $2.5kN/m^2$

② 약 $12.3kN/m^2$

③ 약 $22.6kN/m^2$

④ 약 $29.4kN/m^2$

16 안지름 2m의 관내를 20℃의 물이 흐를 때 동점성계수가 $0.0101cm^2/s$이고 속도가 50cm/s이라면 레이놀즈 수(Reynolds Number)는?

① 960,000

② 970,000

③ 980,000

④ 990,000

17 어느 소유역의 면적이 20ha이고, 유수의 도달시간이 5분이다. 강수자료의 해석으로부터 얻어진 이 지역의 강우강도식이 다음과 같을 때 합리식에 의한 홍수량은?(단, 유역의 평균유출계수는 0.6이다)

강우강도식 $I = \dfrac{6,000}{(t+35)}$ (단, t는 강우지속시간이다)

① $18.0m^3/s$

② $5.0m^3/s$

③ $1.8m^3/s$

④ $0.5m^3/s$

18 다음과 같은 집중호우가 자기기록지에 기록되었다. 지속기간 20분 동안의 최대강우강도는?

시간	5분	10분	15분	20분	25분	30분	35분	40분
누가우량	2mm	5mm	10mm	20mm	35mm	40mm	43mm	45mm

① 95mm/h

② 105mm/h

③ 115mm/h

④ 135mm/h

19 다음 중 DAD 해석에 관계되는 요소끼리 바르게 짝지어진 것은?

① 강우깊이, 유역면적, 지속기간
② 적설량, 분포면적, 적설일수
③ 수심, 하천 단면적, 홍수기간
④ 강우량, 유수단면적, 최대수심

20 다음 중 일반적인 상수도 계통도를 순서대로 바르게 나열한 것은?

① 수원 및 저수시설 → 취수 → 배수 → 송수 → 정수 → 도수 → 급수
② 수원 및 저수시설 → 취수 → 도수 → 정수 → 급수 → 배수 → 송수
③ 수원 및 저수시설 → 취수 → 도수 → 정수 → 송수 → 배수 → 급수
④ 수원 및 저수시설 → 취수 → 배수 → 정수 → 급수 → 도수 → 송수

21 지름 15cm, 길이 50m인 주철관으로 유량 $0.03\text{m}^3/\text{s}$의 물을 50m 양수하려고 한다. 양수 시 발생되는 총손실수두가 5m이었을 때, 이 펌프의 소요 축동력은?(단, 여유율은 0이며, 펌프의 효율은 80%이고, 소수점 둘째 자리에서 반올림한다)

① 20.2kW   ② 30.5kW

③ 33.5kW   ④ 37.2kW

22 지하수위가 지표면과 일치된 어떤 흙층에서 수위가 2m 강하하였다. 수위 강하 후에도 지표면까지 모세관압력에 의해 포화된 흙이라 가정할 때, 지표면으로부터 3m 지점에서의 유효응력의 증가량은?(단, 흙층의 두께는 5m이고, $\gamma_{sat} = 2\text{t/m}^3$이다)

① 1t/m^2 ② 2t/m^2

③ 3t/m^2 ④ 4t/m^2

23 BOD 300mg/L의 폐수 25,000m^3/day를 활성슬러지법으로 처리하려고 한다. 반응조 내의 MLSS 농도가 2,000mg/L, F/M비가 1.0kg이고, BOD/kg MLSS · day로 처리하려고 할 때 BOD 용적부하는?

① 5kg BOD/m^3 · day

② 4kg BOD/m^3 · day

③ 3kg BOD/m^3 · day

④ 2kg BOD/m^3 · day

24 다음 중 잔골재와 굵은골재에 대한 설명으로 옳지 않은 것은?

① 잔골재는 0.074mm 이상, 굵은 골재는 4.76mm 이상인 것을 말한다.

② 잔골재의 비중은 2.50 ~ 2.65, 굵은골재는 2.55 ~ 2.70의 값을 표준으로 하고 있다.

③ 잔골재는 입도가 클수록 단위무게가 크다.

④ 콘크리트용 골재의 조립율은 잔골재에서 6.0 ~ 8.0, 굵은골재에서 2.3 ~ 3.1 정도가 적당하다.

25 삼각형 A, B, C의 내각을 측정하여 다음과 같은 결과를 얻었다. 오차를 보정한 각 B의 최확값은?

∠A＝59° 59′ 27″ (1회 관측)
∠B＝60° 00′ 11″ (2회 관측)
∠C＝59° 59′ 49″ (3회 관측)

① 60° 00′ 20″

② 60° 00′ 22″

③ 60° 00′ 33″

④ 60° 00′ 44″

| 05 | 건축

01 다음 중 아파트의 평면형식에 대한 설명으로 옳지 않은 것은?

① 중복도형은 모든 세대의 향을 동일하게 할 수 없다.

② 편복도형은 각 세대의 거주성이 균일한 배치 구성이 가능하다.

③ 홀형은 각 세대가 양쪽으로 개구부를 계획할 수 있는 관계로 일조와 통풍이 양호하다.

④ 집중형은 공용 부분이 오픈되어 있으므로, 공용 부분에 별도의 기계적 설비계획이 필요 없다.

02 다음 중 아스팔트방수층, 개량아스팔트시트방수층, 합성고분자계시트방수층 및 도막방수층 등 불투수성 피막을 형성하여 방수하는 공사를 총칭하는 용어는?

① 실링방수

② 멤브레인방수

③ 구체침투방수

④ 벤토나이트방수

03 다음 중 직류 엘리베이터에 대한 설명으로 옳지 않은 것은?

① 임의의 기동 토크를 얻을 수 있다.

② 고속 엘리베이터용으로 사용이 가능하다.

③ 원활한 가감속이 가능하여 승차감이 좋다.

④ 교류 엘리베이터에 비하여 가격이 저렴하다.

04 모살치수 8mm, 용접길이 500mm인 양면모살용접의 유효 단면적은 약 얼마인가?

① $2,100\text{mm}^2$

② $3,221\text{mm}^2$

③ $4,300\text{mm}^2$

④ $5,421\text{mm}^2$

05 다음은 건축법령상 직통계단의 설치에 대한 기준 내용이다. 빈칸에 들어갈 개수로 옳은 것은?

> 초고층 건축물에는 피난층 또는 지상으로 통하는 직통계단과 직접 연결되는 피난안전구역(건축물의 피난·안전을 위하여 건축물 중간층에 설치하는 대피공간)을 지상층으로부터 최대 _____ 층마다 1개소 이상 설치하여야 한다.

① 10개   ② 20개

③ 30개   ④ 40개

06 다음 〈조건〉을 토대로 할 때 실의 틈새바람에 의한 현열부하는?

─〈조건〉─
- 실의 체적 : 400m³
- 환기횟수 : 0.5회/h
- 실내온도 : 20℃
- 외기온도 : 0℃
- 공기의 밀도 : 1.2kg/m³
- 공기의 정압비열 : 1.01kJ/kg·K

① 약 654W   ② 약 972W

③ 약 1,347W   ④ 약 1,654W

07 다음 중 주철근으로 사용된 D22 철근 180° 표준갈고리의 구부림 최소 내면 반지름(γ)으로 옳은 것은?

① $\gamma = 1d_b$ ② $\gamma = 2d_b$

③ $\gamma = 2.5d_b$ ④ $\gamma = 3d_b$

08 다음은 옥내소화전설비에서 전동기에 따른 펌프를 이용하는 가압송수장치에 대한 설명이다. 빈칸 ㉠, ㉡에 들어갈 내용으로 옳은 것은?

> 특정소방대상물의 어느 층에 있어서도 해당 층의 옥내소화전(2개 이상 설치된 경우에는 2개의 옥내소화전)을 동시에 사용할 경우 각 소화전의 노즐선단에서의 방수압력이 ___㉠___ 이상이고, 방수량이 ___㉡___ 이상이 되는 성능의 것으로 한다.

① ㉠ : 0.17MPa, ㉡ : 130ℓ/min
② ㉠ : 0.17MPa, ㉡ : 250ℓ/min
③ ㉠ : 0.34MPa, ㉡ : 130ℓ/min
④ ㉠ : 0.34MPa, ㉡ : 250ℓ/min

09 철근콘크리트 PC 기둥을 8톤 트럭으로 운반하고자 한다. 차량 1대에 최대로 적재 가능한 PC 기둥의 수는? (단, PC 기둥의 단면크기는 30cm×60cm이고, 길이는 3m이다)

① 1개
③ 4개

② 2개
④ 6개

10 다음 중 쇼핑센터의 몰(Mall)의 계획에 대한 설명으로 옳지 않은 것은?

① 전문점들과 중심상점의 주출입구는 몰에 면하도록 한다.
② 몰에는 자연광을 끌어들여 외부공간과 같은 성격을 갖게 하는 것이 좋다.
③ 다층으로 계획할 경우, 시야의 개방감을 적극적으로 고려하는 것이 좋다.
④ 중심상점들 사이의 몰의 길이는 150m를 초과하지 않아야 하며, 길이 40~50m마다 변화를 주는 것이 바람직하다.

11 다음 중 공장 건축의 레이아웃 계획에 대한 설명으로 옳지 않은 것은?

① 플랜트 레이아웃은 공장건축의 기본설계와 병행하여 이루어진다.

② 고정식 레이아웃은 조선소와 같이 제품이 크고 수량이 적을 경우에 적용된다.

③ 다품종 소량생산이나 주문생산 위주의 공장에는 공정 중심의 레이아웃이 적합하다.

④ 레이아웃 계획은 작업장 내의 기계설비 배치에 대한 것으로, 공장규모 변화에 따른 융통성은 고려대상이 아니다.

12 다음 중 건축물 높낮이의 기준이 되는 벤치마크(Bench mark)에 대한 설명으로 옳지 않은 것은?

① 이동 또는 소멸 우려가 없는 장소에 설치한다.

② 수직규준틀이라고도 한다.

③ 이동 등 훼손될 것을 고려하여 2개소 이상 설치한다.

④ 공사가 완료된 뒤라도 건축물의 침하, 경사 등의 확인을 위해 사용되기도 한다.

13 다음 중 극장에서 연극을 감상하는 경우 배우의 표정이나 동작을 상세히 감상할 수 있는 시각 한계는?

① 10m

② 15m

③ 22m

④ 30m

14 다음 중 공기조화방식 중 팬코일유닛 방식에 대한 설명으로 옳지 않은 것은?

① 덕트 방식에 비해 유닛의 위치 변경이 용이하다.

② 유닛을 창문 밑에 설치하면 콜드 드래프트를 줄일 수 있다.

③ 전공기 방식으로 각 실에 수배관으로 인한 누수의 염려가 없다.

④ 각 실의 유닛은 수동으로도 제어할 수 있고, 개별 제어가 용이하다.

15 다음 중 공작물을 축조할 때 특별자치시장 · 특별자치도지사 또는 시장 · 군수 · 구청장에게 신고를 하여야 하는 대상 공작물에 속하지 않는 것은?(단, 건축물과 분리하여 축조하는 경우에 해당한다)

① 높이 3m인 담장

② 높이 5m인 굴뚝

③ 높이 5m인 광고탑

④ 높이 5m인 광고판

16 다음 중 건축법령상 연립주택의 정의로 옳은 것은?

① 주택으로 쓰는 층수가 5개 층 이상인 주택

② 주택으로 쓰는 1개 동의 바닥면적 합계가 $660m^2$ 이하이고, 층수가 4개 층 이하인 주택

③ 주택으로 쓰는 1개 동의 바닥면적 합계가 $660m^2$를 초과하고, 층수가 4개 층 이하인 주택

④ 1개 동의 주택으로 쓰이는 바닥면적의 합계가 $660m^2$ 이하이고, 주택으로 쓰는 층수가 3개 층 이하인 주택

17 다음 중 광원의 연색성에 대한 설명으로 옳지 않은 것은?

① 고압수은램프의 평균 연색평가수(Ra)는 100이다.

② 연색성을 수치로 나타낸 것을 연색평가수라고 한다.

③ 평균 연색평가수(Ra)가 100에 가까울수록 연색성이 좋다.

④ 물체가 광원에 의하여 조명될 때, 그 물체의 색의 보임을 정하는 광원의 성질을 말한다.

18 다음 그림과 같은 교차보(Cross beam) A, B부재의 최대 휨모멘트의 비로 옳은 것은?(단, 각 부재의 EI는 일정하다)

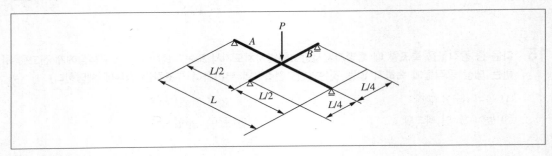

① 1 : 2

② 1 : 3

③ 1 : 4

④ 1 : 8

19 다음 중 건축마감공사로서 단열공사에 대한 설명으로 옳지 않은 것은?

① 단열재료에 따른 공법은 성형판단열재 공법, 현장발포재 공법, 뿜칠단열재 공법 등으로 분류할 수 있다.

② 설치위치에 따른 단열공법 중 내단열공법은 단열성능이 적고 내부 결로가 발생할 우려가 있다.

③ 단열재를 접착제로 바탕에 붙이고자 할 때에는 바탕면을 평탄하게 한 후 밀착하여 시공하되, 초기박리를 방지하기 위해 압착상태를 유지시킨다.

④ 단열시공바탕은 단열재 또는 방습재 설치에 못, 철선, 모르타르 등의 돌출물이 도움이 되므로 제거하지 않아도 된다.

20 다음과 같은 특징을 갖는 부엌의 평면형은?

> • 작업 시 몸을 앞뒤로 바꾸어야 하는 불편이 있다.
> • 식당과 부엌이 개방되지 않고 외부로 통하는 출입구가 필요한 경우에 많이 쓰인다.

① 일렬형　　　　　　　　　　　　② ㄱ자형
③ 병렬형　　　　　　　　　　　　④ ㄷ자형

21 다음은 지하층과 피난층 사이의 개방공간 설치에 대한 기준 내용이다. 빈칸에 들어갈 숫자로 옳은 것은?

> 바닥면적의 합계가 _____ 이상인 공연장·집회장·관람장 또는 전시장을 지하층에 설치하는 경우에는 각 실에 있는 자가 지하층 각 층에서 건축물 밖으로 피난하여 옥외 계단 또는 경사로 등을 이용하여 피난층으로 대피할 수 있도록 천장이 개방된 외부 공간을 설치하여야 한다.

① $1,000\text{m}^2$　　　　　　　　　　② $2,000\text{m}^2$
③ $3,000\text{m}^2$　　　　　　　　　　④ $4,000\text{m}^2$

22 900명을 수용하고 있는 극장에서 실내 CO_2 농도를 0.1%로 유지하기 위해 필요한 환기량은?(단, 외기 CO_2 농도는 0.04%, 1인당 CO_2 배출량은 18L/h이다)

① $27,000\text{m}^3/\text{h}$　　　　　　　　② $30,000\text{m}^3/\text{h}$
③ $60,000\text{m}^3/\text{h}$　　　　　　　　④ $66,000\text{m}^3/\text{h}$

23 다음 중 프리스트레스하지 않는 부재의 현장치기 콘크리트에서 흙에 접하여 콘크리트를 친 후 영구히 흙에 묻혀 있는 콘크리트 부재의 최소 피복두께로 옳은 것은?

① 45mm

② 55mm

③ 65mm

④ 75mm

24 다음 중 건축물의 용도 분류상 문화 및 집회시설에 속하는 것은?

① 야외극장

② 산업전시장

③ 어린이회관

④ 청소년 수련원

25 다음 중 건축양식의 시대적 순서를 바르게 나열한 것은?

㉠ 로마네스크	㉡ 바로크
㉢ 고딕	㉣ 르네상스
㉤ 비잔틴	

① ㉠ → ㉢ → ㉣ → ㉡ → ㉤

② ㉠ → ㉢ → ㉣ → ㉤ → ㉡

③ ㉤ → ㉠ → ㉢ → ㉣ → ㉡

④ ㉤ → ㉣ → ㉢ → ㉠ → ㉡

현재 나의 실력을 객관적으로 파악해 보자!

모바일 OMR
답안채점 / 성적분석 서비스

도서에 수록된 모의고사에 대한 객관적인 결과(정답률, 순위)를 종합적으로 분석하여 제공합니다.

OMR 입력

성적분석

채점결과

※OMR 답안채점 / 성적분석 서비스는 등록 후 30일간 사용 가능합니다.

도서 내 모의고사 우측 상단에 위치한 QR코드 찍기 → 로그인 하기 → '시작하기' 클릭 → '응시하기' 클릭 → 나의 답안을 모바일 OMR 카드에 입력 → '성적분석 & 채점결과' 클릭 → 현재 내 실력 확인하기

2025
최신판

사이다 기출응용
모의고사 시리즈

사이다

사일 동안
이것만 풀면
다 합격!

누적 판매량
1위
기업별 NCS 시리즈

한국수력원자력
NCS+전공
4회분 | 정답 및 해설

모바일 OMR
답안채점 / 성적분석
서비스
—
NCS
핵심이론 및
대표유형 PDF
—
[합격시대]
온라인 모의고사
무료쿠폰
—
무료
NCS
특강

SDC

SDC는 시대에듀 데이터 센터의 약자로 약 30만 개의 NCS · 적성 문제
데이터를 바탕으로 최신 출제경향을 반영하여 문제를 출제합니다.

편저 | SDC(Sidae Data Center)

시대에듀

기출응용 모의고사
정답 및 해설

1일 차 기출응용 모의고사 정답 및 해설

제 1 영역 직업기초능력

| 01 | 공통

01	02	03	04	05	06	07	08	09	10
①	④	②	②	①	②	②	③	④	①
11	12	13	14	15	16	17	18	19	20
④	⑤	⑤	④	②	③	②	④	③	③
21	22	23	24	25	26	27	28	29	30
③	④	③	③	③	②	③	①	⑤	①
31	32	33	34	35	36	37	38	39	40
④	④	③	⑤	②	④	②	②	⑤	④

01 정답 ①

제시문에서는 '전통'의 의미를 '상당히 이질적인 것이 교차하여 겹고 튼 끝에 이루어진 것', '어느 것이나 우리화시켜 받아들인 것'으로 규정하고, '전통의 혼미란 곧 주체 의식의 혼미란 뜻에 지나지 않는다.'라는 주장을 하고 있다. 따라서 빈칸에 들어갈 내용으로 가장 적절한 것은 ①이다.

02 정답 ④

제시문에서 인플루엔자는 항원을 변화시키기 때문에 이전에 인플루엔자에 걸렸던 사람이라도 새로이 나타난 다른 균종으로부터 안전할 수 없다고 하였다.

오답분석

① 발열 증상은 아무런 기능도 없이 불가피하게 일어나는 수동적인 현상이 아니라, 체온을 높여 우리의 몸보다 열에 더 예민한 병원체들을 죽게 하는 능동적인 행위이므로 적절하지 않은 내용이다.
② 예방접종은 죽은 병원체를 접종함으로써 실제로 질병을 경험하지 않고 항체 생성을 자극하는 것이므로 적절하지 않은 내용이다.
③ 겸상 적혈구 유전자는 적혈구의 모양을 정상적인 도넛 모양에서 낫 모양으로 바꾸어 빈혈을 일으키므로 생존에 불리함을 주지만, 말라리아에 대해서는 저항력을 가지게 한다고 하였으므로 적절하지 않은 내용이다.

⑤ 역사적으로 특정 병원체에 자주 노출되었던 인구 집단에는 그 병에 저항하는 유전자를 가진 개체의 비율이 높아질 수밖에 없다고 하였다. 이는 반대로 생각하면 특정 병원체에 노출된 빈도가 낮은 집단에는 그 병에 저항하는 유전자를 가진 개체의 비율이 낮다는 의미이므로 적절하지 않은 내용이다.

03 정답 ②

영국은 2023년 1분기에는 2022년보다 고용률이 하락했고, 2023년 2분기에는 1분기 고용률이 유지되었다.

오답분석

① 자료를 통해 확인할 수 있다.
③ 2024년 1분기 고용률이 가장 높은 국가는 독일이고, 가장 낮은 국가는 프랑스이다. 두 국가의 고용률의 차는 74.4−64.2 =10.2%p이다.
④ 프랑스와 한국의 2024년 1분기와 2분기의 고용률은 변하지 않았다.
⑤ • 2023년 2분기 OECD 전체 고용률 : 66.1%
   • 2024년 2분기 OECD 전체 고용률 : 66.9%
   ∴ 2024년 2분기 OECD 전체 고용률의 작년 동기 대비 증가율
   $: \frac{66.9-66.1}{66.1} \times 100 ≒ 1.21\%$
   • 2024년 1분기 OECD 전체 고용률 : 66.8%
   ∴ 2024년 2분기 OECD 전체 고용률의 직전 분기 대비 증가율
   $: \frac{66.9-66.8}{66.8} \times 100 ≒ 0.15\%$

04 정답 ②

• 김사원 : 전체 경쟁력 점수는 E국이 D국보다 1점 높다. 이때 E국과 D국의 총합을 각각 계산하는 것보다 D국을 기준으로 E국의 편차를 부문별로 계산하여 판단하는 것이 좋다. 부문별 편차는 변속감 −1, 내구성 −2, 소음 −4, 경량화 +10, 연비 −2이므로 총합은 E국이 +1이다.
• 최대리 : C국을 제외하고 국가 간 점수 차이가 가장 큰 부문은 경량화 21점, 가장 작은 부문은 연비 9점이다.
• 오사원 : 내구성 부문의 점수가 가장 높은 국가는 B국, 경량화 부문의 점수가 가장 낮은 국가는 D국이다.

05
정답 ①

제시문은 유전자 치료를 위하여 프로브와 겔 전기영동법을 통해 비정상적인 유전자를 찾아내는 방법을 설명하고 있다. 따라서 제시문의 주제로 ①이 가장 적절하다.

06
정답 ②

기원이가 과체중이 되기 위해서 증가해야 할 체중을 $x$kg이라 하면 다음 식이 성립한다.

$$\frac{71+x}{73.8} \times 100 > 110$$

$$\therefore x > 10.17$$

따라서 기원이는 5kg 증가해도 과체중 범주에 포함되지 않는다.

오답분석

① • 혜지의 표준체중 : $(158-100) \times 0.9 = 52.2$kg
   • 기원이의 표준체중 : $(182-100) \times 0.9 = 73.8$kg

③ • 혜지의 비만도 : $\frac{58}{52.2} \times 100 ≒ 111\%$

   • 기원이의 비만도 : $\frac{71}{73.8} \times 100 ≒ 96\%$

   • 용준이의 표준체중 : $(175-100) \times 0.9 = 67.5$kg

   • 용준이의 비만도 : $\frac{96}{67.5} \times 100 ≒ 142\%$

   표준체중(100%) 기준에서 비만도가 ±10% 이내이면 정상체중이므로 3명의 학생 중 정상체중인 학생은 기원이뿐이다.

④ 용준이가 정상체중 범주에 속하려면 비만도 110% 이하여야 한다. 용준이의 몸무게를 $x$kg이라 하면 다음 식이 성립한다.

   $$\frac{x}{67.5} \times 100 \leq 110\%$$

   $$\therefore x \leq 74.25$$

   따라서 현재 96kg에서 22kg를 감량하면 정상체중이 된다.

⑤ 혜지의 비만도 차이는 111%−100%로 11%p이다. 용준이의 비만도 차이는 142%−100%로 42%p이다. 혜지의 비만도 차이에 4배를 한 값은 44%p이므로 용준이의 비만도 차이인 42%p보다 더 크다.

07
정답 ②

제시문은 원자시계를 만드는 목적과 그 역할, 그리고 그에 따른 효과 등에 대해 설명하고 있다. 따라서 (가) 사람들은 왜 더 정확한 원자시계를 만들고자 하는지 궁금증 제시 – (다) 초기의 원자시계를 만든 목적은 부정확한 시간을 교정하기 위해서였음 – (마) 원자시계는 표준시를 기준하는 역할을 할 뿐만 아니라 한정된 시간을 보다 값지게 사용할 수 있게 해줌 – (나) 방송도 정밀한 시계를 이용할 경우 같은 시간 동안 더 많은 정보를 보낼 수 있게 됨 – (라) 뿐만 아니라 GPS도 시간 차이를 알수록 위치도 정밀하게 계산할 수 있음의 순서로 나열하는 것이 적절하다.

08
정답 ③

(마)에서 '하나의 신호를 주고받는 데 걸리는 시간을 줄일 수 있으므로, 유·무선 통신을 할 때 많은 정보를 전달할 수 있게 된다.'고 하였다. 따라서 한 번에 여러 개의 신호를 송출할 수 있다는 것은 적절하지 않다.

09
정답 ④

사원수를 a명, 사원 1명당 월급을 b만 원이라고 가정하면, 월급 총액은 $(a \times b)$만 원이 된다.

두 번째 정보에서 사원수가 10명 늘어나면 월급은 100만 원 적어지고, 월급 총액은 기존의 80%로 준다고 하였으므로, 이에 따라 식을 세우면 다음과 같다.

$(a+10) \times (b-100) = (a \times b) \times 0.8 \cdots$ ㉠

세 번째 정보에서 사원이 20명 줄어들면 월급은 동일하고 월급 총액은 60%로 준다고 했으므로 사원 20명의 월급 총액은 기존 월급 총액의 40%임을 알 수 있다. 이를 식으로 정리하면 다음과 같다.

$20b = (a \times b) \times 0.4 \cdots$ ㉡

㉡에서 사원수 a를 구하면

$20b = (a \times b) \times 0.4$

$\rightarrow 20 = a \times 0.4$

$$\therefore a = \frac{20}{0.4} = 50$$

㉠에 사원수 a를 대입하여 월급 b를 구하면

$(a+10) \times (b-100) = (a \times b) \times 0.8$

$\rightarrow 60 \times (b-100) = 40b$

$\rightarrow 20b = 6,000$

$$\therefore b = 300$$

따라서 사원수는 50명이며, 월급 총액은 $(a \times b) = 50 \times 300$만 = 1억 5천만 원이다.

10
정답 ①

ⅰ) A상자 첫 번째 안내문이 참, 두 번째 안내문이 거짓인 경우, B, D상자 첫 번째 안내문, C상자 두 번째 안내문이 참이다. 따라서 ①·②가 참, ③·④·⑤가 거짓이다.

ⅱ) A상자 첫 번째 안내문이 거짓, 두 번째 안내문이 참인 경우, B, C상자 첫 번째 안내문, D상자 두 번째 안내문이 참이다. 따라서 ①·③·⑤가 참, ②가 거짓, ④는 참인지 거짓인지 알 수 없다.

그러므로 항상 옳은 것은 ①이다.

11
정답 ④

제시된 수열은 +3, −3, ×3이 반복되는 수열이다. 따라서 빈칸에 들어갈 수는 (　　)=2×3=6이다.

12　정답 ⑤

먼저 갑의 진술을 기준으로 경우의 수를 나누어 보면 다음과 같다.
ⅰ) A의 근무지는 광주이다(○). D의 근무지는 서울이다(×).
　　진술의 대상이 중복되는 병의 진술을 먼저 살펴보면, A의 근무지가 광주라는 것이 이미 고정되어 있으므로 앞 문장인 'C의 근무지는 광주이다.'는 거짓이 된다. 따라서 뒤 문장인 'D의 근무지는 부산이다.'가 참이 되어야 한다. 다음으로 을의 진술을 살펴보면, 앞 문장인 'B의 근무지는 광주이다.'는 거짓이며, 뒤 문장인 'C의 근무지는 세종이다.'가 참이 되어야 한다. 이를 정리하면 다음과 같다.

A	B	C	D
광주	서울	세종	부산

ⅱ) A의 근무지는 광주이다(×), D의 근무지는 서울이다(○).
　　역시 진술의 대상이 중복되는 병의 진술을 먼저 살펴보면, 뒤 문장인 'D의 근무지는 부산이다.'는 거짓이 되며, 앞 문장인 'C의 근무지는 광주이다.'는 참이 된다. 다음으로 을의 진술을 살펴보면, 앞 문장인 'B의 근무지는 광주이다.'가 거짓이 되므로, 뒤 문장인 'C의 근무지는 세종이다.'는 참이 되어야 한다. 그런데 이미 C의 근무지는 광주로 확정되어 있기 때문에 모순이 발생한다. 따라서 이 경우는 성립하지 않는다.

A	B	C	D
		광주 세종(모순)	서울

따라서 가능한 경우는 ⅰ)뿐이므로 반드시 참인 것은 ㄱ, ㄴ, ㄷ이다.

13　정답 ⑤

사고 전·후 이용 가구 수의 차이가 가장 큰 것은 생수이며, 가구 수의 차이는 140−70=70가구이다.

오답분석
① 수돗물을 이용하는 가구 수가 120가구로 가장 많았다.
② 수돗물과 약수를 이용하는 가구 수가 감소했다.
③ 전체 가구 대비 식수 조달원을 변경한 가구는 $\frac{230}{370} \times 100 ≒$ 62%로, 60% 이상이다.
④ 사고 전에 정수를 이용하던 가구 수는 100가구이며, 사고 후에도 정수를 이용하는 가구 수는 50가구이다. 나머지 50가구는 사고 후 다른 식수 조달원을 이용한다.

14　정답 ④

첫 번째 빈칸에는 앞뒤 문장의 내용이 반대이므로 '그러나'가 와야 한다. 반면, 두 번째 빈칸에는 앞 문장의 예가 뒤 문장에서 제시되고 있으므로 '예컨대'가 와야 한다.

15　정답 ②

대화 내용에서 각자 연차 및 교육 일정을 정리하면 다음과 같다.

10월 달력						
일요일	월요일	화요일	수요일	목요일	금요일	토요일
	1	2 B사원 연차	3 개천절	4	5	6
7	8	9 한글날	10 A과장 연차	11 B대리 교육	12 B대리 교육	13
14	15 A사원 연차	16	17 B대리 연차	18 A대리 교육	19 A대리 교육	20
21	22	23	24 A대리 연차	25	26	27
28	29 워크숍	30 워크숍	31			

달력을 통해 세 번째 주에 3명의 직원이 연차 및 교육을 신청했다는 것을 알 수 있다. 이때 A대리와 A사원이 먼저 신청했으므로 B대리가 옳지 않음을 알 수 있고, 대화 내용 중 A대리가 자신이 교육받는 주에 다른 사람 2명이 신청 가능할 것 같다고 한 말 역시 네 번째 조건에 어긋난다.
따라서 옳지 않은 말을 한 직원은 A대리와 B대리이다.

16　정답 ③

조건에 의해서 각 팀은 새로운 과제를 3, 2, 1, 1, 1개 맡아야 한다. 기존에 수행하던 과제를 포함해서 한 팀이 맡을 수 있는 과제는 최대 4개라는 점을 고려하면 다음과 같은 경우가 나온다.

구분	기존 과제 수	새로운 과제 수		
(가)팀	0개	3개	3개	2개
(나)팀	1개	1개	1개	3개
(다)팀	2개	2개	1개	1개
(라)팀	2개	1개	2개	1개
(마)팀	3개	1개		

ㄱ. a는 새로운 과제 2개를 맡는 팀이 수행하므로 (나)팀이 맡을 수 없다.
ㄷ. 기존에 수행하던 과제를 포함해서 2개 과제를 맡을 수 있는 팀은 기존 과제 수가 0개이거나 1개인 (가)팀과 (나)팀인데, 위의 세 경우 모두 2개 과제를 맡는 팀이 반드시 있다.

오답분석
ㄴ. f는 새로운 과제 1개를 맡는 팀이 수행하므로 (가)팀이 맡을 수 없다.

17
정답 ②

3년 이상 근속한 직원에게는 최초 1년을 초과하는 근속연수 매 2년에 가산휴가 1일이 발생하므로 2025년 1월 26일에는 16일의 연차휴가가 발생한다.
- 2021년 1월 1일 ~ 2021년 12월 31일
  → 2022년 15일 연차휴가 발생
- 2022년 1월 1일 ~ 2022년 12월 31일
  → 2023년 15일 연차휴가 발생
- 2023년 1월 1일 ~ 2023년 12월 31일
  → 2024년 15일 연차휴가 발생+1일 가산휴가
- 2024년 1월 1일 ~ 2024년 12월 31일
  → 2025년 16일 연차휴가 발생

따라서 A대리의 당해 연도 연차휴가는 16일이다.

18
정답 ④

$72\text{km/h} = \dfrac{72,000}{3,600}\text{m/s} = 20\text{m/s}$

시속 72km로 달리는 자동차의 공주거리는 20m/s×1s=20m이다. 이때 (자동차의 정지거리)=(공주거리)+(제동거리)이므로 시속 72km로 달리는 자동차의 평균 정지거리는 20+36=56m이다.

19
정답 ③

도배지는 총 세 가지 종류의 규격이 있는데, 첫 번째 도배지(폭 100cm×길이 150cm)가 가장 경제적이므로 이를 사용한다. 왜냐하면 두 번째 도배지의 크기는 첫 번째 도배지 크기의 $\dfrac{2}{3}$ 정도인 것에 반해, 가격은 $\dfrac{3}{4}$ 정도로 비싸기 때문이다. 이는 세 번째 도배지의 경우도 마찬가지이다.

1) '가로 8m×높이 2.5m' 벽 도배 비용 추산

1	2	3	4	5	6	7	8
9		10	11		12	13	㉠

- 첫 번째 도배지는 총 13Roll이 필요하다.
  → 비용 : 40,000×13=520,000원
- ㉠ 의 크기는 폭 100cm×길이 50cm이다.

2) '가로 4m×높이 2.5m' 벽 도배 비용 추산

1	2	3	4
5		6	㉡

- 첫 번째 도배지는 총 6Roll이 필요하다.
  → 비용 : 40,000×6=240,000원
- ㉡ 의 크기는 폭 100cm×길이 100cm이다.

3) ㉠+㉡ 의 도배 비용 추산
- 총 ㉠+㉡ 넓이=폭 100cm×길이 150cm
- 첫 번째 도배지 1Roll이 필요하다.
  → 비용 : 40,000원

4) 4개 벽면의 도배 비용
  =(520,000 +240,000+40,000)×2=1,600,000원

20
정답 ③

A~D 네 명의 진술을 정리하면 다음과 같다.

구분	진술 1	진술 2
A	C는 B를 이길 수 있는 것을 냈다.	B는 가위를 냈다.
B	A는 C와 같은 것을 냈다.	A가 편 손가락의 수는 B보다 적다.
C	B는 바위를 냈다.	A~D는 같은 것을 내지 않았다.
D	A, B, C 모두 참 또는 거짓을 말한 순서가 동일하다.	이 판은 승자가 나온 판이었다.

먼저 A~D는 반드시 가위, 바위, 보 세 가지 중 하나를 내야 하므로 그 누구도 같은 것을 내지 않았다는 C의 진술 2는 거짓이 된다. 따라서 C의 진술 중 진술 1이 참이 되므로 B가 바위를 냈다는 것을 알 수 있다. 이때, B가 가위를 냈다는 A의 진술 2는 참인 C의 진술 1과 모순되므로 A의 진술 중 진술 2가 거짓이 되는 것을 알 수 있다. 결국 A의 진술 중 진술 1이 참이 되므로 C는 바위를 낸 B를 이길 수 있는 보를 냈다는 것이 된다.

한편, 바위를 낸 B는 손가락을 펴지 않으므로 A가 편 손가락의 수가 자신보다 적었다는 B의 진술 2는 거짓이 된다. 따라서 B의 진술 중 진술 1이 참이 되므로 A는 C와 같은 보를 냈다는 것을 알 수 있다.

이를 바탕으로 A~C의 진술에 대한 참, 거짓 여부와 가위바위보를 정리하면 다음과 같다.

구분	진술 1	진술 2	가위바위보
A	참	거짓	보
B	참	거짓	바위
C	참	거짓	보

따라서 참 또는 거짓에 대한 A~C의 진술 순서가 동일하므로 D의 진술 1은 참이 되고, 진술 2는 거짓이 되어야 한다. 이때, 승자가 나오지 않으려면 D는 반드시 A~C와 다른 것을 내야 하므로 가위를 낸 것을 알 수 있다.

오답분석

① B와 같은 것을 낸 사람은 없다.
② 보를 낸 사람은 2명이다.
④ B가 기권했다면 가위를 낸 D가 이기게 된다.
⑤ 바위를 낸 사람은 1명이다.

21

제시된 자료와 조건을 이용해 출장자들의 출장여비를 구하면 다음과 같다.

- 갑의 출장여비
  - 숙박비 : $145 \times 3 = \$435$(∵ 실비 지급)
  - 식비 : $72 \times 4 = \$288$(∵ 마일리지 미사용)
  - ∴ 갑의 출장여비는 $435 + 288 = \$723$이다.
- 을의 출장여비
  - 숙박비 : $170 \times 3 \times 0.8 = \$408$(∵ 정액 지급)
  - 식비 : $72 \times 4 \times 1.2 = \$345.6$(∵ 마일리지 사용)
  - ∴ 을의 출장여비는 $408 + 345.6 = \$753.6$이다.
- 병의 출장여비
  - 숙박비 : $110 \times 3 = \$330$(∵ 실비 지급)
  - 식비 : $60 \times 5 \times 1.2 = \$360$(∵ 마일리지 사용)
  - ∴ 병의 출장여비는 $330 + 360 = \$690$이다.
- 정의 출장여비
  - 숙박비 : $100 \times 4 \times 0.8 = \$320$(∵ 정액 지급)
  - 식비 : $45 \times 6 = \$270$(∵ 마일리지 미사용)
  - ∴ 정의 출장여비는 $320 + 270 = \$590$이다.
- 무의 출장여비
  - 숙박비 : $75 \times 5 = \$375$(∵ 실비 지급)
  - 식비 : $35 \times 6 \times 1.2 = \$252$(∵ 마일리지 사용)
  - ∴ 무의 출장여비는 $375 + 252 = \$627$이다.

따라서 출장여비를 많이 지급받는 출장자부터 순서대로 나열하면 '을 – 갑 – 병 – 무 – 정' 순서이다.

22
정답 ④

한국, 중국의 개인주의 지표는 유럽, 일본, 미국의 개인주의 지표에 비해 항상 아래에 위치한다.

오답분석

① · ⑤ 세대별 개인주의 가치성향 차이는 한국이 가장 크다.
② 대체적으로 모든 나라가 나이와 개인주의 가치성향이 반비례하고 있지만, 항상 그렇지는 않다.
③ 중국의 1960년대생과 1970년대생의 개인주의 지표를 보면 1960년대생들이 1970년대생보다 개인주의 성향이 더 강한 것을 알 수 있다.

23
정답 ③

ㄴ. 어떤 기계를 선택해야 비용을 최소화할 수 있는지에 대해 고려하고 있는 문제이므로 옳은 설명이다.
ㄷ. • A기계를 선택하는 경우
- (비용)=(임금)+(임대료)=$(8,000 \times 10) + 10,000$
  $= 90,000$원
- (이윤) : $100,000 - 90,000 = 10,000$원
• B기계를 선택하는 경우
- (비용)=(임금)+(임대료)=$(8,000 \times 7) + 20,000$
  $= 76,000$원
- (이윤) : $100,000 - 76,000 = 24,000$원

따라서 합리적인 선택은 B기계를 선택하는 것이며, 24,000원의 이윤이 발생한다.

오답분석

ㄱ. B기계를 선택하는 경우가 A기계를 선택하는 경우보다 14,000원의 이윤이 더 발생한다.
ㄹ. A기계를 선택하는 경우 식탁을 1개 만드는 데 드는 비용은 90,000원이다.

24
정답 ③

치안 불안 해소를 위해 CCTV를 설치하는 것은 정부가 사회간접자본인 치안 서비스를 제공하는 것이므로 공공재·공공자원 실패의 해결책이라고 보기는 어렵다.

오답분석

① · ② 공공재·공공자원 실패의 해결책 중 사용 할당을 위한 방안이라고 볼 수 있다.
④ · ⑤ 공공재·공공자원 실패의 해결책 중 사용 제한을 위한 방안이라고 볼 수 있다.

25
정답 ③

오답분석

① B기업의 매출액이 가장 많은 때는 2024년 3월이지만, 그래프에서는 2024년 4월의 매출액이 가장 많은 것으로 나타났다.
② 2024년 2월에는 A기업의 매출이 더 많지만, 그래프에서는 B기업이 더 많은 것으로 나타났다.
④ A기업의 매출액이 가장 적은 때는 2024년 4월이지만, 그래프에서는 2024년 3월의 매출액이 가장 적은 것으로 나타났다.
⑤ A기업과 B기업의 매출액의 차이가 가장 큰 때는 2024년 1월이지만, 그래프에서는 2024년 5월과 6월의 매출액 차이가 더 큰 것으로 나타났다.

26
정답 ②

연도별 누적 막대그래프로, 각 지역의 적설량이 바르게 나타나 있다.

오답분석

① 적설량의 단위는 'm'가 아니라 'cm'이다.
③ 수원과 강릉의 2021년, 2022년 적설량 수치가 서로 바뀌었다.
④ 그래프의 가로축을 지역으로 수정해야 한다.
⑤ 서울과 수원의 그래프 수치가 서로 바뀌었다.

27
정답 ②

B는 뒷면을 가공한 이후 A의 앞면 가공이 끝날 때까지 5분을 기다려야 한다. 즉, '뒷면 가공 → 5분 기다림 → 앞면 가공 → 조립'이 이루어지므로 총 45분이 걸리고, 유휴 시간은 5분이다.

28
정답 ①

조건에 따라 가중치를 적용한 각 후보 도서의 점수를 나타내면 다음과 같다.

(단위 : 점)

도서명	흥미도 점수	유익성 점수	1차 점수	2차 점수
재테크, 답은 있다	$6\times3=18$	$8\times2=16$	34	34
여행학개론	$7\times3=21$	$6\times2=12$	33	$33+1=34$
부장님의 서랍	$6\times3=18$	$7\times2=14$	32	–
IT혁명의 시작	$5\times3=15$	$8\times2=16$	31	–
경제정의론	$4\times3=12$	$5\times2=10$	22	–
건강제일주의	$8\times3=24$	$5\times2=10$	34	34

1차 점수가 높은 3권은 '재테크, 답은 있다', '여행학개론', '건강제일주의'이다. 이 중 '여행학개론'은 해외저자의 서적이므로 2차 선정에서 가점 1점을 받는다.

이때 1차 선정된 도서 3권의 2차 점수가 34점으로 모두 동일하므로, 유익성 점수가 가장 낮은 '건강제일주의'가 탈락한다.

따라서 최종 선정될 도서는 '재테크, 답은 있다'와 '여행학개론'이다.

29
정답 ⑤

제시된 조건에 따라 경제적 효율성을 계산하면 다음과 같다.

• A자동차 : $\left(\dfrac{2,000}{11\times500}+\dfrac{10,000}{51,000}\right)\times100 \fallingdotseq 55.97\%$

• B자동차 : $\left(\dfrac{2,000}{12\times500}+\dfrac{10,000}{44,000}\right)\times100 \fallingdotseq 56.06\%$

• C자동차 : $\left(\dfrac{1,500}{14\times500}+\dfrac{10,000}{29,000}\right)\times100 \fallingdotseq 55.91\%$

• D자동차 : $\left(\dfrac{1,500}{13\times500}+\dfrac{10,000}{31,000}\right)\times100 \fallingdotseq 55.33\%$

• E자동차 : $\left(\dfrac{900}{7\times500}+\dfrac{10,000}{33,000}\right)\times100 \fallingdotseq 56.02\%$

경제적 효율성이 가장 높은 자동차는 B자동차이지만 외부 손상이 있으므로 선택할 수 없고, B자동차 다음으로 효율성이 높은 자동차는 E자동차이며, 외부 손상이 없다. 따라서 S사원이 매입할 자동차는 E자동차이다.

30
정답 ①

제시문은 급격하게 성장하는 호주의 카셰어링 시장을 언급하면서 이러한 성장 원인에 대해 분석하고 있으며, 호주 카셰어링 시장의 성장 가능성과 이에 따른 전망을 이야기하고 있다. 따라서 제시문의 제목으로 ①이 가장 적절하다.

31
정답 ④

네 번째 문단을 보면 호주에서 차량 2대를 소유한 가족의 경우 차량 구매 금액을 비롯하여 차량 유지비에 쓰는 비용이 최대 연간 18,000호주 달러에 이른다고 하였다. 따라서 18,000호주 달러는 차량 2대를 소유한 가족 기준 차량 유지비이다.

32
정답 ④

제시된 상황의 소는 2,000만 원을 요구하는 것이므로 소액사건에 해당한다. 이에 따라 심급별 송달료를 계산하면 다음과 같다.

• 민사 제1심 소액사건 : $2\times3,200\times10=64,000$원
• 민사 항소사건 : $2\times3,200\times12=76,800$원

따라서 갑이 납부해야 하는 송달료의 합계는 $64,000+76,800=140,800$원이다.

33
정답 ③

A사와 B사의 제품 판매가를 x원(단, $x>0$)이라 하자.

두 번째 조건에 따라 A사와 B사의 어제 판매수량의 비는 $4:3$이므로 A사와 B사의 판매수량을 각각 $4y$개, $3y$개라고 하자.

세 번째 조건에 따르면 오늘 A사와 B사의 제품 판매가는 각각 x원, $0.8x$원이고, 네 번째 조건에 따르면 오늘 A사의 판매수량은 $4y$개, 오늘 B사의 판매수량은 $(3y+150)$개이다.

다섯 번째 조건에 따르면 두 회사의 오늘 전체 판매액은 동일하므로 다음 식이 성립한다.

$4xy=0.8x(3y+150)$

$\rightarrow 4y=0.8(3y+150)$

$\therefore y=75$

따라서 오늘 B사의 판매수량은 $3\times75+150=375$개이다.

오답분석

①·⑤ $4xy=0.8x(3y+150)$에 y값을 대입하면 $300x=300x$이다. 즉, x에 어떤 수를 대입해도 식이 성립하므로 A사와 B사의 제품 판매 단가를 알 수 없다.

② • 오늘 A사의 판매수량 : $4\times75=300$개
  • 어제 B사의 판매수량 : $3\times75=225$개
    ∴ 오늘 A사의 판매수량과 어제 B사의 판매수량의 차 : $300-225=75$개

④ 오늘 A사와 B사의 판매수량 비는 $300:375=4:5$이므로 동일하지 않다.

34

A가 3번이면 세 번째 조건에 따라 C는 2번이고, D는 4번이다. 또한 네 번째 조건에 따라 B는 6번이고, 두 번째 조건에 따라 E는 5번이다. 따라서 첫 번째로 면접을 보는 사람은 F이다.

35
정답 ②

1) K기사가 거쳐야 할 경로는 'A도시 → E도시 → C도시 → A도시'이다. A도시에서 E도시로 바로 갈 수 없으므로 다른 도시를 거쳐야 하는데, 가장 짧은 시간 내에 A도시에서 E도시로 갈 수 있는 경로는 B도시를 경유하는 것이다. 따라서 K기사의 운송경로는 'A도시 → B도시 → E도시 → C도시 → A도시'이며, 이동시간은 1.0+0.5+2.5+0.5=4.5시간이다.

2) P기사는 가장 짧은 이동시간으로 A도시에서 출발하여 모든 도시를 한 번씩 거친 뒤 다시 A도시로 돌아와야 한다. 해당 조건이 성립하는 운송경로는 다음과 같다.
- A도시 → B도시 → D도시 → E도시 → C도시 → A도시
  이동시간=1.0+1.0+0.5+2.5+0.5=5.5시간
- A도시 → C도시 → B도시 → E도시 → D도시 → A도시
  이동시간=0.5+2.0+0.5+0.5+1.5=5시간

따라서 P기사가 운행할 이동시간은 5시간이다.

36
정답 ④

회사 근처 모텔에서 숙박 후 버스 타고 공항 이동
: 모텔 40,000원+버스 20,000원+시간 30,000원=90,000원

오답분석

① 공항 근처 모텔로 버스 타고 이동 후 숙박
  : 버스 20,000원+시간 30,000원+모텔 80,000원
  =130,000원
② 공항 픽업 호텔로 버스 타고 이동 후 숙박
  : 버스 10,000원+시간 10,000원+호텔 100,000원
  =120,000원
③ 공항 픽업 호텔로 택시 타고 이동 후 숙박
  : 택시 20,000원+시간 5,000원+호텔 100,000원
  =125,000원
⑤ 회사 근처 모텔에서 숙박 후 택시 타고 공항 이동
  : 모텔 40,000원+택시 40,000원+시간 15,000원
  =95,000원

37
정답 ②

제시문의 문맥상 먼저 속담을 제시하고 그 속담에 얽힌 이야기가 순서대로 나와야 하므로 (라) 문단이 가장 먼저 와야 한다. 다음으로 '앞집'과 '뒷집'의 다툼이 시작되는 (가) 문단이 와야 하고, 적반하장격으로 뒷집이 앞집에 닭 한 마리 값을 물어주게 된 상황을 설명하는 (다) 문단이 이어져야 한다. 또한, 이야기를 전체적으로 요약하고 평가하는 (나) 문단이 마지막에 와야 한다. 따라서 문단을 순서대로 바르게 나열하면 (라) - (가) - (다) - (나)이다.

38
정답 ②

집에서 약수터까지의 거리는 $\frac{1}{2}\times10\times60=300$m이고, 동생의 속력은 $\frac{300}{15\times60}=\frac{1}{3}$m/s이다. 형이 집에서 약수터까지 왕복한 시간은 $10\times2=20$분이므로 형이 집에 도착할 때까지 동생이 이동한 거리는 $\frac{1}{3}\times(20\times60)=400$m이고, 약수터에서 집으로 돌아오는 중이다. 따라서 동생은 집으로부터 $300-100=200$m 떨어진 곳에 있다.

39
정답 ⑤

완성품 납품 수량은 총 100개이다. 완성품 1개당 부품 A는 10개가 필요하므로 총 1,000개가 필요하고, B는 300개, C는 500개가 필요하다. 그런데 A는 500개, B는 120개, C는 250개의 재고를 가지고 있으므로 부족한 나머지 부품, 즉 각 500개, 180개, 250개를 주문해야 한다.

40
정답 ④

간선노선과 보조간선노선을 구분하여 노선번호를 부여하면 다음과 같다.
- 간선노선
  - 동서를 연결하는 경우 : (가), (나)에 해당하며, 남에서 북으로 가면서 숫자가 증가하고 끝자리에는 0을 부여하므로 (가)는 20, (나)는 10이다.
  - 남북을 연결하는 경우 : (다), (라)에 해당하며, 서에서 동으로 가면서 숫자가 증가하고 끝자리에는 5를 부여하므로 (다)는 15, (라)는 25이다.
- 보조간선노선
  - (마) : 남북을 연결하는 모양에 가까우므로, (마)의 첫자리는 남쪽 시작점의 간선노선인 (다)의 첫자리와 같은 1이 되어야 하고, 끝자리는 5를 제외한 홀수를 부여해야 하므로, 가능한 노선번호는 11, 13, 17, 19이다.
  - (바) : 동서를 연결하는 모양에 가까우므로, (바)의 첫자리는 바로 아래쪽에 있는 간선노선인 (나)의 첫자리와 같은 1이 되어야 하고, 끝자리는 0을 제외한 짝수를 부여해야 하므로, 가능한 노선번호는 12, 14, 16, 18이다.

따라서 가능한 조합은 ④이다.

| 02 | 사무(조직이해능력)

41	42	43	44	45	46	47	48	49	50
①	④	⑤	④	④	④	②	⑤	③	①

41
정답 ①

제품의 질은 우수하나 브랜드의 저가 이미지 때문에 매출이 좋지 않은 것이므로 선입견을 제외하고 제품의 우수성을 증명할 수 있는 블라인드 테스트를 통해 인정을 받는다. 그리고 그 결과를 홍보의 수단으로 사용하는 것이 가장 적절하다.

42
정답 ④

제시문의 내용을 살펴보면 H전자는 성장성이 높은 LCD 사업 대신에 익숙한 PDP 사업에 더욱 몰입하였으나, 점차 LCD의 경쟁력이 높아짐으로써 PDP는 무용지물이 되었다는 것을 알 수 있다. 따라서 H전자는 LCD 시장으로의 사업전략을 수정할 수 있었지만 보다 익숙한 PDP 사업을 선택하고 집중함으로써 시장에서 경쟁력을 잃는 결과를 얻게 되었다.

43
정답 ⑤

시스템 오류 확인 및 시스템 개선 업무는 고객지원팀이 아닌 시스템개발팀이 담당하는 업무이다.

44
정답 ④

인사팀의 주요 업무는 근태관리 · 채용관리 · 인사관리 등이 있다. 인사기록카드는 인사팀의 업무인 인사관리에 해당하는 부분이므로 인사팀에 제출하는 것이 적절하다. 한편, 총무팀은 회사의 재무와 관련된 전반적 업무를 총괄한다. H회사의 부서 구성을 보았을 때 비품 구매는 총무팀의 소관 업무로 보는 것이 적절하다.

45
정답 ④

회사와 팀의 업무 지침은 변화하는 환경 속에서 그 일의 전문가들에 의해 확립된 것이므로 기본적으로 지켜야 할 것은 지키되, 그 속에서 자신의 방식을 발견해야 한다. 따라서 본인이 속한 팀의 업무 지침이 마음에 들지 않는다는 이유로 이를 지키지 않고 본인만의 방식을 찾겠다는 D대리의 행동전략은 적절하지 않다.

46
정답 ④

내부 벤치마킹은 같은 기업 내의 다른 지역이나 타 부서, 국가 간 유사한 활용을 비교 대상으로 한다.

오답분석

① · ③ 경쟁적 벤치마킹에 대한 설명이다.
② 다각화된 우량기업을 대상으로 할 경우 효과가 크다.
⑤ 글로벌 벤치마킹에 대한 설명이다.

47
정답 ②

조직목표의 기능
• 조직이 존재하는 정당성과 합법성 제공
• 조직이 나아갈 방향 제시
• 조직구성원의 의사결정의 기준
• 조직구성원 행동수행의 동기 유발
• 수행평가 기준
• 조직설계의 기준

48
정답 ⑤

우선순위를 파악하기 위해서는 먼저 중요도와 긴급성을 파악해야 한다. 즉, 중요도와 긴급성이 높은 일부터 처리해야 하는 것이다. 그러므로 업무 리스트 중에서 가장 먼저 해야 할 일은 내일 있을 당직 근무자 명단 확인이다. 그다음 경영1팀의 비품 주문, 신입사원 면접 날짜 확인, 인사총무팀 회식 장소 예약 확인, 회사 창립 기념일 행사 준비 순으로 진행하면 된다.

49
정답 ③

오답분석

① 만장일치 : 회의의 모든 사람이 같은 의견에 도달하는 방법이다.
② 다수결 : 회의에서 많은 구성원이 찬성하는 의안을 선정하는 방법이다.
④ 의사결정나무 : 의사결정에서 나무의 가지를 가지고 목표와 상황과의 상호 관련성을 나타내어 최종적인 의사결정을 하는 불확실한 상황에서의 의사결정 분석 방법이다.
⑤ 델파이 기법 : 여러 전문가의 의견을 되풀이해 모으고, 교환하고, 발전시켜 미래를 예측하는 질적 예측 방법이다.

50
정답 ①

일반적으로 기획부의 업무는 제시된 표처럼 사업계획이나 경영점검 등 경영활동 전반에 걸친 기획 업무가 주를 이루며, 사옥 이전 관련 발생 비용 산출은 회계부, 대내외 홍보는 총무부에서 담당한다.

41	42	43	44	45	46	47	48	49	50
④	③	⑤	④	③	④	④	③	④	②

41   정답 ④

벽걸이형 난방기구를 설치하기 위해서는 거치대를 먼저 벽에 고정시킨 뒤, 평행을 맞춰 거치대에 제품을 고정시키고, 거치대의 고정나사를 단단히 조여 흔들리지 않도록 한다.

오답분석
① 벽걸이용 거치대의 상단에 대한 내용은 언급하고 있지 않다.
② 스탠드는 벽걸이형이 아닌 스탠드형 설치에 필요한 제품이다.
③ 벽이 단단한 콘크리트나 타일일 경우 전동드릴로 구멍을 내어 거치대를 고정시킨다.
⑤ 스탠드가 아닌 거치대의 고정 나사를 조여 흔들리지 않도록 고정시킨다.

42   정답 ③

실내온도가 설정온도보다 약 $2 \sim 3$℃ 내려가면 히터가 다시 작동한다. 따라서 실내온도가 20℃라면 설정온도를 20℃보다 $2 \sim 3$℃ 이상으로 조절해야 히터가 작동한다.

43   정답 ⑤

작동되고 있는 히터를 손으로 만지는 것은 화상을 입을 수 있는 등의 위험한 행동이지만, 난방기구 고장의 원인으로 보기에는 거리가 멀다.

44   정답 ④

제품설명서 중 A/S 신청 전 확인 사항을 살펴보면, 비데 기능이 작동하지 않을 경우 수도필터가 막혔거나 착좌센서 오류가 원인이라고 제시되어 있다. 그러므로 K사원으로부터 접수받은 현상의 원인을 파악하려면 수도필터의 청결 상태를 확인하거나 비데의 착좌센서의 오류 여부를 확인해야 한다. 따라서 ④가 가장 적절하다.

45   정답 ③

44번 문제에서 확인한 사항(원인)은 수도필터의 청결 상태이다. 즉, 수도필터의 청결 상태가 원인이 되는 또 다른 현상은 수압이 약할 경우이다. 따라서 ③이 가장 적절하다.

46   정답 ④

기술능력이 뛰어난 사람은 기술적 해결에 대한 효용성을 평가한다.

기술능력이 뛰어난 사람의 특징
• 실질적 해결을 필요로 하는 문제를 인식한다.
• 인식된 문제를 위해 다양한 해결책을 개발하고 평가한다.
• 실제적 문제를 해결하기 위해 지식이나 기타 자원을 선택, 최적화시키며 적용한다.
• 주어진 한계 속에서 제한된 자원을 가지고 일한다.
• 기술적 해결에 대한 효용성을 평가한다.
• 여러 상황 속에서 기술의 체계와 도구를 사용하고 배울 수 있다.

47   정답 ④

결과가 가장 큰 값을 구해야 하므로 최대한 큰 수가 있는 구간으로 이동해야 하며, 세 번째 조건에 따라 총 10번의 이동이 가능하다. 반복 이동으로 가장 커질 수 있는 구간은 D－E구간이지만, 음수가 있으므로 왕복 2번을 이동하여 값을 양수로 만들어야 한다. D－E구간에서 4번 이동하고 마지막에 E－F구간 1번 이동하는 것을 제외하면, 출발점인 A에서 D－E구간을 왕복하기 전까지 총 5번을 이동할 수 있다. D－E구간으로 가기 전 가장 큰 값은 C에서 E로 가는 것이므로 C－E－D－E－D－E－F로 이동한다. 또한, 출발점인 A에서 C까지 4번 이동하는 방법은 A－B－B－B－C밖에 없다.
따라서 A－B－B－B－C－E－D－E－D－E－F 순서로 이동한다.
$\therefore 1 \times 2 \times 2 \times 2 \times 3 \times (-2) \times 3 \times (-2) \times 3 \times 1 = 864$

48   정답 ③

A－B－C－D－E－D－C－D－E－F : $100 \times 1 \times 2 \times 2 \times 3 \times (-2) \times 1 \times 2 \times 3 \times 1 = -14,400$

오답분석
① A－B－B－E－D－C－E－C－E－F
  : $100 \times 1 \times 2 \times 2 \times (-2) \times 1 \times 3 \times (-1) \times 3 \times 1 = 7,200$
② A－B－C－D－E－D－E－D－E－F
  : $100 \times 1 \times 2 \times 2 \times 3 \times (-2) \times 3 \times (-2) \times 3 \times 1 = 43,200$
④ A－B－E－D－C－E－C－D－E－F
  : $100 \times 1 \times 2 \times (-2) \times 1 \times 3 \times (-1) \times 2 \times 3 \times 1 = 7,200$
⑤ A－B－B－C－E－D－E－D－E－F
  : $100 \times 1 \times 2 \times 2 \times 3 \times (-2) \times 3 \times (-2) \times 3 \times 1 = 43,200$

49   정답 ④

기술 시스템의 발전 단계를 보면 먼저 기술 시스템이 탄생하고 성장하며(발명, 개발, 혁신의 단계), 이후 성공적인 기술이 다른 지역으로 이동하고(기술 이전의 단계), 기술 시스템 사이의 경쟁이 발생하며(기술 경쟁의 단계), 경쟁에서 승리한 기술 시스템의 관성화(기술 공고화 단계)로 나타난다.

50

제시문은 기술의 S곡선에 대한 설명이다. 이는 기술이 등장하고 처음에는 완만히 향상되다가 일정 수준이 되면 급격히 향상되고, 한계가 오면서 다시 완만해지다가 이후 다시 발전할 수 없는 상태가 되는 모양이 S모양과 유사하여 붙여진 용어이다.

오답분석

① 바그너 법칙 : 경제가 성장할수록 국민총생산(GNP)에서 공공지출의 비중이 높아진다는 법칙이다.
③ 빅3 법칙 : 분야별 빅3 기업들이 시장의 70 ~ 90%를 장악한다는 경험 법칙이다.
④ 생산비의 법칙 : 완전경쟁에서 가격·한계비용·평균비용이 일치함으로써 균형상태에 도달한다는 법칙이다.
⑤ 기술경영 : 과학 기술과 경영 원리를 결합하여 실무 능력을 갖춘 전문 인력을 양성하는 프로그램이다.

| 04 | ICT(정보능력)

41	42	43	44	45	46	47	48	49	50
③	③	④	③	①	④	⑤	④	④	②

41

SUM 함수는 인수들의 합을 구하는 함수이고, CHOOSE 함수는 원하는 값을 선택해 다른 값으로 바꾸는 함수이다. 제시된 함수식의 계산 절차를 살펴보면 다음과 같다.
$=SUM(B2:CHOOSE(2,B3,B4,B5))$
$=SUM(B2:B4)$
$=SUM(23,45,12)$
$=80$
따라서 결괏값으로 옳은 것은 ③이다.

42

ⓛ 데이터베이스를 이용하면 다량의 데이터를 정렬하여 저장하게 되므로 검색 효율이 개선된다.
ⓒ 데이터가 중복되지 않고 한 곳에만 기록되어 있으므로, 오류 발견 시 그 부분만 수정하면 되기 때문에 데이터의 무결성을 높일 수 있다.

오답분석

ⓐ 대부분의 데이터베이스 관리 시스템은 사용자가 정보에 대한 보안등급을 정할 수 있게 해 준다. 따라서 부서별로 읽기 권한, 읽기와 쓰기 권한 등을 구분해 부여하므로 안정성을 높일 수 있다.
ⓓ 데이터베이스를 형성하여 중복된 데이터를 제거하면 데이터 유지비를 감축할 수 있다.

43

MOD 함수를 통해 「=MOD(숫자,2)=1」이면 홀수, 「=MOD(숫자,2)=0」이면 짝수와 같이 홀수와 짝수를 구분할 수 있다. 또한 ROW 함수는 현재 위치한 '행'의 번호를, COLUMN 함수는 현재 위치한 '열'의 번호를 출력한다.

44

바깥쪽 i-for문이 4번 반복되고 안쪽 j-for문이 6번 반복되므로 j-for문 안에 있는 문장은 총 24번이 반복된다.

45

영역을 선택하고 〈Back Space〉 키를 누르면 '20'만 지워진다.

오답분석

②·③·④·⑤ 선택된 부분이 모두 지워진다.

46
정답 ④

POWER 함수는 밑수를 지정한 만큼 거듭제곱한 결과를 나타내는 함수이다. 따라서 $6^3=216$이 옳다.

오답분석

① ODD 함수 : 주어진 수에서 가장 가까운 홀수로 변환해 주는 함수이며, 양수인 경우 올림하고 음수인 경우 내림한다.
② EVEN 함수 : 주어진 수에서 가장 가까운 짝수로 변환해 주는 함수이며, 양수인 경우 올림하고 음수인 경우 내림한다.
③ MOD 함수 : 나눗셈의 나머지를 구하는 함수이다. 40을 -6으로 나눈 나머지는 -2이다.
⑤ QUOTIENT 함수 : 나눗셈 몫의 정수 부분을 구하는 함수이다. 19를 6으로 나눈 몫의 정수는 3이다.

47
정답 ⑤

구체적이고 정확한 정보수집을 위하여 정보수집 대상과 종류 등을 명확하게 지정하여야 한다.

오답분석

① 전략적 기획은 정보수집을 수행하기 이전에, 수집할 정보의 내용, 수집방안 등을 결정하는 것을 말한다.
② 전략적 기획 단계에서는 정보수집의 비용성과 수집한 정보의 품질을 모두 고려해야 한다.
③ 정보수집 기한에 대한 계획도 필수적이다.
④ 전략적 기획은 정보수집 계획을 수립하는 과정으로, 정보수집의 원천을 파악하는 과정을 포함하여야 한다.

48
정답 ④

오답분석

① 〈Home〉 : 커서를 행의 맨 처음으로 이동시킨다.
② 〈End〉 : 커서를 행의 맨 마지막으로 이동시킨다.
③ 〈Back Space〉 : 커서 앞의 문자를 하나씩 삭제한다.
⑤ 〈Alt〉+〈Page Up〉 : 커서를 한 쪽 앞으로 이동시킨다.

49
정답 ④

센서 노드는 낮은 처리 용량의 프로세서, 작은 크기의 저장장치를 사용한다. 따라서 우리가 PC에서 사용하는 마이크로소프트의 윈도우나 리눅스 계열의 운용체계를 센서 노드를 제어하기 위한 운용체계로 사용할 수 없다.

50
정답 ②

VLOOKUP 함수는 목록 범위의 첫 번째 열에서 세로 방향으로 검색하면서 원하는 값을 추출하는 함수이고, HLOOKUP 함수는 목록 범위의 첫 번째 행에서 가로 방향으로 검색하면서 원하는 값을 추출하는 함수이다. 따라서 [F2:G9] 영역을 이용하여 업무지역별 코드 번호를 입력할 경우 VLOOKUP 함수를 사용해야 하며, VLOOKUP 함수의 형식은 「=VLOOKUP(찾을 값,범위,열 번호,찾기 옵션)」이므로 [D2] 셀에 입력된 수식은 「=VLOOKUP(C2,$F$2:$G$9,2,0)」이다.

제**2**영역 상식(회사상식, 한국사)

51	52	53	54	55					
②	③	①	④	③					

51
정답 ②

한국수력원자력은 2019년 4월에 신고리4호기에 최초로 계통연결을 했다.

오답분석

① 2024년 1월의 활동에 해당한다.
③ 2024년 10월의 활동에 해당한다.
④ 2024년 4월의 활동에 해당한다.

52
정답 ③

2018년에 APR1400이 미국 NRC에서 표준설계승인서를 취득하였다. APR+는 순수 국내기술로 개발된 원전으로, 기존 APR1400보다 효율성이 높다.

53
정답 ①

제시문은 광해군이 강홍립에게 중립외교를 지시한 내용이다. 광해군은 토지 대장과 호적을 새로 만들어 국가재정 수입을 늘리고 공물을 현물 대신 토지의 결수에 따라 쌀, 삼베나 무명, 동전 등으로 납부하는 대동법을 경기도에서 시범적으로 실시하였다. 또한 허준으로 하여금 『동의보감』을 편찬하게 하였다.

54
정답 ④

제시문은 정조 때 금난전권을 폐지하는 조치에 대한 내용이다. 금난전권은 시전 상인들이 서울 난전을 금지하고 특정 상품을 독점 판매할 수 있는 권리였다. 조선 후기 상품 경제가 발달하면서 사상이 증가하여 시전 상인들과의 충돌이 잦아졌다. 결국 정조는 1791년(정조 15) 신해통공(辛亥通共)으로 육의전을 제외한 일반 시전 상인이 가진 금난전권을 폐지하였다. 신해통공 이후 사상의 활동 범위는 크게 확대되었다.

55
정답 ③

임진왜란 이후 조선에서는 새로운 군사 조직의 필요성을 느껴 훈련도감을 설치하였고, 훈련도감은 포수, 사수, 살수의 삼수병으로 편성되었다. 이들은 장기간 근무를 하고 급료를 받는 상비군으로, 의무병이 아닌 직업 군인의 성격을 가지고 있었다.

2일 차 기출응용 모의고사 정답 및 해설

제1영역 직업기초능력

|01| 공통

01	02	03	04	05	06	07	08	09	10
④	⑤	⑤	③	④	②	⑤	③	②	③
11	12	13	14	15	16	17	18	19	20
②	④	②	④	③	⑤	④	①	②	④
21	22	23	24	25	26	27	28	29	30
②	④	③	②	②	④	②	③	②	④
31	32	33	34	35	36	37	38	39	40
③	③	④	③	①	②	④	③	③	④

01
정답 ④

제시문은 1920년대 영화의 소리에 대한 부정적인 견해가 있었음을 이야기하며 화두를 꺼내고 있다. 이후 현대에는 소리와 영상을 분리해서 생각할 수 없음을 언급하고 영화에서 소리가 어떤 역할을 하는지에 대해 설명하면서 현대 영화에서의 소리의 의의에 대해 이야기하고 있다. 따라서 (라) 1920년대 영화의 소리에 대한 부정적인 견해 – (가) 현대 영화에서 분리해서 생각할 수 없는 소리와 영상 – (다) 영화 속 소리의 역할 – (나) 현대 영화에서의 소리의 의의의 순서로 나열해야 한다.

02
정답 ⑤

제시문은 미국 대통령 후보 선거제도 중 하나인 '코커스'에 대해 설명하고, 코커스 개최시기가 변경된 아이오와주, 그리고 아이오와주 선거 운영 방식의 변화에 대하여 서술하고 있다. 빈칸 앞에서는 개최시기를 1월로 옮긴 아이오와주 공화당의 이야기를, 빈칸 뒤에서는 아이오와주 선거 운영 방식의 변화와 같은 다른 주제에 대한 내용을 다루고 있으므로, 빈칸 앞과 이어지는 '아이오와주는 미국의 대선후보 선출 과정에서 민주당과 공화당 모두 가장 먼저 코커스를 실시하는 주가 되었다.'가 오는 것이 적절하다.

오답분석
① 선거 운영 방식이 달라진 것이 아니라 코커스를 실시하는 시기가 달라진 것이다.

② 제시문에서는 민주당과 공화당 사이가 악화될 계기가 언급되어 있지 않다.
③ 제시문에는 아이오와주에서 코커스의 개정을 요구했다는 근거를 찾을 수 없다.
④ 아이오와주가 코커스 제도에 대해 부정적이었다는 근거를 찾을 수 없다.

03
정답 ⑤

- 성호 : 인터넷을 이용하는 남성의 수는 $113+145=258$명, 여성의 수는 $99+175=274$명으로 여성의 수가 더 많다.
- 우리 : 인터넷을 이용하지 않는 30세 미만은 56명, 30세 이상은 112명이므로 30세 이상이 더 많다.

오답분석
- 민지 : 인터넷을 자주 이용하는 30세 미만은 135명, 30세 이상은 77명이지만, 이에 대한 구체적인 남녀의 수는 나와 있지 않기 때문에 알 수 없다.

04
정답 ③

2024년 축구 동호회 인원 증가율은 $\frac{131-114}{114}\times100 ≒ 15\%$이다.
따라서 2025년 축구 동호회 인원은 $131\times1.15 ≒ 151$명이다.

05
정답 ④

2022년 전체 동호회의 평균 인원은 $419÷7 ≒ 60$명이다. 2022년 족구 동호회 인원은 62명이므로 전체 동호회의 평균 인원보다 더 많다.

오답분석
① 2021년과 2022년에 족구와 배구 동호회의 순위가 다르다.
② 2022년과 2023년을 비교하면 분모증가율은
$\frac{554-419}{419} ≒ \frac{1}{3}$ 이고, 분자증가율은 $\frac{42-35}{35}=\frac{1}{5}$ 이다.
따라서 2023년에는 비중이 감소했다.
③ 2021년과 2022년을 비교하면 분모증가율은
$\frac{419-359}{359} ≒ \frac{1}{6}$ 이고, 분자증가율은 $\frac{56-52}{52}=\frac{1}{13}$ 이다.
따라서 2022년에는 비중이 감소했다.

⑤ 2021년부터 등산과 여행 동호회 인원의 합은 각각 31, 60, 81, 131명으로, 2024년에는 축구 동호회 인원과 동일하다.

06
정답 ②

조건을 토대로 수윤 – 태환 – 지성 – 영표 – 주영 순서로 들어왔음을 알 수 있다. 따라서 추론한 내용으로 옳은 것은 ②이다.

07
정답 ⑤

1년＝12개월＝52주 동안 렌즈 교체(구매) 횟수를 구하면 다음과 같다.

• A : 12÷1＝12번을 구매해야 한다.
• B : 1＋1 서비스로 한 번에 4달 치의 렌즈를 구매할 수 있으므로 12÷4＝3번을 구매해야 한다.
• C : 3월, 7월, 11월은 1＋2 서비스로, 1월, 2월, 3월(~4, 5월), 6월, 7월(~8, 9월), 10월, 11월(~12월) 총 7번을 구매해야 한다.
• D : 착용기한이 1주이므로 1년에 총 52번을 구매해야 한다.
• E : 1＋2 서비스로 한 번에 6달 치의 렌즈를 구매할 수 있으므로, 12÷6＝2번을 구매해야 한다.

최종 가격은 (가격)×(횟수)이므로 비용은 다음과 같다.

• A : 30,000×12＝360,000원
• B : 45,000×3＝135,000원
• C : 20,000×7＝140,000원
• D : 5,000×52＝260,000원
• E : 65,000×2＝130,000원

따라서 E렌즈를 가장 적은 비용으로 사용할 수 있다.

08
정답 ③

먼저 가장 많은 소득을 얻을 수 있는 A와 B를 재배할 경우 총 1,800만 원을 얻을 수 있다는 것을 알 수 있다. 다른 조합을 통해 1,800만 원 이상의 소득을 얻을 수 있는지의 여부를 확인해 보자. 먼저 A, B, C를 재배하는 것은 전체 재배기간이 12개월이어서 불가능하다. 재배 가능 시기가 2월부터이므로 실제 가능한 재배기간이 11개월이기 때문이다. 이와 같은 논리로 A, B, D를 재배하는 것도 불가능하며, A, C, D의 경우는 전체 소득이 1,650만 원이므로 A, B를 재배하는 것보다 못한 결과를 가져온다. 마지막으로 B, C, D의 경우 2~6월에 B를 재배하고, 7~9월에 C를, 10~12월에 D를 재배하는 것이 가능하며 이때의 전체 소득은 1,850만 원으로 A와 B를 재배하는 경우의 소득인 1,800만 원을 넘어선다. 따라서 최대로 얻을 수 있는 소득은 1,850만 원이 된다.

09
정답 ②

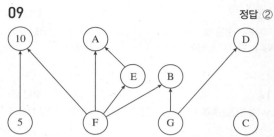

A, B, C를 제외한 빈칸에 적힌 수를 각각 D, E, F, G라고 하자. F는 10의 약수이고 원 안에는 2에서 10까지의 자연수가 적혀 있으므로 F는 2이다. 10을 제외한 2의 배수는 4, 6, 8이고, A는 E와 F의 공배수이다. 즉, A는 8, E는 4이고, B는 6이다. 6의 약수는 1, 2, 3, 6이므로 G는 3이고 D는 3의 배수이므로 9이며, 남은 7은 C이다.
따라서 A, B, C에 해당하는 수의 합은 8＋6＋7＝21이다.

10
정답 ③

제시문은 지진에 영향을 잘 받지 않는 경주의 문화재에 대해 전통 건축 방식을 중심으로 설명하고 있다. 따라서 (라) 지난 9월 경주에 5.8 규모의 지진이 발생하였으나 신라시대 문화재들은 큰 피해를 보지 않았음 – (가) 경주는 과거에 여러 차례 지진이 발생하였음에도 불국사와 석굴암, 첨성대 등은 그랭이법과 동틀돌이라는 전통 건축 방식으로 현재까지 그 모습을 보존해 왔음 – (다) 그랭이법은 자연석을 그대로 활용해 땅의 흔들림을 흡수하는 기술임 – (나) 그랭이법은 그랭이칼을 이용해 자연석의 요철을 그린 후 그 모양대로 다듬어 자연석 위에 세우고, 그 틈을 동틀돌로 지지하는 것임의 순서로 나열하는 것이 적절하다.

11
정답 ②

제시문의 내용은 '경주는 언제든지 지진이 발생할 수 있는 양산단층에 속하는 지역이지만 신라시대에 지어진 문화재들은 현재까지도 굳건히 그 모습을 유지하고 있으며, 이는 그랭이법이라는 건축기법 때문이다.'라는 것이므로 '경주 문화재는 왜 지진에 강할까?'라는 질문의 답이 될 수 있다.

12
정답 ④

그랭이법과 그랭이질은 같은 말이다. 따라서 같은 의미 관계인 한자성어와 속담을 고르면 된다. '망양보뢰(亡羊補牢)'는 '양을 잃고서 그 우리를 고친다.'는 뜻으로, 실패한 후에 일을 대비함 또는 이미 어떤 일을 실패한 뒤에 뉘우쳐도 소용이 없음을 말한다. 이와 같은 뜻의 속담으로는 '일이 이미 잘못된 뒤에는 손을 써도 소용이 없다.'는 의미의 '소 잃고 외양간 고친다.'가 있다.

13
정답 ②

제시된 수열은 앞의 항에 소수(2, 3, 5, 7, 11, …)를 더하는 수열이다. 따라서 빈칸에 들어갈 수는 $11+7=18$이다.

14
정답 ④

A씨가 인천공항에 도착하는 대한민국 현지 날짜 및 시각은 다음과 같다.

독일시각	5월 2일 19시 30분
소요시간	+12시간 20분
시차	+8시간
	=5월 3일 15시 50분

인천공항에 도착하는 시각은 한국시각으로 5월 3일 15시 50분이고, A씨는 2시간 40분 뒤에 일본으로 가는 비행기를 타야 한다. 따라서 참여 가능한 환승투어코스는 소요시간이 두 시간 이내인 엔터테인먼트, 인천시티, 해안관광이며, A씨의 인천공항 도착시각과 환승투어코스가 바르게 짝지어진 것은 ④이다.

15
정답 ③

ㄱ. 심사위원 3인이 같은 의견을 낸 경우엔 다수결에 의해 예선 통과 여부가 결정되므로 누가 심사위원장인지 알 수 없다.
ㄷ. 심사위원장을 A, 나머지 심사위원을 B, C, D라 하면, 두 명의 ○ 결정에 따른 통과 여부는 다음과 같다.

○ 결정	A, B	A, C	A, D	B, C	B, D	C, D
통과 여부	○	○	○	×	×	×

[경우 1]
참가자 4명 중 2명 이상이 A가 포함된 2인의 심사위원에게 ○ 결정을 받았고, 그 구성이 다르다면 심사위원장을 알아낼 수 있다.
[경우 2]
참가자 4명 중 1명만 A가 포함된 2인의 심사위원에게 ○ 결정을 받아 통과하였다고 하자. 나머지 3명은 A가 포함되지 않은 2인의 심사위원에게 ○ 결정을 받아 통과하지 못하였고 그 구성이 다르다. 통과하지 못한 참가자에게 ○ 결정을 준 심사위원에는 A가 없고, 통과한 참가자에게 ○ 결정을 준 심사위원에 A가 있기 때문에 심사위원장이 A라는 것을 알아낼 수 있다.

오답분석

ㄴ. 4명의 참가자 모두 같은 2인의 심사위원에게만 ○ 결정을 받아 탈락했으므로 나머지 2인의 심사위원 중에 심사위원장이 있다는 것만 알 수 있다.

16
정답 ⑤

다섯 번째 조건에 의해 나타날 수 있는 경우는 다음과 같다.

구분	1순위	2순위	3순위
경우 1	A	B	C
경우 2	B	A	C
경우 3	A	C	B
경우 4	B	C	A

- 두 번째 조건 : (경우 1)+(경우 3)=11
- 세 번째 조건 : (경우 1)+(경우 2)+(경우 4)=14
- 네 번째 조건 : (경우 4)=6

따라서 C에 3순위를 부여한 사람의 수는 $14-6=8$명이다.

17
정답 ④

- A고객의 상품값
  [전복(1kg)]+[블루베리(600g)]+[고구마(200g)]+[사과(10개)]+[오렌지(8개)]+[우유(1L)]
  $=50,000+(6\times1,200)+(2\times5,000)+(2\times10,000)+12,000+3,000=102,200$원
- B고객의 상품값
  [블루베리(200g)]+[오렌지(8개)]+[S우유(1L)]+[소갈비(600g)]+[생닭(1마리)]
  $=(2\times1,200)+12,000+(3,000-200)+20,000+9,000$
  $=46,200$원
- A고객의 총액
  (상품값)+(배송비)+(신선포장비)
  $=102,200+3,000+1,500=106,700$원(∵ 봉투는 배송 시 무료 제공)
- B고객의 총액
  (상품값)+(생닭 손질비)+(봉투 2개)
  $=0.95\times[46,200+1,000+(2\times100)]=45,030$원(∵ S카드 결제 시 5% 할인 적용)

18
정답 ①

햄버거의 가격을 비교하면 다음과 같다.
- 치킨버거 2개를 산다면 1개가 30% 할인되므로, 1개당 가격은 $\dfrac{2,300+2,300\times0.7}{2}=1,955$원이다.
- 불고기버거 3개를 산다면 물 1병이 증정되므로 1개당 가격은 $\dfrac{2,300\times3-800}{3}=2,033.33\cdots$원이다.
- 치즈버거의 경우 개당 2,000원으로 불고기버거보다 저렴하다. 다만, 구매 개수만큼 포도주스의 가격을 할인받을 수 있는데, 할인된 금액이 $1,400\times(1-0.4)=840$원이므로 물의 800원보다 커 의미가 없다.

즉, 햄버거는 가장 저렴한 치킨버거를 최대한 많이 사야 하며, 나머지는 치즈버거가 적절하다. 따라서 치킨버거 10개, 치즈버거 1개를 사야 한다.

음료수의 가격을 비교하면 다음과 같다.

- 보리차는 2+1로 구매할 수 있으므로 1병당 가격은
$\frac{1,100 \times 2}{3} = 733.333\cdots$원이다.
- 물은 1병당 800원이다.
- 오렌지주스는 4+2로 구매할 수 있으므로 1병당 가격은
$\frac{1,300 \times 4}{6} = 866.666\cdots$원이다.
- 포도주스의 경우는 치즈버거를 산다고 가정했을 때 1병당 가격은 $1,400 \times 0.6 = 840$원이다.

즉, 최대한 보리차를 구매하고 나머지는 물을 구입해야 한다. 따라서 보리차 9병, 물 2병을 사야 한다.

19 정답 ②

[해당 연도의 특정 발전설비 점유율(%)]
$$= \frac{(특정\ 발전설비)}{(전체\ 발전설비)} \times 100$$

- 2024년 원자력 발전설비 점유율 : $\frac{17,716}{76,079} \times 100 = 23.3\%$
- 2023년 원자력 발전설비 점유율 : $\frac{17,716}{73,370} \times 100 = 24.1\%$

$\therefore 24.1 - 23.3 = 0.8\%p$

20 정답 ④

2024년 석탄은 전체 발전량의 $\frac{197,917}{474,211} \times 100 = 42\%$를 차지했다.

21 정답 ②

빈칸의 앞 문단에서는 골관절염과 류마티스 관절염이 추위로 인해 증상이 악화될 수 있음을 이야기하고 있으며, 뒤의 문단에서는 외부 온도 변화에 대응할 수 있는 체온 유지 방법을 설명하고 있다. 즉, 온도 변화에 증상이 악화될 수 있는 질환들을 예방하기 위해 체온을 유지·관리해야 한다는 것이므로 빈칸에는 앞에서 말한 일이 뒤에서 말할 일의 근거가 될 때 쓰는 '따라서'가 들어가야 한다.

22 정답 ④

8명이 경기를 하므로 4개의 조를 정하는 것과 같다. 이때 1~4위까지의 선수들이 서로 만나지 않게 하려면 각 조에 1~4위 선수가 한 명씩 배치되어야 한다. 이 선수들을 먼저 배치하고 다른 선수들이 남은 자리에 들어가는 경우의 수는 4!=24가지이다. 다음으로 만들어진 4개의 조를 두 개로 나누는 경우의 수를 구하면 $_4C_2 \times _2C_2 \times \frac{1}{2!} = 3$가지이다.

따라서 가능한 대진표의 경우의 수는 $24 \times 3 = 72$가지이다.

23 정답 ③

ㄴ. B작업장은 생물학적 요인(바이러스)에 해당하는 사례 수가 가장 많다.
ㄷ. 화학적 요인에 해당하는 분진은 집진 장치를 설치하여 예방할 수 있다.

오답분석

ㄱ. A작업장은 물리적 요인(소음, 진동)에 해당하는 사례 수가 가장 많다.

24 정답 ②

9일이 ㅁㅁ기능사 필기시험일이지만 중복이 가능하므로 7~9일이 ○○기능사 실기시험 날짜로 가장 적절하다.

오답분석

① 3일에는 H공사 체육대회가 있다.
③ 14~16일에는 △△기능사 실기시험이 있다.
④·⑤ 24~29일은 시험장 보수공사로 불가능하다.

25 정답 ②

먼저 A호텔 연꽃실은 2시간 이상 사용할 경우 추가비용이 발생하고, 수용 인원도 부족하다. B호텔 백합실은 1시간 초과 대여가 불가능하며, C호텔 매화실은 이동수단을 제공하지만 수용 인원이 부족하다. 남은 C호텔 튤립실과 D호텔 장미실을 비교했을 때, C호텔의 튤립실은 예산초과로 예약할 수 없으므로 이대리는 대여료와 수용 인원의 조건이 맞는 D호텔 연회장을 예약해야 한다.

따라서 이대리가 지불해야 하는 예약금은 D호텔 대여료 150만 원의 10%인 15만 원이다.

26 정답 ④

예산이 200만 원으로 증액되었을 때, 조건에 부합하는 연회장은 C호텔 튤립실과 D호텔 장미실이다. 예산 내에서 더 저렴한 연회장을 선택해야 한다는 조건이 없고, 이동수단이 제공되는 연회장을 우선적으로 고려해야 하므로 이대리는 C호텔 튤립실을 예약할 것이다.

27 정답 ②

제시문은 5060세대에 대해 설명하는 글로, 기존에는 5060세대들이 사회로부터 배척당하였다면 최근에는 사회적인 면이나 경제적인 면에서 그 위상이 높아졌고, 이로 인해 마케팅 전략 또한 변화될 것이라고 보고 있다. 따라서 글의 제목으로 ②가 가장 적절하다.

28
정답 ③

각각의 조건을 고려하여 공장입지마다의 총운송비를 산출한 후 이를 비교한다.

• A가 공장입지일 경우
 − 원재료 운송비 : (3톤×4km×20만/km・톤)+(2톤×8km ×50만 원/km・톤)=1,040만 원
 − 완제품 운송비 : 1톤×0km×20만/km・톤=0원
 ∴ 총운송비 : 1,040만+0=1,040만 원

• B가 공장입지일 경우
 − 원재료 운송비 : (3톤×0km×20만/km・톤)+(2톤×8km ×50만/km・톤)=800만 원
 − 완제품 운송비 : 1톤×4km×20만/km・톤=80만 원
 ∴ 총운송비 : 800만+80만=880만 원

• C가 공장입지일 경우
 − 원재료 운송비 : (3톤×8km×20만/km・톤)+(2톤×0km ×50만/km・톤)=480만 원
 − 완제품 운송비 : 1톤×8km×20만/km・톤=160만 원
 ∴ 총운송비 : 480만+160만=640만 원

• D가 공장입지일 경우
 − 원재료 운송비 : (3톤×4km×20만/km・톤)+(2톤×4km ×50만/km・톤)=640만 원
 − 완제품 운송비 : 1톤×6km×20만/km・톤=120만 원
 ∴ 총 운송비 : 640만+120만=760만 원

• E가 공장입지일 경우
 − 원재료 운송비 : (3톤×3km×20만/km・톤)+(2톤×6km ×50만/km・톤)=780만 원
 − 완제품 운송비 : 1톤×3km×20만/km・톤=60만 원
 ∴ 총운송비 : 780만+60만=840만 원

따라서 총운송비를 최소화할 수 있는 공장입지는 C이다.

29
정답 ②

중국의 의료 빅데이터 예상 시장 규모의 전년 대비 성장률을 구하면 다음과 같다.

구분	2016년	2017년	2018년	2019년	2020년
성장률(%)	−	56.3	90.0	60.7	93.2

구분	2021년	2022년	2023년	2024년	2025년
성장률(%)	64.9	45.0	35.0	30.0	30.0

따라서 옳은 그래프는 ②이다.

30
정답 ④

지하철에는 D를 포함한 두 사람이 타는데, B가 탈 수 있는 교통수단은 지하철뿐이므로 지하철에는 D와 B가 타며, 둘 중 한 명은 라 회사에 지원했다는 것이 된다. 또한, 어떤 교통수단을 선택해도 지원한 회사에 갈 수 있는 E는 버스와 택시로 서로 겹치는 회사인 가 회사에 지원했음을 알 수 있다. 한편, A는 다 회사에 지원했고 버스나 택시를 타야 하는데, 택시를 타면 다 회사에 갈 수 없으므

로 버스를 탄다. 따라서 C는 나 또는 마 회사에 지원했음을 알 수 있으며, 택시를 타면 갈 수 있는 회사 중 가 회사를 제외하면 버스로 갈 수 있는 회사와 겹치지 않으므로 택시를 이용한다.

31
정답 ③

제시문은 전지적 작가 시점으로, 등장인물의 행동이나 심리 등을 서술자가 직접 자유롭게 서술하고 있다.

오답분석
① 배경에 대한 묘사로 사건의 분위기를 조성하지는 않는다.
② 등장인물 중 성격의 변화가 나타난 인물은 존재하지 않는다.
④ 과장과 희화화 수법은 나타나지 않는다.
⑤ 과거와 현재가 교차되는 부분은 찾을 수 없다.

32
정답 ③

사이다의 용량 1mL에 대한 가격을 구하면 다음과 같다.

• A업체 : $\frac{25,000}{340 \times 25} ≒ 2.94$원/mL

• B업체 : $\frac{25,200}{345 \times 24} ≒ 3.04$원/mL

• C업체 : $\frac{25,400}{350 \times 25} ≒ 2.90$원/mL

• D업체 : $\frac{25,600}{355 \times 24} ≒ 3.00$원/mL

• E업체 : $\frac{25,800}{360 \times 24} ≒ 2.99$원/mL

따라서 1mL당 가격이 가장 저렴한 C업체의 사이다를 사는 것이 가장 이득이다.

33
정답 ④

먼저 가장 빠르지만 비용이 많이 드는 방법은 택시를 이용해서 이동하는 방법이다. 택시를 이용한다면 기본요금 2,000원+400(∵ 8km)원=2,400원이며 5분만에 도착하므로 1분당 200원의 대기 비용을 지불한다면 3,000원(∵ 15분)이 더 들기 때문에 실제 소요된 경비는 2,400원+3,000원=5,400원이다.

이에 비해 버스나 지하철로 이동할 경우 지하철은 10분만에 가므로 운임 1,000원+대기비용 2,000원=3,000원이며, 버스로 이동할 경우에는 운임 1,000원+대기비용 1,000원=2,000원이 들어 가장 저렴하다.

반면, 환승할 경우 버스와 지하철의 경우는 운임 1,000원+환승비용 900원+대기비용 800원=2,700원이 소요되고, 버스와 택시를 환승할 경우 버스요금 1,000원+환승비용 900원+택시요금 2,000원+대기비용 1,000원이므로 합은 4,900원이다.

이때 비용이 높은 순서부터 나열하면 다음과 같다.
1) 택시만 이용 : 5,400원
2) 버스와 택시의 환승 : 4,900원
3) 지하철만 이용 : 3,000원
4) 버스와 지하철의 환승 : 2,700원

5) 버스만 이용 : 2,000원

따라서 비용이 두 번째로 많이 드는 방법은 ④이다.

34
정답 ③

우편물을 가장 적게 보냈던 2024년의 1인당 우편 이용 물량이 약 96통 정도이므로, $365 \div 96 = 3.80$이다. 따라서 3.80일에 1통은 보냈다는 뜻이므로 평균적으로 4일에 한 통 이상은 보냈음을 추론할 수 있다.

오답분석
① 1인당 우편 이용 물량은 증가와 감소를 반복한다.
② 1인당 우편 이용 물량이 2016년에 가장 높았던 것은 맞으나, 2024년에 가장 낮았다. 이때 꺾은선 그래프와 혼동하지 않도록 유의해야 한다.
④ 접수 우편 물량은 2023 ~ 2024년 사이에 증가했다.
⑤ 접수 우편 물량이 가장 많은 해는 2016년으로 약 5,500백만 통이고, 가장 적은 해는 2019년으로 약 4,750백만 통이다. 따라서 그 차이는 약 750백만 통이다.

35
정답 ①

B는 보이스피싱 범죄의 확산에 대한 일차적 책임이 개인에게 있다고 하였으며, C는 개인과 정부 모두에게 있다고 하였다.

오답분석
③ B는 개인의 부주의함으로 인한 사고를 은행이 책임지는 것은 문제가 있다고 말하며 책임질 수 없다는 의견을 냈고, C는 은행의 입장에 대해 언급하지 않았다.
④ B는 근본적 해결을 위해 개인의 역할, C는 정부의 역할을 강조하고 있다.
⑤ B는 제도적인 방안의 보완에 대해서는 언급하고 있지 않으며, C는 정부의 근본적인 해결책 마련을 촉구하고 있다.

36
정답 ②

권위를 제한적으로 사용한다면 구성원들의 자발적인 참여와 헌신을 가져올 수 있다. 권위를 전혀 사용하지 않는 것은 적절하지 않다.

오답분석
① 리더가 덕을 바탕으로 행동하면 구성원들은 마음을 열고 리더의 편이 된다.
③ 리더의 강압적인 행동이나 욕설은 구성원들의 '침묵 효과'나 무엇을 해도 소용이 없을 것이라 여겨 저항 없이 시키는 일만 하는 '학습된 무기력'의 증상을 야기할 수 있다.
④ 덕으로 조직을 이끄는 것은 구성원들의 행동에 긍정적인 효과를 준다.
⑤ 조직에서 성과를 끌어내기 위한 가장 좋은 방법은 구성원들 스스로 맡은 일에 전념하게 하는 것이다. 지속적으로 권위적인 행동을 하는 것은 권위없이 움직일 수 없는 비효율적인 집단이 되게 만들므로 적절하지 않다.

37
정답 ④

게임 규칙과 결과를 토대로 경우의 수를 따져보면 다음과 같다.

라운드	벌칙 제외	총퀴즈개수(개)
3	A	15
4	B	19
5	C	21
	D	
	C	22
	E	
	D	22
	E	

ㄴ. 총 22개의 퀴즈가 출제되었다면, E는 정답을 맞혀 벌칙에서 제외된 것이다.
ㄷ. 게임이 종료될 때까지 총 21개의 퀴즈가 출제되었다면 C, D가 벌칙에서 제외된 경우로 5라운드에서 E에게는 정답을 맞힐 기회가 주어지지 않았다. 따라서 퀴즈를 푸는 순서가 벌칙을 받을 사람 선정에 영향을 미친다.

오답분석
ㄱ. 5라운드까지 4명의 참가자가 벌칙에서 제외되었으므로 정답을 맞힌 퀴즈는 8개, 벌칙을 받을 사람은 5라운드까지 정답을 맞힌 퀴즈는 0개나 1개이므로 정답을 맞힌 퀴즈는 총 8개나 9개이다.

38
정답 ③

C씨는 지붕의 수선이 필요한 주택보수비용 지원 대상에 선정되었다. 지붕 수선은 대보수에 해당하며, 대보수의 주택당 보수비용 지원한도액은 950만 원이다. 또한, C씨는 중위소득 40%에 해당하므로 지원한도액의 80%를 차등 지원받게 된다. 따라서 C씨가 지원받을 수 있는 최대 액수는 950만$\times$0.8=760만 원이다.

39
정답 ③

한글 자음과 한글 모음의 치환 규칙은 다음과 같다.

• 한글 자음

ㄱ	ㄴ	ㄷ	ㄹ	ㅁ	ㅂ	ㅅ
a	b	c	d	e	f	g

ㅇ	ㅈ	ㅊ	ㅋ	ㅌ	ㅌ	ㅎ
h	i	j	k	l	m	n

• 한글 모음

ㅏ	ㅑ	ㅓ	ㅕ	ㅗ	ㅛ	ㅜ
A	B	C	D	E	F	G

ㅠ	ㅡ	ㅣ	―	―	―	―
H	I	J	―	―	―	―

6hJdㅐcEaAenJaIeaEdIdhDdgGhJㅆcAaE → 이래도 감히 금고를 열 수 있다고
- 6 : 토요일
- hJdㅐcE : 이래도
- aAenJ : 감히
- aIeaEdId : 금고를
- hDdgG : 열 수
- hJㅆcAaE : 있다고

40

정답 ④

오답분석

① 7hEeFnAcA → 일요일의 암호 '오묘하다'
② 3iJfhㅔaAbcA → 수요일의 암호 '집에간다'
③ 2bAaAbEdcA → 화요일의 암호 '나가놀다'
⑤ 1kAbjEgGiCh → 월요일의 암호 '칸초수정'

41	42	43	44	45	46	47	48	49	50
③	③	⑤	②	①	②	①	①	④	④

41

정답 ③

회의의 내용으로 보아 의사결정 방법 중 브레인스토밍 기법을 사용하고 있다. 브레인스토밍은 문제에 대한 제안이 자유롭게 이어지고, 아이디어는 많을수록 좋으며, 제안한 모든 아이디어를 종합하여 해결책을 내는 방법이다. 따라서 다른 직원의 의견에 대해 반박을 한 D주임의 태도는 적절하지 않다.

42

정답 ③

제시문은 총무부에서 주문서 메일을 보낼 때 꼼꼼히 확인하지 않아서 수정 전의 파일이 발송되었기 때문에 발생한 일이다.

43

정답 ⑤

조직 내 집단이 의사결정을 하는 과정에서 의견이 불일치하는 경우 의사결정을 내리는 데 많은 시간이 소요된다.

집단의사결정의 장단점

- 장점
  - 한 사람이 가진 지식보다 집단이 가지고 있는 지식과 정보가 더 많아 효과적인 결정을 할 수 있다.
  - 각자 다른 시각으로 문제를 바라봄에 따라 다양한 견해를 가지고 접근할 수 있다.
  - 결정된 사항에 대해 의사결정에 참여한 사람들이 해결책을 수월하게 수용하고, 의사소통의 기회도 향상된다.
- 단점
  - 의견이 불일치하는 경우 의사결정을 내리는 데 시간이 많이 소요된다.
  - 특정 구성원에 의해 의사결정이 독점될 가능성이 있다.

44

정답 ②

경영활동을 구성하는 요소는 경영목적, 인적자원, 자금, 경영전략이다. (나)의 경우와 같이 봉사활동을 수행하는 일은 목적과 인력, 자금 등이 필요하지만, 정해진 목표를 달성하기 위한 조직의 관리, 전략, 운영활동이라고 볼 수 없으므로 경영활동이 아니다.

45 정답 ①

스톡옵션제도에 대한 설명으로, 자본참가 유형에 해당된다.

오답분석

② 스캔런플랜에 대한 설명으로, 성과참가 유형에 해당된다.
③ 러커플랜에 대한 설명으로, 성과참가 유형에 해당된다.
④ 노사협의제도에 대한 설명으로, 의사결정참가 유형에 해당된다.
⑤ 노사공동결정제도에 대한 설명으로, 의사결정참가 유형에 해당된다.

46 정답 ②

각종 위원회 위원 위촉에 대한 전결 규정은 없으므로 옳지 않은 것은 ②이다. 단, 대표이사의 부재중에 부득이하게 위촉을 해야 하는 경우가 발생했다면 차하위자(전무)가 대결을 할 수는 있다.

47 정답 ①

사내 봉사 동아리이기 때문에 공식이 아닌 비공식조직에 해당한다. 비공식조직의 특징에는 인간관계에 따라 형성된 자발적인 조직, 내면적·비가시적, 비제도적, 감정적, 사적 목적 추구, 부분적 질서를 위한 활동 등이 있다.

48 정답 ①

조직의 규칙 및 규정은 조직의 목표나 전략에 따라 수립되어 조직 구성원들이 활동범위를 제약하고 일관성을 부여하는 기능을 한다. 예를 들어 인사규정, 총무규정, 회계규정 등이 있다.

49 정답 ④

김본부장과 이팀장의 대화를 살펴보면 이팀장은 정직하게 업무에 임하는 자세를 중요하게 생각하기 때문에 개인과 조직의 일과 관계에 대해 윤리적 갈등을 겪고 있다. 근로윤리 중 정직은 신뢰를 형성하고 유지하는 데 필요한 가장 기본적이고 필수적인 규범이다.

50 정답 ④

이팀장은 김본부장과의 대화에서 조직 내 관계의 측면에서는 사실대로 보고할지 김본부장의 말을 따를지 고민하는 진실 대 충성의 갈등, 조직의 업무 측면에 있어서는 단기 대 장기, 개인 대 집단의 갈등으로 고민하는 것을 알 수 있다.

| 03 | 기술(기술능력)

41	42	43	44	45	46	47	48	49	50
④	②	⑤	②	①	②	①	④	②	①

41 정답 ④

'④ 물체에 맞음'에 해당하는 사고발생 원인과 사망재해 예방 대책의 내용이 서로 관계성이 낮다는 것을 알 수 있다. 물론 지게차와 관련한 사고발생 원인으로 언급한 부분은 있으나, 전반적인 원인과 대조해 보았을 때 예방 대책을 모두 포괄하고 있다고 보기는 어렵다.

42 정답 ②

와이어로프가 파손되어 중량물이 떨어지는 사고를 나타낸 그림이다. 해당 그림은 '④ 물체에 맞음'에 더 적합하다.

오답분석

① 대형설비나 제품 위에서 작업 중에 떨어지는 사고를 나타낸 그림이다.
③ 화물자동차 위에서 적재 및 포장작업을 하는 과정에서 떨어지는 사고를 나타낸 그림이다.
④ 사다리에 올라가 작업하는 도중 미끄러져 떨어지는 사고를 나타낸 그림이다.
⑤ 지붕 위에서 보수작업 등을 하는 과정에서 선라이트가 부서져 떨어지는 사고를 나타낸 그림이다.

43 정답 ⑤

당직근무 배치가 원활하지 않아 일어난 사고는 배치의 불충분으로 일어난 산업재해의 경우로, 4M 중 Management(관리)에 해당된다고 볼 수 있다.

오답분석

① 개인의 부주의에 따른 개인의 심리적 요인은 4M 중 Man에 해당된다.
② 작업 공간 불량은 4M 중 Media에 해당된다.
③ 점검, 정비의 결함은 4M 중 Machine에 해당된다.
④ 안전보건교육 부족은 4M 중 Management에 해당된다.

44 정답 ②

임펠러 날개깃이 피로 현상으로 인해 결함을 일으킬 수 있다고 하였기 때문에 기술적 원인에 해당된다. 기술적 원인에는 기계 설계 불량, 재료의 부적합, 생산 공정의 부적당, 정비·보존 불량 등이 해당한다.

오답분석

① 작업 관리상 원인 : 안전 관리 조직의 결함, 안전 수칙 미제정, 작업 준비 불충분, 인원 배치 및 작업 지시 부적당 등이 해당한다.

③ 교육적 원인 : 안전 지식의 불충분, 안전 수칙의 오해, 경험이
나 훈련의 불충분과 작업관리자의 작업 방법의 교육 불충분,
유해 위험 작업 교육 불충분 등이 해당한다.

45
정답 ①

기술 발전에 있어 환경 보호를 추구하는 점을 볼 때, 지속가능한
개발의 사례로 볼 수 있다. 지속가능한 개발은 경제 발전과 환경
보전의 양립을 위하여 새롭게 등장한 개념으로 볼 수 있으며, 미래
세대가 그들의 필요를 충족시킬 수 있는 가능성을 손상시키지 않
는 범위에서 현재 세대의 필요를 충족시키는 개발이다.

46
정답 ②

감기약과 같은 약품류는 투입 불가능한 물질이다.

47
정답 ①

음식물이 잘 안 섞이면 모터 불량일 수 있으므로 고장접수를 해야
한다.

오답분석
② 분해 잔여물에서 청국장 냄새가 나는 것은 정상적인 분해 과정
이다.
③ 음식물 쓰레기를 완전 분해하지 않은 상태에서 제품을 끄면 벌
레가 발생할 수 있다.
④ 내부에서 부딪히는 소리가 나면 음식물 쓰레기 중 딱딱한 물질
이 포함되어 있을 수 있다.
⑤ '뽀드득' 소리는 음식물 쓰레기가 건조할 때 발생할 수 있다.

48
정답 ④

주행 알고리즘에 따른 로봇의 이동 경로를 그림으로 나타내면 다
음과 같다.

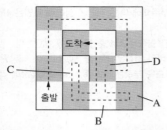

따라서 A에서 B, C에서 D로 이동할 때는 보조명령을 통해 이동했
으며, 그 외의 구간은 주명령을 통해 이동했음을 알 수 있다.

49
정답 ②

(A) 사례의 경우 구명밧줄이나 공기 호흡기 등을 준비하지 않아
사고가 발생했음을 알 수 있다. 따라서 보호구 사용 부적절로 4M
중 Media(작업정보, 방법, 환경)의 사례에 해당한다. (B) 사례의
경우 안전장치가 제대로 작동하지 않았음을 볼 때, Machine(기
계, 설비)의 사례에 해당한다.

50
정답 ①

석유자원을 대체하고 에너지의 효율성을 높이는 것은 기존 기술에
서 탈피하고 새로운 기술을 습득하는 기술경영자의 능력으로 볼
수 있다.

> **기술경영자의 능력**
> • 기술을 기업의 전반적인 전략 목표에 통합시키는 능력
> • 빠르고 효과적으로 새로운 기술을 습득하고 기존의 기술에
>   서 탈피하는 능력
> • 기술을 효과적으로 평가할 수 있는 능력
> • 기술 이전을 효과적으로 할 수 있는 능력
> • 새로운 제품개발 시간을 단축할 수 있는 능력
> • 크고 복잡하며 서로 다른 분야에 걸쳐 있는 프로젝트를 수
>   행할 수 있는 능력
> • 조직 내의 기술 이용을 수행할 수 있는 능력
> • 기술 전문 인력을 운용할 수 있는 능력

| 04 | ICT(정보능력)

41	42	43	44	45	46	47	48	49	50
①	③	⑤	②	①	④	②	②	①	③

41 정답 ①

「=MID(데이터를 참조할 셀번호,왼쪽을 기준으로 시작할 기준 텍스트,기준점을 시작으로 가져올 자릿수)」로 표시되기 때문에 「=MID(B2,5,2)」가 옳다.

42 정답 ③

for 반복문은 i 값이 0부터 1씩 증가하면서 10보다 작을 때까지 수행하므로 i 값은 각 배열의 인덱스(0 ~ 9)를 가리키게 되고, num에는 i가 가르키는 배열 요소 값의 합이 저장된다. arr 배열의 크기는 10이고 초기값들은 배열의 크기 10보다 작으므로 나머지 요소들은 0으로 초기화된다. 따라서 배열 arr는 {1, 2, 3, 4, 5, 0, 0, 0, 0, 0}으로 초기화되므로 이 요소들의 합 15와 num의 초기값 10에 대한 합은 25이다.

43 정답 ⑤

피벗 테이블에 셀에 메모를 삽입한 경우 데이터를 정렬하여도 메모는 피벗 테이블의 셀에 고정되어 있다.

44 정답 ②

오답분석
• (가) : 자간에 대한 설명이다.
• (다) : 스크롤바로 화면을 상·하·좌·우 모두 이동할 수 있다.

45 정답 ①

바이러스에 감염되는 경로로는 불법 무단 복제, 다른 사람들과 공동으로 사용하는 컴퓨터, 인터넷, 전자우편의 첨부파일 등이 있다. 바이러스를 예방할 수 있는 방법은 다음과 같다.
• 다운로드한 파일이나 외부에서 가져온 파일은 반드시 바이러스 검사를 수행한 후에 사용한다.
• 전자우편을 통해 감염될 수 있으므로 발신자가 불분명한 전자우편은 열어보지 않고 삭제한다.
• 중요한 자료는 정기적으로 백업한다.
• 바이러스 예방 프로그램을 램(RAM)에 상주시킨다.
• 백신 프로그램의 시스템 감시 및 인터넷 감시 기능을 이용해서 바이러스를 사전에 검색한다.
• 백신 프로그램의 업데이트를 통해 주기적으로 바이러스 검사를 수행한다.

46 정답 ④

엑셀에서 곱하기는 *로 쓴다.

47 정답 ②

오답분석
①·③ AVERAGE 함수는 평균을 구할 때 쓰는 함수이다.

48 정답 ②

인쇄 중인 문서를 일시 정지할 수 있고 일시 정지된 문서를 다시 이어서 출력할 수도 있지만, 다른 프린터로 출력하도록 할 수는 없다. 다른 프린터로 출력을 원할 경우 처음부터 해당 프린터로 출력해야 한다.

49 정답 ①

원하는 행 전체에 서식을 넣고 싶다면 [열 고정] 형태로 조건부 서식을 넣어야 한다. [A2:D9] 영역을 선택하고 조건부 서식 → 새 규칙 → 수식을 사용하여 서식을 지정할 셀 결정에서 「=$D2<3」을 넣으면 적용된다.

50 정답 ③

대부상황은 개인정보 중 신용정보로 분류된다.

51	52	53	54	55					
④	④	③	②	④					

51
정답 ④

'안아드림'은 한국도로공사에서 시행하는 사회공헌 사업으로, 교통사고로 인해 심리적·정서적으로 어려움을 겪고 있는 피해자와 그 가족을 대상으로 시행하는 심리치료 프로그램이다.

오답분석

① 열여덟 혼자서기 : 만 18세가 되어 아동복지시설이나 위탁가정에서의 보호가 끝나는 자립준비청년이 정서적·경제적으로 자립할 수 있도록 돕는 사업으로, 자립준비청년에게 정착지원금과 자립수당 등의 생활안정지원 및 장학금, 인턴십 프로그램, 경제교육 등을 제공한다. 또한, 자립준비 아동 등에게도 학습지원, 진로탐색교육, 멘토링 등을 제공하고 있다.
② 안심카 플러스 : 전국 지역아동센터 및 아동복지시설을 대상으로 하며, 아동복지시설에 통학용 차량을 지원하는 프로그램이다.
③ 안심가로등 플러스 : 전국의 안전 취약지역을 대상으로 신재생에너지(풍력, 태양광)를 이용한 안심가로등을 설치해, 국민의 안전 수호와 사회안전망 구축에 기여하는 사업이다.

52
정답 ④

원자력 발전소의 RCB 건물은 방사능이 새어나가지 않도록 5중 방호설계를 한다. 그 순서와 특징은 다음과 같다.
• 원전 연료(펠렛) : 핵분열 생성물은 펠렛을 통과하지 못한다.
• 핵연료 피복제 : 펠렛을 빠져나온 가스 성분은 피복관에 밀폐된다.
• 원자로 용기 : 25cm의 철판으로 되어 있다.
• 원자로 건물 내부철판 : 6mm의 철판으로 되어 있다.
• 원자로 건물 외부차폐벽 : 120cm의 철근 콘크리트로 되어 있다.

53
정답 ③

백제는 5세기(475년) 문주왕 때 웅진으로 천도하였다.

오답분석

① 6세기 신라 지증왕 때 왕의 칭호를 사용하기 시작하였다.
② 6세기 신라 지증왕 때 이사부를 보내 우산국을 정복하였다.
④ 6세기 신라 법흥왕 때 율령이 반포되었다.

54
정답 ②

㉠은 중농주의 실학자, ㉡은 중상주의 실학자의 입장이다. 중농주의 실학자들은 농촌 사회의 안정을 위하여 자영농민을 육성하기 위한 토지 제도의 개혁을 추구하였다. 반면 중상주의 실학자들은 상공업의 진흥과 기술의 혁신을 주장하면서 청나라의 문물을 적극 수용하여 부국강병과 이용후생에 힘쓸 것을 주장하였다. 중농주의 실학자는 남인 계열이 많았으며, 중상주의 실학자는 서인 계열이 많았다.

55
정답 ④

대한민국 임시정부의 성립은 국권을 상실한 지 10년 만에 우리 민족에 의한 정부가 수립되어 이후의 민족 운동의 구심점이 된 점, 우리나라 최초의 민주공화제인 점, 정부 공백 상태에서 민족사적 공통성을 회복·계승해 온 점에 역사적 의의가 있다.

3일 차 기출응용 모의고사 정답 및 해설

제 1 영역   직업기초능력

| 01 | 공통

01	02	03	04	05	06	07	08	09	10
②	④	④	①	④	⑤	②	④	②	②
11	12	13	14	15	16	17	18	19	20
④	⑤	②	④	②	④	②	②	⑤	①
21	22	23	24	25	26	27	28	29	30
④	④	③	③	③	③	③	②	③	②
31	32	33	34	35	36	37	38	39	40
④	⑤	②	③	①	③	④	④	④	④

01
정답 ②

제시문에서 사치재와 필수재의 예에 대해서는 언급하고 있지 않다.

오답분석
① 세 번째 문단을 통해 알 수 있다
③ 마지막 문단을 통해 알 수 있다.
④ 두 번째 문단을 통해 알 수 있다.
⑤ 첫 번째 문단을 통해 알 수 있다.

02
정답 ④

첫 번째와 네 번째 시행령을 토대로 신도시 신호등의 기본 점멸시간을 구하면 $60 \div 1.5 = 40\text{cm/초}$이다.
• 5m 횡단보도의 신호등 점멸시간

거리에 따른 신호등 점멸시간을 t초라 하면 $t = \dfrac{500}{40} = 12.5$이며, 세 번째 시행령에 의하여 추가 여유시간을 더해 신호등 점멸시간을 구하면 $12.5 + 3 = 15.5$초이다.
• 20m 횡단보도의 신호등 점멸시간

거리에 따른 신호등 점멸시간을 t_1초라 하면 $t_1 = \dfrac{2,000}{40} = 50$이며, 이때 횡단보도의 길이가 10m 이상이므로 두 번째 시행령에 의해 추가 점멸시간이 발생한다.
초과 거리는 $20 - 10 = 10\text{m}$이고, 추가 점멸시간을 t_2초라 하면

$t_2 = 10 \times 1.2 = 12$이다. 추가 여유시간을 더해 신호등 점멸시간을 구하면 $t_1 + t_2 + 3 = 50 + 12 + 3 = 65$초이다.

03
정답 ④

모델별로 총광고효과를 정리하면 다음과 같다.

구분	1년 광고비	1년 광고횟수	1회당 광고효과	총광고효과
지후	$3,000 - 1,000$ $= 2,000$만 원	$2,000 \div 20$ $= 100$회	$100 + 100$ $= 200$	200×100 $= 20,000$
문희	$3,000 - 600$ $= 2,400$만 원	$2,400 \div 20$ $= 120$회	$60 + 100$ $= 160$	160×120 $= 19,200$
석이	$3,000 - 700$ $= 2,300$만 원	$2,300 \div 20$ $= 115$회	$60 + 110$ $= 170$	170×115 $= 19,550$
서현	$3,000 - 800$ $= 2,200$만 원	$2,200 \div 20$ $= 110$회	$50 + 140$ $= 190$	190×110 $= 20,900$
슬이	$3,000 - 1,200$ $= 1,800$만 원	$1,800 \div 20$ $= 90$회	$110 + 110$ $= 220$	220×90 $= 19,800$

따라서 총광고효과가 가장 큰 모델은 서현이다.

04
정답 ①

첫 번째 문단에서 엔테크랩이 개발한 감정인식 기술은 모스크바시 경찰 당국에 공급할 계획이라고 하였으므로 아직 도입되어 활용되고 있는 것은 아니라는 것을 알 수 있다.

05
정답 ④

빈칸의 앞에서는 감정인식 기술을 수사기관에 도입할 경우 새로운 차원의 수사가 가능하다고 하였고, 빈칸의 뒤에서는 이 기술이 어느 부서에서 어떻게 이용될 것인지 밝히지 않았고 결정된 것이 없다고 하였으므로 앞의 내용과 뒤의 내용이 상반될 때 쓰는 접속어인 '그러나'가 와야 한다.

06
정답 ⑤

- 술에 부과되는 세금
  - 종가세 부과 시 : $2,000 \times 20 \times 0.2 = 8,000$원
  - 정액세 부과 시 : $300 \times 20 = 6,000$원
- 담배에 부과되는 세금
  - 종가세 부과 시 : $4,500 \times 100 \times 0.2 = 90,000$원
  - 정액세 부과 시 : $800 \times 100 = 80,000$원

따라서 조세 수입을 극대화시키기 위해서 술과 담배 모두 종가세를 부과해야 하며, 종가세 부과 시 조세 총수입은 $8,000 + 90,000 = 98,000$원이다.

07
정답 ②

세 도시를 방문하는 방법은 ABC=60, BCD=80, CDE=80, CEF=60, ACF=70, ABD=80, BDE=110, DEF=100, AEF=80, BCE=70, BAF=90, DCF=100, ACD=70, ACE=50, BCF=90 총 15가지 방법이다. 이 중 80km를 초과하지 않는 방법은 BDE, DEF, BAF, DCF, BCF를 제외한 10가지 방법이다.

08
정답 ④

제시된 수열은 n을 자연수라고 하면 $n \div (-2) + 4 = (n+1)$항인 수열이다. 따라서 빈칸에 들어갈 수는 $-16 \div (-2) + 4 = 12$이다.

09
정답 ②

- 입장료
  주희네 가족 4명은 성인이고, 사촌 동생 2명은 소인에 해당한다. 안성 팜랜드를 토요일에 방문하므로 6명의 주말 입장료는 $(15,000 \times 4) + (12,000 \times 2) = 84,000$원이다.
- 숙박비
  인원 추가는 최대 2명까지 가능하므로 4인실 대여 후 2인을 추가해야 한다. 세 숙박 시설의 주말 요금을 비교하면 다음과 같다.
  - A민박 : $95,000 + (30,000 \times 2) = 155,000$원
  - B펜션 : $100,000 + (25,000 \times 2) = 150,000$원
  - C펜션 : $120,000 + (40,000 \times 2) = 200,000$원

  숙박비가 15만 원을 초과하지 않는 방을 예약한다고 했으므로 주희네 가족은 B펜션을 이용하며, 숙박비는 150,000원이다.
- 왕복 교통비 : $2 \times (10,000 + 5,800) = 31,600$원

따라서 총경비는 $84,000 + 150,000 + 31,600 = 265,600$원이다.

10
정답 ②

승준이는 A민박의 4인실과 2인실(추가 1인)을 평일에 1박으로 예약했으므로 $60,000 + (45,000 + 30,000) = 135,000$원을 지불했다. 일주일 뒤에 머물 숙소를 오늘 취소하는 것이므로 7일 전 환불 규정이 적용된다. 따라서 승준이가 환불받는 금액은 $135,000 \times 0.3 = 40,500$원이고, 지불해야 할 수수료는 10,000원이다.

11
정답 ④

농도가 15%인 소금물의 양을 $x\text{g}$이라고 가정하고, 소금의 양에 대한 식을 세우면 다음과 같다.
$$0.1 \times 200 + 0.15 \times x = 0.13 \times (200 + x)$$
$$\rightarrow 20 + 0.15x = 26 + 0.13x$$
$$\rightarrow 0.02x = 6$$
$$\therefore x = 300$$
따라서 농도가 15%인 소금물은 300g이 필요하다.

12
정답 ⑤

H교통카드 본사에서 10만 원 이상의 고액 환불 시 내방 당일 카드 잔액 차감 후 익일 18시 이후 계좌로 입금받는다.

오답분석

① 모바일 환불 시 1인 최대 50만 원까지 환불 가능하며, 수수료는 500원이므로 카드 잔액이 40만 원일 경우 399,500원이 계좌로 입금된다.
② 카드 잔액이 30만 원일 경우, 20만 원 이하까지만 환불이 가능한 A은행을 제외한 은행 ATM에서 수수료 500원을 제외하고 299,500원 환불 가능하다.
③ 부분환불은 환불요청금액이 1만 원 이상 5만 원 이하일 때 가능하며, H교통카드 본사와 지하철 역사 내 H교통카드 서비스센터에서 가능하므로 부분환불이 가능하다.
④ H교통카드 본사 방문 시에는 월 누적 50만 원까지 수수료 없이 환불이 가능하므로, 13만 원 전액 환불 가능하다.

13
정답 ②

제시문은 낙수 이론에 대해 설명하고, 그 실증적 효과를 논한 후에 비판을 제기하고 있다. 따라서 일반론에 이은 효과를 설명하는 (가)가 가장 먼저 이어져야 하며, 비판을 시작하는 (나)가 그 뒤에 와야 한다. (라)에는 '제일 많이'라는 수식어가 있고, (다)에는 '또한 제기된다'라고 표현하고 있으므로 (라)가 (다) 앞에 오는 것이 글의 구조상 적절하다. 따라서 문단을 논리적 순서대로 바르게 나열한 것은 ②이다.

14
정답 ④

2022년에 독일은 전년 대비 10.4%에서 11.0%로 증가했으므로 $\dfrac{11.0 - 10.4}{10.4} \times 100 ≒ 5.77\%$이며, 대한민국은 9.3%에서 9.8%로 증가했으므로 증가율은 $\dfrac{9.8 - 9.3}{9.3} \times 100 ≒ 5.38\%$이다. 따라서 독일의 청년층 실업률 증가율이 더 높다.

15
정답 ②

2024년 미국 청년층 실업률은 2019년과 비교하여 6.8%p 증가하였다.

오답분석

① 독일은 5.1%p 감소하였다.
③ 영국은 6.1%p 증가하였다.
④ 일본은 변화가 없다.
⑤ 대한민국은 0.4%p 감소하였다.

16
정답 ④

주로 사용하는 용지가 A3, A4, B5이므로 사용 가능 용지에 A3, A4, B5가 포함되어 있지 않는 B, E, F, H는 제외한다.
또한 주로 컬러 인쇄를 사용하므로 C도 제외한다.
남은 A, D, G 중에서 컬러 인쇄의 분당 출력 매수가 15매 미만인 D를 제외한다.
A와 G중에서 24개월 기준으로 G복합기를 24개월 대여했을 때 비용은 12×24=288만 원이고 A복합기를 구매하면 300만 원이다(월 이자는 없다).
따라서 조건을 모두 만족하는 복합기는 G복합기이다.

17
정답 ②

분류코드에서 알 수 있는 정보를 앞에서부터 순서대로 나열하면 다음과 같다.
• 발송코드 : c4(충청지역에서 발송)
• 배송코드 : 304(경북지역으로 배송)
• 보관코드 : HP(고가품)
• 운송코드 : 115(15톤 트럭으로 배송)
• 서비스코드 : 01(당일 배송 서비스 상품)

18
정답 ②

제품 A의 분류코드는 앞에서부터 순서대로 수도권인 경기도에서 발송되었으므로 a1, 울산지역으로 배송되므로 062, 냉동보관이 필요하므로 FZ, 5톤 트럭으로 운송되므로 105, 배송일을 7월 7일로 지정하였으므로 02로 구성된 'a1062FZ10502'이다.

19
정답 ⑤

미세먼지 마스크는 정전기를 띠고 있는 특수섬유로 이루어져 있어 대부분의 미세먼지를 잡을 수 있지만, 이 구조로 인해 재사용할 수 없다는 단점이 있다.

20
정답 ①

빈칸 앞에서 '미세먼지 전용 마스크는 특수 섬유로 구성되어 대부분의 미세먼지를 잡을 수 있다.'는 말을 하고 있고, 빈칸 뒤에서는 '미세먼지 마스크는 이런 구조 탓에 재활용이 불가능하다.'는 말을 하고 있으므로 서로 상반되는 내용을 이어주는 '하지만'이 빈칸에 들어갈 접속어로 가장 적절하다.

21
정답 ④

개선 전 부품 1단위 생산 시 투입비용은 총 40,000원이었다. 생산 비용 감소율이 30%이므로 개선 후 총비용은 28,000원이어야 한다. 따라서 ⓐ+ⓑ의 값은 28,000−(3,000+7,000+8,000)=10,000원이다.

22
정답 ②

(현재의 운행비용)=20×4×3×100,000=24,000,000원이다.
기존의 1일 운송횟수는 12회이며, 기존의 1일 운송량은 12×1,000=12,000상자이다. 차량 적재효율이 1,000상자에서 1,200 상자로 늘어나므로 12,000÷1,200=10회의 운행으로 가능하다. 즉, 개선된 운행비용은 20×10×100,000=20,000,000원이다.
따라서 월 수송비 절감액은 24,000,000−20,000,000=4,000,000원이다.

23
정답 ③

조건에 따라 경우의 수를 따져보면 다음과 같다.

구분	1	2	3	4	5
경우 1	호른	클라리넷	플루트	오보에	바순
경우 2	클라리넷	플루트	오보에	바순	호른
경우 3	호른	바순	클라리넷	플루트	오보에
경우 4	오보에	플루트	클라리넷	호른	바순
경우 5	오보에	플루트	클라리넷	바순	호른
경우 6	호른	바순	오보에	플루트	클라리넷

따라서 오보에는 2번 자리에 놓일 수 없다.

오답분석

① 첫 번째 경우를 보면 플루트는 3번 자리에 올 수 있다.
② 여섯 번째 경우를 보면 클라리넷은 5번 자리에 올 수 있다.
④·⑤ 위의 표를 보면 알 수 있다.

24
정답 ③

제시문에서 레비스트로스는 신화 자체의 사유 방식이나 특성을 특정 시대의 것으로 한정하는 오류를 범하고 있다고 언급하였다. 과거 신화 시대에 생겨난 신화적 사유는 신화가 재현되고 재생되는 한 여전히 시간과 공간을 뛰어 넘어 현재화되고 있다.

25 　　　　　　　　　　　　　　　정답 ②

제2조 제3항에 따르면 1개월 이상 H공사 직원으로 근무하였음에도 성과평가 결과를 부여받지 못한 경우에는 최하등급 기준으로 성과연봉을 지급한다.

26 　　　　　　　　　　　　　　　정답 ③

성과급 지급 규정의 평가기준 가중치에 따라 O대리의 평가점수를 변환해 보면 다음과 같다.

(단위 : 점)

구분	전문성	유용성	수익성	총합	등급
1분기	1.8	1.6	3.5	6.9	C
2분기	2.1	1.4	3.0	6.5	C
3분기	2.4	1.2	3.5	7.1	B
4분기	2.1	1.6	4.5	8.2	A

따라서 1~2분기에는 40만 원, 3분기에는 60만 원, 4분기에는 80만 원으로 1년 동안 총 220만 원을 받는다.

27 　　　　　　　　　　　　　　　정답 ③

바뀐 성과급 지급 규정에 따라 가중치를 바꿔 다시 O대리의 평가점수를 변환해 보면 다음과 같다.

(단위 : 점)

구분	전문성	유용성	수익성	총합	등급
1분기	1.8	1.6	4.2	7.6	B
2분기	2.1	1.4	3.6	7.1	B
3분기	2.4	1.2	4.2	7.8	B
4분기	2.1	1.6	5.4	9.1	S

1~3분기에는 60만 원, 4분기에는 100만 원으로, 1년 동안 총 280만 원을 받아 변경 전보다 60만 원을 더 받는다.

28 　　　　　　　　　　　　　　　정답 ②

남녀 국회의원의 여야별 SNS 이용자 구성비 중 여자의 경우 여당은 $(22 \div 38) \times 100 \fallingdotseq 57.9\%$이고, 야당은 $(16 \div 38) \times 100 \fallingdotseq 42.1\%$이므로 옳지 않은 그래프이다.

오답분석

① 국회의원의 여야별 SNS 이용자 수는 각각 145명, 85명이다.
③ 야당 국회의원의 당선 횟수별 SNS 이용자 구성비는 85명 중 초선 36명, 2선 28명, 3선 14명, 4선 이상 7명이므로 각각 계산해 보면 42.4%, 32.9%, 16.5%, 8.2%이다.
④ 2선 이상 국회의원의 정당별 SNS 이용자 수는 A당 29+22+12=63명, B당 25+13+6=44명, C당 3+1+1=5명이다.
⑤ 여당 국회의원의 당선 유형별 SNS 이용자 구성비는 145명 중 지역구가 126명이고, 비례대표가 19명이므로 각각 86.9%와 13.1%이다.

29 　　　　　　　　　　　　　　　정답 ③

A사원의 3박 4일간 교통비, 식비, 숙박비를 계산하면 다음과 같다.

- 교통비 : 39,500+38,150=77,650원
- 식비 : $(8,500 \times 3 \times 2)+(9,100 \times 3 \times 2)=105,600$원
- 숙박비
  - 가 : $(75,200 \times 3) \times 0.95 = 214,320$원
  - 나 : $(81,100 \times 3) \times 0.90 = 218,970$원
  - 다 : $(67,000 \times 3) = 201,000$원

A사원은 숙박비가 가장 저렴한 다 숙소를 이용했으므로 숙박비는 201,000원이다.
따라서 A사원의 출장 경비 총액을 구하면 77,650+105,600+201,000=384,250원이다.

30 　　　　　　　　　　　　　　　정답 ②

오답분석

① 용돈을 받는 남학생과 여학생의 비율은 각각 82.9%, 85.4%이다. 따라서 여학생이 더 높다.
③ 고등학교 전체 인원을 100명이라 한다면 그중에 용돈을 받는 학생은 약 80.8명이다. 80.8명 중에 용돈을 5만 원 이상 받는 학생의 비율이 40%이므로 80.8×0.4≒32명이다.
④ 전체에서 용돈기입장의 기록, 미기록 비율은 각각 30%, 70%이다. 따라서 기록하는 비율이 더 낮다.
⑤ 용돈을 받지 않는 중학생과 고등학생 비율은 각각 12.4%, 19.2%이다. 따라서 용돈을 받지 않는 고등학생 비율이 더 높다.

31 　　　　　　　　　　　　　　　정답 ④

지원자 4의 진술이 거짓이면 지원자 5의 진술도 거짓이고, 지원자 4의 진술이 참이면 지원자 5의 진술도 참이다. 즉, 1명의 진술만 거짓이므로 지원자 4, 5의 진술은 참이다. 그러면 지원자 1과 지원자 2의 진술이 모순이 된다.
ⅰ) 지원자 1의 진술이 참인 경우
　　지원자 2는 A부서에 선발이 되었고, 지원자 3은 B 또는 C부서에 선발되었다. 이때, 지원자 3의 진술에 따라 지원자 4가 B부서, 지원자 3이 C부서에 선발되었다.
　　• A - 지원자 2
　　• B - 지원자 4
　　• C - 지원자 3
　　• D - 지원자 5
ⅱ) 지원자 2의 진술이 참인 경우
　　지원자 3은 A부서에 선발이 되었고, 지원자 3의 진술에 따라 지원자 4가 B부서, 지원자 2가 C부서에 선발되었다.
　　• A - 지원자 3
　　• B - 지원자 4
　　• C - 지원자 2
　　• D - 지원자 5
따라서 항상 옳은 것은 ④이다.

32

케인스는 절대소득가설을 통해 소비를 결정하는 요인 중에 가장 중요한 것은 현재의 소득이라고 주장했으므로 적절하지 않다.

33
정답 ②

• 개업하기 전 초기 입점 비용(단위 : 만 원)
: (매매가)+(중개수수료)+(리모델링 비용)
- A상가 : $92,000+(92,000\times0.006)=92,552$만 원
- B상가 : $88,000+(88,000\times0.007)+(2\times500)=89,616$만 원
- C상가 : $90,000+(90,000\times0.005)=90,450$만 원
- D상가 : $95,000+(95,000\times0.006)=95,570$만 원
- E상가 : $87,000+(87,000\times0.007)+(1.5\times500)=88,359$만 원
• 개업 한 달 후 최종 비용(단위 : 만 원)
: (초기 입점 비용)-(초기 입점 비용$\times0.03\times$병원 입점 수)
- A상가 : $92,552-(92,552\times0.03\times2)≒86,999$만 원
- B상가 : $89,616-(89,616\times0.03\times3)≒81,551$만 원
- C상가 : $90,450-(90,450\times0.03\times1)≒87,737$만 원
- D상가 : $95,570-(95,570\times0.03\times1)≒92,703$만 원
- E상가 : $88,359-(88,359\times0.03\times2)≒83,057$만 원

따라서 비용이 가장 적게 드는 B상가에 입점하는 것이 가장 이득이다.

34
정답 ③

주어진 자료의 증감 수의 부호를 반대로 하여 2024년 매장 수에 대입하면 다음과 같다.

(단위 : 개)

지역	2021년 매장 수	2022년 매장 수	2023년 매장 수	2024년 매장 수
서울	15	17	19	17
경기	13	15	16	14
인천	14	13	15	10
부산	13	11	7	10

따라서 2021년에 매장 수가 두 번째로 많은 지역은 인천이며, 매장 수는 14개이다.

35
정답 ①

오답분석

② a → c → b 순서로 진행할 때 가장 많이 소요되며, 작업 시간은 10시간이 된다.
③ · ④ 순차적으로 작업할 경우 첫 번째 공정에서 시간이 가장 적게 걸리는 것을 먼저 선택하고, 두 번째 공정에서 시간이 가장 적게 걸리는 것을 맨 뒤에 선택한다. 즉, b → c → a가 최소 제품 생산 시간이 된다.
⑤ b작업 후 1시간의 유휴 시간이 있어 1시간 더 용접을 해도 전체 작업 시간에는 변화가 없다.

36
정답 ③

제시문은 태양의 온도를 일정하게 유지해 주는 에너지원에 대한 설명이다. 태양의 온도가 일정하게 유지되는 이유는 태양 중심부의 온도가 올라가 핵융합 에너지가 늘어나면 에너지의 압력으로 수소를 밖으로 밀어내어 중심부의 밀도와 온도를 낮춰주기 때문이다. 즉, 태양 내부에서 중력과 핵융합 반응의 평형상태가 유지되기 때문에 태양은 50억 년간 빛을 낼 수 있었고, 앞으로도 50억 년 이상 더 빛날 수 있는 것이다. 따라서 빈칸에 들어갈 내용으로 '태양이 오랫동안 안정적으로 빛을 낼 수 있게 된다.'가 가장 적절하다.

37
정답 ④

행낭 배송 운행속도는 시속 60km로 일정하므로 A지점에서 G지점까지의 최단거리를 구한 뒤 소요시간을 구하면 된다. 우선 배송 요청에 따라 지점 간의 순서 변경과 생략이 가능하므로 거치는 지점을 최소화하여야 한다. 이를 고려하여 구한 최단거리는 다음과 같다.
A → B → D → G ⇒ $6km+2km+8km=16km$ ⇒ 16분(시속 60km는 1분당 1km임)
따라서 작성한 대출신청서류가 A지점에 다시 도착하는 최소시간은 16분(A → G)+30분(작성)+16분(G → A)=1시간 2분이다.

38
정답 ④

행낭 배송과 관련하여 발생되는 비용은 임금과 유류비이다. 여기서 임금(식대 포함)은 고정비인 반면, 유류비는 배송거리에 따라 금액이 달라진다. 따라서 배송거리가 가장 짧을 경우에 최소비용이 발생된다.
i) 규칙에 따른 오전 배송경로를 살펴보면 다음과 같다.
A → C → E → B → D → G → F (O)
     → D → B   (×) (지점중복으로 불가)
     → F → G → D → B (O)
     → G → D → B (×) (지점중복으로 불가)
두 가지 경우 중 F지점에서 마감하는 거리는 $5+8+6+2+8+12=41km$이며, B지점에서 마감하는 거리도 $5+8+6+12+8+2=41km$로 동일하다.
ii) 규칙에 따른 오후 배송경로를 살펴보면 다음과 같다.
• F → E → B → D → G   (×) (지점중복으로 불가)
   → D → B → A → C (×) (지점중복으로 불가)
   → G → D → B → A → C (O)
• B → D → E → G → F → C → A (O)
   → F → C → A   (×) (지점중복으로 불가)
두 가지 경우 중 B지점에서 시작하여 A지점에서 마감하는 경우는 규칙에 어긋나므로 고려대상에서 제외된다.
반면, F지점에서 시작하여 C지점에서 마감하는 거리는 $6+6+8+2+6+5=33km$이다.
따라서 오전 및 오후 배송거리는 $41+33=74km$이다.

iii) 하루 동안 발생하는 비용을 계산하면 다음과 같다.
- 유류비=74×200=14,800원
- 임금(식대 포함)=(10,000×6)+(10,000×0.8)
  =68,000원
∴ 14,800+68,000=82,800원

39
정답 ④

A가 이번 달에 내야하는 전기료는 $(200×100)+(150×200)=50,000$원이다. 이때 B가 내야 하는 전기료는 A의 2배인 10만 원이므로 전기 사용량은 400kWh를 초과했음을 알 수 있다.
B가 사용한 전기량을 $(400+x)$kWh로 정하고 전기료에 대한 식을 정리하면 다음과 같다.
$(200×100)+(200×200)+(x×400)=100,000$
→ $x×400=100,000-60,000$
∴ $x=100$
따라서 B가 사용한 전기량은 총 $400+100=500$kWh이다.

40
정답 ④

모든 개인의 가치가 관심을 받는 환경에서 근대 소설이 탄생했다.

오답분석

① 고전 소설의 주인공인 심청과 춘향을 볼 때, 효나 절개와 같은 윤리적 행동은 개인의 입장에서 선택된 것이 아닌 그들이 따라야 할 가치로 이미 존재하고 있었다.
② 고전 소설에서 개인의 행동이 정당한지 아닌지를 판단하는 기준은 전통 혹은 시대 윤리 등의 집단적이고 추상적인 것에 한정되어 있었다.
③ 근대 소설의 발생과 관련한 이론을 전개했던 이안 왓트에 따르면 근대 소설 속에는 개인주의가 발현됨을 알 수 있다.
⑤ 근대 사회에서 개인과 사회의 만남은 어떤 식으로든 불화를 만들어 내게 된다.

| 02 | 사무(조직이해능력)

41	42	43	44	45	46	47	48	49	50
③	⑤	④	⑤	③	①	③	②	⑤	④

41
정답 ③

A사원이 처리해야 할 업무를 시간 순서대로 나열하면 '회의실 예약 – PPT 작성 – 메일 전송– 수정사항 반영 – B주임에게 조언 구하기 – 브로슈어에 최종본 입력 – D대리에게 파일 전달 – 인쇄소 방문' 순서이다.

42
정답 ⑤

기계적 조직과 유기적 조직의 특징을 통해 안정적이고 확실한 환경에서는 기계적 조직이, 급변하는 환경에서는 유기적 조직이 적합함을 알 수 있다.

기계적 조직과 유기적 조직의 특징

기계적 조직	유기적 조직
• 구성원들의 업무가 분명하게 정의된다. • 많은 규칙과 규제들이 있다. • 상하 간 의사소통이 공식적인 경로를 통해 이루어진다. • 엄격한 위계질서가 존재한다. • 대표적인 기계조직으로 군대를 볼 수 있다.	• 의사결정 권한이 조직의 하부구성원들에게 많이 위임되어 있다. • 업무가 고정되지 않고, 공유 가능하다. • 비공식적인 상호의사소통이 원활하게 이루어진다. • 규제나 통제의 정도가 낮아 변화에 따라 의사결정이 쉽게 변할 수 있다.

43
정답 ④

30만 원 초과 50만 원 미만의 출장계획서는 전결을 위임받은 본부장에게 결재를 받아야 하며, 30만 원 초과의 청구서는 대표이사의 결재를 받아야 한다. 따라서 출장계획서의 최종 결재는 본부장 전결사항이므로 본부장 란에 '전결'을 표시하여야 한다.

오답분석

① 출장계획서는 본부장 전결사항이므로 본부장에게 최종 결재를 받아야 한다.
② 청구서는 대표이사에게 최종 결재를 받아야 한다.
③ 출장계획서는 본부장 전결사항이므로, 본부장 란에 전결 표시를 하여야 한다.
⑤ 접대비지출품의서는 30만 원 이하이므로 팀장의 결재를 받아야 한다.

44 정답 ⑤

민츠버그의 구분에 따르면 경영자는 다음과 같이 대인적 역할, 정보적 역할, 의사결정적 역할을 수행한다.

대인적 역할	조직의 대표자, 조직의 리더, 상징자, 지도자
정보적 역할	외부환경 모니터링, 변화전달, 정보전달자
의사결정적 역할	문제 조정, 대외적 협상 주도, 분쟁조정자, 자원 배분자, 협상가

오답분석

① 조직의 규모가 커지게 되면 한 명의 경영자가 조직의 모든 경영활동을 수행하는 데 한계가 있으므로, 운영효율화를 위해 수직적 체계에 따라 최고경영자, 중간경영자 및 하부경영자로 구분되게 된다. 최고경영자는 조직의 최상위층으로, 조직의 혁신기능과 의사결정기능을 조직 전체의 수준에서 담당하게 된다. 중간경영자는 재무관리, 생산관리, 인사관리 등과 같이 경영부문별로 최고경영층이 설정한 경영목표, 전략, 정책을 집행하기 위한 제반활동을 수행하게 된다. 하위경영자는 현장에서 실제로 작업을 하는 근로자를 직접 지휘, 감독하는 경영층을 의미한다.
② 경영자는 조직이 나아갈 방향을 제시하고, 조직의 성과에 책임을 지는 사람이다.
③ 경영자는 조직의 의사결정자라 하더라도 구성원들에게 목표를 전달하고 애로사항을 수렴하는 등 구성원들과 의사소통을 하여야 한다.
④ 조직 내외의 분쟁조정, 협상은 의사결정자로서 경영자의 역할이다.

45 정답 ③

지수는 비영리조직이며 대규모조직인 학교와 유기견 보호단체에서 6시간 있었다.

• 학교 : 공식조직, 비영리조직, 대규모조직
• 카페 : 공식조직, 영리조직, 대규모조직
• 스터디 : 비공식조직, 비영리조직, 소규모조직
• 유기견 보호단체 : 비공식조직, 비영리조직, 대규모조직

오답분석

① 비공식적이면서 소규모조직인 스터디에서 2시간 있었다.
② 공식조직인 학교와 카페에서 8시간 있었다.
④ 영리조직인 카페에서 3시간 있었다.
⑤ 비공식적이며 비영리조직인 스터디와 유기견 보호단체에서 3시간 있었다.

46 정답 ①

미국인들과 악수를 할 때에는 손끝만 살짝 잡아서는 안 되며, 오른손으로 상대방의 오른손을 잠시 힘주어서 잡아야 한다.

47 정답 ③

조직의 변화에 있어서 실현 가능성과 구체성은 중요한 요소이다.

오답분석

① 조직의 변화는 조직에 영향을 주는 환경의 변화를 인지하는 것에서부터 시작된다. 영향이 있는 변화들로 한정하지 않으면 지나치게 방대한 요소를 고려하게 되어 비효율이 발생한다.
② 변화를 실행하려는 조직은 기존 규정을 개정해서라도 환경에 적응하여야 한다.
④ 조직구성원들이 현실에 안주하고 변화를 기피하는 경향이 강할수록 환경 변화를 인지하지 못한다.
⑤ 조직의 변화는 '환경변화 인지 – 조직변화 방향 수립 – 조직변화 실행 – 변화결과 평가' 순으로 이루어진다.

48 정답 ②

팀장의 답변을 통해 S사원은 자신이 생각하는 방안에 대해 회사의 규정을 반영하지 않음을 확인할 수 있다. 조직에서 업무의 효과성을 높이기 위해서는 조직에 영향을 미치는 조직의 목표, 구조, 문화, 규칙과 규정 등 모든 체제요소를 고려해야 한다.

49 정답 ⑤

오답분석

① · ④ 전결권자는 상무이다.
② · ③ 대표이사의 결재가 필수이다(전결 사항이 아님).

50 정답 ④

'(가) 비서실 방문'은 브로슈어 인쇄를 위해 미리 파일을 받아야 하므로 '(라) 인쇄소 방문'보다 먼저 이루어져야 한다. '(나) 회의실, 마이크 체크'는 내일 오전 '(마) 업무보고' 전에 준비해야 할 사항이다. '(다) 케이터링 서비스 예약'은 내일 3시 팀장회의를 위해 준비하는 것이므로 24시간 전인 오늘 3시 이전에 실시하여야 한다. 따라서 업무순서를 정리하면 (다) – (가) – (라) – (나) – (마)가 되는데, 이때 (다)가 (가)보다 먼저 이루어져야 하는 이유는 현재 시각이 2시 50분이기 때문이다. 비서실까지 가는 데 걸리는 시간이 15분이므로 비서실에 갔다 오면 3시가 지난다. 따라서 케이터링 서비스 예약을 먼저 하는 것이 적절하다.

41	42	43	44	45	46	47	48	49	50
③	③	②	③	③	①	②	⑤	③	②

41   정답 ③

1 ~ 2월 이앙기 관리방법에 모두 방청유를 발라 녹 발생을 방지하는 내용이 있다.

오답분석

① 트랙터의 브레이크 페달 작동 상태는 2월의 점검 목록이다.
② 이앙기에 커버를 씌워 먼지 및 이물질에 의한 부식을 방지하는 것은 1월의 점검 목록이다.
④ 트랙터의 유압실린더와 엔진 누유 상태의 점검은 트랙터 사용 전 점검이 아니라 보관 중 점검 목록이다.
⑤ 매뉴얼에 없는 내용이다.

42   정답 ③

제품 매뉴얼은 제품의 설계상 결함이나 위험 요소를 대변해서는 안 된다.

43   정답 ②

상향식 기술선택(Bottom Up Approach)은 기술자들로 하여금 자율적으로 기술을 선택하게 함으로써 기술자들의 흥미를 유발할 수 있고, 이를 통해 그들의 창의적인 아이디어를 활용할 수 있는 장점이 있다.

오답분석

① 상향식 기술선택은 기술자들로 하여금 자율적으로 기술을 선택하게 함으로써 시장에서 불리한 기술이 선택될 수 있다.
③ 상향식 기술선택은 기술자들이 자신의 과학기술 전문 분야에 대한 지식과 흥미만을 고려하여 기술을 선택하게 함으로써 시장의 고객들이 요구하는 제품이나 서비스를 개발하는 데 부적합한 기술이 선택될 수 있다.
④ 하향식 기술선택은 기술에 대한 체계적인 분석을 한 후, 기업이 획득해야 하는 대상기술과 목표기술수준을 결정한다.
⑤ 하향식 기술선택은 먼저 기업이 직면하고 있는 외부환경과 기업의 보유 자원에 대한 분석을 통해 기업의 중·장기적인 사업 목표를 설정하고, 이를 달성하기 위해 확보해야 하는 핵심고객층과 그들에게 제공하고자 하는 제품과 서비스를 결정한다.

44   정답 ③

A사가 한 벤치마킹은 경쟁관계에 있지 않은 기업 중 마케팅이 우수한 곳을 찾아가 벤치마킹을 했으므로 비경쟁적 벤치마킹이다. B사는 동일 업종이지만 외국에 있는 비경쟁적 기업을 대상으로 벤치마킹을 했으므로 글로벌 벤치마킹이다.

오답분석

• 경쟁적 벤치마킹 : 동일 업종이면서 경쟁관계에 있는 기업을 대상으로 하는 벤치마킹이다.
• 직접적 벤치마킹 : 벤치마킹 대상을 직접 방문하여 수행하는 벤치마킹이다.
• 간접적 벤치마킹 : 인터넷 및 문서형태의 자료를 통해서 수행하는 벤치마킹이다.

45   정답 ③

기사는 공공연해진 야근 문화와 이로 인한 과로사에 대한 내용으로 산업재해의 기본적 원인 중 작업 관리상 원인에 해당한다. 작업 관리상 원인에는 안전 관리 조직의 결함, 안전 수칙 미지정, 작업 준비 불충분, 인원 배치 및 작업 지시 부적당 등이 있다.

오답분석

① 충분하지 못한 OJT는 산업재해의 기본적 원인 중 교육적인 원인이지만, 제시된 기사의 산업재해 원인으로는 적절하지 않다.
② 노후화된 기기의 오작동으로 인한 작업 속도 저하는 산업재해의 기본적 원인 중 기술적 원인에 속하고, 기기의 문제로 작업 속도가 저하되면 야근을 초래할 수 있지만, 제시된 기사의 산업재해 원인으로는 적절하지 않다.
④ 작업 내용 미저장, 하드웨어 미점검 등은 산업재해의 직접적 원인 중 불안전한 행동에 속하며, 야근을 초래할 수 있지만, 제시된 기사의 산업재해 원인으로는 적절하지 않다.
⑤ 시설물 자체 결함, 복장·보호구의 결함은 산업재해의 직접적 원인 중 불안전한 상태에 속하며, 제시된 기사의 산업재해 원인으로는 적절하지 않다.

46   정답 ①

유·무상 수리 기준에 따르면 H전자 서비스센터 외에서 수리한 후 고장이 발생한 경우 고객 부주의에 해당하므로 무상 수리를 받을 수 없다. 따라서 해당 고객이 수리를 요청할 경우 유상 수리 건으로 접수해야 한다.

47   정답 ②

서비스 요금 안내에 따르면 서비스 요금은 부품비, 수리비, 출장비의 합계액으로 구성된다. 전자레인지 부품 마그네트론의 가격은 20,000원이라고 제시되어 있고, 출장비는 평일 18시 이전에 방문하였으므로 18,000원이 적용된다. 따라서 전자레인지의 수리비는 53,000-(20,000+18,000)=15,000원이다.

48
정답 ⑤

예외사항에 따르면 제품사용 빈도가 높은 기숙사 등에 설치하여 사용한 경우 제품의 보증기간이 $\frac{1}{2}$로 단축 적용된다. 따라서 기숙사 내 정수기의 보증기간은 6개월이므로 8개월 전 구매한 정수기는 무상 수리 서비스를 받을 수 없다.

오답분석

①・②・④ 보증기간인 6개월이 지나지 않았으므로 무상으로 수리가 가능하다.
③ 휴대폰 소모성 액세서리의 경우 유상 수리 후 2개월간 품질이 보증되므로 무상으로 수리가 가능하다.

49
정답 ③

조직 외부의 정보를 내부 구성원들에게 전달하는 것은 정보 수문장(Gate Keeping)의 혁신 활동으로 볼 수 있다. (C)에 들어갈 내용으로는 '프로젝트의 효과적인 진행을 감독한다.' 등이 적절하다.

오답분석

④ 조직 외부의 정보를 구성원들에게 전달하고, 조직 내에서 정보원 기능을 수행하기 위해서는 '원만한 대인관계능력'이 요구된다.

50
정답 ②

Index 뒤의 문자 SHAWTY와 File 뒤의 문자 CRISPR에서 일치하는 알파벳의 개수를 확인하면, 'S' 1개만 일치하는 것을 알 수 있다. 따라서 판단 기준에 따라 Final Code는 Atur이다.

| 04 | ICT(정보능력)

41	42	43	44	45	46	47	48	49	50
③	③	④	③	⑤	④	⑤	②	⑤	④

41
정답 ③

정보를 관리하지 않고 그저 머릿속에만 기억해 두는 것은 정보관리의 허술한 사례이다.

오답분석

①・④ 정보검색의 바람직한 사례이다.
②・⑤ 정보전파의 바람직한 사례이다.

42
정답 ③

영역(Block)의 지정

• 한 단어 영역 지정 : 해당 단어 안에 마우스 포인터를 놓고 두 번 클릭한다.
• 한 줄 영역 지정 : 해당 줄의 왼쪽 끝으로 마우스 포인터를 이동하여 포인터가 화살표로 바뀌면 한 번 클릭한다.
• 문단 전체 영역 지정
 – 해당 문단의 임의의 위치에 마우스 포인터를 놓고 세 번 클릭한다.
 – 문단 내의 한 행 왼쪽 끝에서 마우스 포인터가 화살표로 바뀌면 두 번 클릭한다.
• 문서 전체 영역 지정
 – 문단의 왼쪽 끝으로 마우스 포인터를 이동하여 포인터가 화살표로 바뀌면 세 번 클릭한다.
 – [편집] 메뉴에서 [모두 선택]을 선택한다.
 – 문서 내의 임의의 위치에서 〈Ctrl〉+〈A〉를 누른다.
 – 문서 내의 한 행 왼쪽 끝에서 마우스 포인터가 화살표로 바뀌면 세 번 클릭한다.

43
정답 ④

• COUNTIF 함수 : 지정한 범위 내에서 조건에 맞는 셀의 개수를 구한다.
• 함수식 : 「=COUNTIF(D3:D10, ">=2024-07-01"」

오답분석

① COUNT 함수 : 범위에서 숫자가 포함된 셀의 개수를 구한다.
② COUNTA 함수 : 범위가 비어 있지 않은 셀의 개수를 구한다.
③ SUMIF 함수 : 주어진 조건에 의해 지정된 셀들의 합을 구한다.
⑤ MATCH 함수 : 배열에서 지정된 순서상의 지정된 값에 일치하는 항목의 상대 위치 값을 찾는다.

44

① · ② AND 함수는 인수의 모든 조건이 참(TRUE)일 경우에 성별을 구분하여 표시할 수 있으므로 적절하지 않다.
④ 함수식에서 "남자"와 "여자"가 바뀌었다.
⑤ 함수식에 "2"와 "3"이 아니라, "1"과 "3"이 들어가야 한다.

45

정답 ⑤

power 함수는 거듭제곱에 대한 함수로, $power(a,b)=a^b$이다. 따라서 주어진 프로그램은 6^4를 계산하여 출력하는 프로그램이므로 $6^4=1,296$이다. 이때 6^4를 출력하려면 printf("%d^%d", a, b)를 입력해야 한다.

46

정답 ④

OR조건은 조건을 모두 다른 행에 입력해야 한다.

47

정답 ⑤

색인이란 주요 키워드나 주제어를 소장하고 있는 정보원을 관리하는 방법으로, 정보를 찾을 때 쓸 수 있는 키워드인 색인어와 색인어의 출처인 위치 정보로 구성한 것이다. 요리연구가 A씨는 요리의 주재료를 키워드로 하여 출처와 함께 정보를 기록하였다.

① 목록 : 정보에서 중요한 항목을 찾아 기술한 후 정리한 것이다.
② 목차 : 책이나 서류 따위에서 항목 제목과 해당 쪽 번호를 차례대로 적은 목록으로, 그 내용을 간략하게 알거나 쉽게 찾아볼 수 있게 한 것이다.
③ 분류 : 유사한 정보끼리 모아 체계화하여 정리한 것이다.
④ 초록 : 논문 등 글의 앞부분에서 그 요지를 간략히 설명해 놓은 것이다.

48

정답 ②

입력 장치는 키보드, 스캐너, 마우스가 해당하므로 14개, 출력 장치는 스피커, LCD 모니터, 레이저 프린터가 해당하므로 11개, 저장 장치는 광디스크, USB 메모리가 해당하므로 19개이다. 따라서 재고량 조사표에서 출력 장치는 11개가 되어야 한다.

49

정답 ⑤

상품이 '하모니카'인 매출액의 평균을 구해야 하므로 AVERAGEIF 함수를 사용해야 한다. 따라서 「=AVERAGEIF(계산할 셀의 범위, 평균을 구할 셀의 정의,평균을 구하는 셀)」로 표시되기 때문에 「=AVERAGEIF(B2:B9,"하모니카",E2:E9)」가 옳다.

50

정답 ④

4차 산업혁명이란 사물인터넷, 인공지능, 빅데이터, 블록체인 등 정보통신기술의 '융합'으로 새로운 서비스와 산업이 창출되는 차세대 혁명이다. 또한 4차 산업혁명은 2016년 1월 'WEF; World Economic Forum(세계경제포럼)'에서 클라우스 슈밥 회장이 사용하면서 전 세계에 영향을 미쳤다.
• 융합 : 다른 종류의 것이 녹아서 서로 구별이 없게 하나로 합하여지거나 그렇게 만듦. 또는 그런 일

• 복합 : 여러 개를 합침
• 집합 : 어떤 조건에 따라 결정되는 요소의 모임
• IMD : 국제경영개발대학원

제**2**영역　상식(회사상식, 한국사)

51	52	53	54	55					
④	②	①	④	①					

51
정답 ④

'현장 중심'은 한국에너지공단의 핵심가치 중 하나이다.

> **한국수력원자력의 핵심가치**
> • 안전 최우선 : 안전책임의식을 바탕으로 기본과 원칙을 준수하고 지속적으로 안전체계를 진화시킨다.
> • 지속 성장 : 맡은 업무에서 탁월함을 추구하며, 끊임없는 개선과 발전적 도전을 통해 경쟁력을 확보한다.
> • 상호 존중 : 다양성을 인정하고 열린 소통과 자발적 참여 및 협업을 통해 시너지를 창출한다.
> • 사회적 책임 : 사명감과 책임의식을 바탕으로 소통하고 협력하여 친환경 에너지 공급을 통해 국가 에너지 안보에 기여한다.

52
정답 ②

한국수력원자력의 미션은 '친환경 에너지로 삶을 풍요롭게'이다.

53
정답 ①

제시문은 고려 시대 광종의 업적에 대해 설명하고 있다. 광종은 쌍기의 건의로 과거제를 실시하였다.

오답분석

② 12목을 설치하고 지방관을 파견한 것은 성종이다.
③ 사심관과 기인제도 도입은 태조의 업적이다.
④ 신돈을 등용하여 전민변정도감을 설치한 것은 공민왕 때이다.

54
정답 ④

3·1 운동은 가혹한 식민지 정책에 반발한 전 민족적 민중 구국 운동으로, 독립 운동의 방향에 전기를 마련했다. 민족의 저력을 국내외에 과시하고, 세계 여러 나라에 우리 민족의 독립 문제를 올바르게 인식시키는 계기를 마련했으며, 아시아 및 중동 지역의 민족 운동에 영향을 주었다. 또한, 대한민국 임시정부가 수립되어 독립 운동을 조직적이고 체계적인 운동으로 발전시켰다.

55
정답 ①

제시문은 방납의 폐단을 지적한 내용이다. 이러한 문제점을 해결하기 위해 시행한 수취제도는 대동법으로, 토지의 결수에 따라 쌀, 삼베(무명), 동전(미·포·전) 등으로 징수한 뒤 국가에서 필요한 물품은 공인을 통해 구입하도록 하였다.

4일 차 기출응용 모의고사 정답 및 해설

| 01 | 사무(법학 · 행정학 · 경제학 · 경영학)

01	02	03	04	05	06	07	08	09	10
②	③	①	③	②	④	③	②	②	②
11	12	13	14	15	16	17	18	19	20
④	④	④	①	②	④	①	②	②	①
21	22	23	24	25					
②	④	③	③	③					

01
정답 ②

법을 적용하기 위한 사실의 확정에서 확정의 대상인 사실은 자연적으로 인식한 현상 자체가 아닌 법적으로 가치 있는 구체적 사실이어야 한다.

사실의 확정방법

입증	사실의 인정을 위하여 증거를 주장하는 것을 입증이라 하며, 이 입증책임(거증책임)은 그 사실의 존부를 주장하는 자가 부담한다. 그리고 사실을 주장하는 데 필요한 증거는 첫째로 증거로 채택될 수 있는 자격, 즉 증거능력이 있어야 하고 둘째로 증거의 실질적 가치, 즉 증명력이 있어야 한다. 만일 이것이 용이하지 않을 경우를 위해 추정과 간주를 두고 있다.
추정	편의상 사실을 가정하는 것으로, '~한 것으로 추정한다.'라고 하며, 반증을 들어서 부정할 수 있다. 예를 들어 "처가 혼인 중에 포태한 자는 부의 자로 추정한다."라고 규정한 것은 친생자관계를 인정하고 있으나, 부는 그 자가 친생자임을 부인하는 소를 제기할 수 있다고 하여 법률상의 사실은 반증을 들어 이를 부정할 수 있다.
간주	일정한 사실을 확정하는 것으로(간주하다=본다), '~한 것으로 간주한다, ~한 것으로 본다.'라고 하며, 반증을 들어서 이를 부정할 수 없다. 예를 들어 "대리인이 본인을 위한 것임을 표시하지 아니한 때에는 그 의사표시는 자기를 위한 것으로 본다."라고 규정한 것은 '사실의 의제'의 예라 할 수 있다.

02
정답 ③

민주주의의 적에게는 자유를 인정할 수 없다는 방어적 민주주의가 구체화된 것이다.

03
정답 ①

임대차기간의 약정이 없는 때에는 당사자는 언제든지 계약해지의 통고를 할 수 있다(민법 제635조 제1항).

오답분석
② 민법 제626조 제1항
③ 민법 제618조
④ 민법 제621조 제1항

04
정답 ③

공무원은 국민 전체에 대한 봉사자로서 국민에 대해서 책임을 진다. 따라서 공무원은 특정 정당에 대한 봉사자여서는 안 되며, 근로 3권이 제약된다.

05
정답 ②

지방자치단체는 장소로서의 관할 구역, 인적 요소로서의 주민, 법제적 요소로서의 자치권을 그 구성의 3대 요소로 하고 있다. 따라서 지방자치단체는 행정 주체로서의 지위를 가지므로 권리능력의 주체가 되어 권한을 행사하고 의무를 진다.

오답분석
① 지방자치법 제19조 제1항
④ 헌법 제117조 제2항

06
정답 ④

기본권 보장은 국가권력의 남용으로부터 국민의 기본권을 보호하려는 것이기 때문에 국가의 입법에 의한 제한에도 불구하고 그 본질적인 내용의 침해는 금지된다. 우리 헌법은 본질적 내용의 침해를 금지하는 규정을 제37조 제2항에 명시하고 있다.

07
정답 ③

정보관리에 배제성을 적용하면 오히려 정보의 불균형과 정보격차가 발생하여 정보의 비대칭성이 심화된다.

① 전자민주주의는 행정의 투명성과 개방성을 제고한다.
② 정보를 정부나 상급기관이 독점하게 되면 오히려 계층구조의 강화, 감시 강화, 프라이버시 침해 등의 폐해가 발생할 수 있다.
④ 정부는 지능정보사회 정책의 효율적·체계적 추진을 위하여 지능정보사회 종합계획을 3년 단위로 수립하여야 한다(지능정보화 기본법 제6조 제1항).

08
정답 ②

ㄱ. 분배정책은 정부가 가지고 있는 권익이나 서비스 등 자원을 배분하는 정책이다. 수혜자들은 서비스와 편익을 더 많이 취하기 위해서 다투게 되므로 포크배럴, 로그롤링과 같은 정치적 현상이 발생하기도 한다.
ㄷ. 재분배정책은 누진소득세, 임대주택 건설사업 등이 대표적이다.

ㄴ. 재분배정책에 대한 설명이다. 분배정책은 갈등이나 반발이 별로 없기 때문에 가장 집행이 용이한 정책이다.
ㄹ. 분배정책은 재분배정책에 비해서 안정적 정책을 위한 루틴화의 가능성이 높고 집행을 둘러싼 논란이 적어 집행이 용이하다.

분배정책과 재분배정책의 비교

구분	분배정책	재분배정책
재원	조세(공적 재원)	고소득층 소득
성격과 갈등 정도	없음(Non-Zero sum)	많음(Zero sum)
정책	사회간접자본 건설	누진세, 임대주택 건설
이념	능률성, 효과성, 공익성	형평성
집행	용이	곤란
수혜자	모든 국민	저소득층
관련 논점	포크배럴(구유통 정책), 로그롤링	이념상, 계급 간 대립

09
정답 ②

조직군 생태론은 종단적 조직분석을 통하여 조직의 동형화를 주로 연구한다.

10
정답 ②

비용은 다수가 부담하고 편익은 소수가 혜택을 보는 것은 고객 정치에 해당하며, 협의의 경제규제가 이에 속한다.

① ㉠은 대중적 정치이지만, 각종 위생 및 안전 규제는 기업가적 정치에 해당한다.
③ ㉢은 기업가적 정치이지만, 낙태 규제는 대중적 정치에 해당한다.
④ ㉣은 이익집단 정치이지만, 농산물에 대한 최저가격 규제는 고객 정치에 해당한다.

윌슨(J.Q. Wilson)의 규제정치모형

구분		감지된 편익	
		넓게 분산	좁게 집중
감지된 비용	넓게 분산	대중적 정치	고객 정치
	좁게 집중	기업가적 정치 (운동가의 정치)	이익집단 정치

11
정답 ④

최고관리자의 관료에 대한 지나친 통제가 조직의 경직성을 초래하여 관료제의 병리현상이 나타난다고 주장한 학자는 머튼(Merton)이다.

12
정답 ④

기관장의 근무기간은 5년의 범위에서 소속중앙행정기관의 장이 정하되, 최소한 2년 이상으로 하여야 한다. 이 경우 제12조 및 제51조에 따른 소속책임운영기관의 사업성과의 평가 결과가 우수하다고 인정되는 때에는 총 근무기간이 5년을 넘지 아니하는 범위에서 대통령령으로 정하는 바에 따라 근무기간을 연장할 수 있다(책임운영기관의 설치·운영에 관한 법률 제7조 제3항).

13
정답 ④

인간관계론은 행정조직이나 민간조직을 단순한 기계적인 구조로만 보고, 오직 시스템의 개선만으로 능률성을 추구하려 하였다는 과거의 과학적 관리론과 같은 고전적 조직이론의 개념을 탈피하여 한계점을 수용하고, 노동자들의 감정과 기분 같은 사회·심리적 요인과 비경제적 보상을 고려하며 인간 중심적 관리를 중시하였다.

14
정답 ①

카츠(Kartz)는 경영자에게 필요한 능력을 크게 인간적 자질, 전문적 자질, 개념적 자질 3가지로 구분하였다. 그중 인간적 자질은 구성원을 리드하고 관리하며, 다른 구성원들과 함께 일을 할 수 있게 하는 것으로 모든 경영자가 갖추어야 하는 능력이다. 타인에 대한 이해력과 동기부여 능력은 인간적 자질에 해당한다.

②·④ 전문적 자질(현장실무)에 해당한다.
③ 개념적 자질(상황판단)에 해당한다.

15

정답 ②

ⓒ 당좌자산 : 유동자산 중 판매하지 않더라도 1년 이내 현금화가 가능한 자산을 의미한다. 기업이 판매하기 위하여 또는 판매를 목적으로 제조 과정 중에 있는 자산은 재고자산이다.

ⓔ 자본잉여금 : 영업이익 중 배당금을 제외한 사내 유보금을 의미한다. 기업의 법정자본금을 초과하는 순자산금액 중 이익을 원천으로 하는 잉여금은 이익잉여금이다.

16

정답 ④

지식경영시스템은 조직 안의 지식자원을 체계화하고 공유하여 기업 경쟁력을 강화하는 기업정보시스템이다. 따라서 조직에서 필요한 지식과 정보를 창출하는 연구자, 설계자, 건축가, 과학자, 기술자 등을 반드시 포함하는 것과는 관련이 없다.

17

정답 ①

집단사고(Groupthink)는 응집력이 높은 집단에서 의사결정을 할 때, 동조 압력과 전문가들의 과다한 자신감으로 인해 사고의 다양성이나 자유로운 비판 대신 집단의 지배적인 생각에 순응하여 비합리적인 의사결정을 하게 되는 경향이다.

18

정답 ②

$$(부가가치율)=\frac{(매출액)-(매입액)}{(매출액)}\times100$$

$$25\%=\frac{r-150,000}{r}\times100$$

$$\therefore\ r=200,000$$

19

정답 ②

엥겔지수는 가계 소비지출에서 차지하는 식비의 비율을 의미하며, 가계 소비지출은 소비함수[(독립적인 소비지출)+{(한계소비성향)×(가처분소득)}]로 계산할 수 있다. 각각의 숫자를 대입하면 100만+(0.6×300만)=280만 원이 소비지출이 되고, 이 중 식비가 70만 원이므로, 엥겔지수는 70만÷280만=0.25이다.

20

정답 ①

ⓖ 우월전략균형은 내쉬균형이지만, 내쉬균형이라고 해서 모두 우월전략균형인 것은 아니다.

ⓛ 죄수의 딜레마와 같이 내쉬균형이 항상 파레토 효율적인 자원 배분을 보장하는 것은 아니다.

21

정답 ②

과점기업은 자신의 행동에 대한 상대방의 반응을 고려하여 행동을 결정하게 되는데, 상대방이 어떻게 반응할 것인지에 대한 예상을 추측된 변화 혹은 추측변이라고 한다. 베르트랑 모형에서는 각 기업이 상대방의 가격이 주어진 것으로 보기 때문에 가격의 추측된 변화는 1이 아닌 0이다. 한편, 굴절수요곡선 모형에서는 자신이 가격을 인상하더라도 상대방은 가격을 조정하지 않을 것으로 가정하므로 가격 인상 시에는 가격의 추측된 변화가 0이다. 그러나 가격을 인하하면 상대방도 가격을 낮추는 것을 가정하므로 가격 인하 시의 추측 변화는 0보다 큰 값을 갖는다.

22

정답 ④

대기업의 임금은 중소기업보다 높은데, 이러한 임금격차를 설명하는 이론 중 대기업은 엄격한 규율로 종업원을 제재하므로 이에 보상하려는 것이라는 주장이 있다.

23

정답 ③

공공재는 모든 사람들이 공동으로 이용할 수 있는 재화나 서비스이다. 시장의 가격 원리가 적용될 수 없고, 그 대가를 지불하지 않고도 재화나 서비스를 이용할 수 있는 비배제성과 사람들이 소비를 위해 서로 경합할 필요가 없는 비경합성을 가지고 있다.

24

정답 ③

등량곡선이란 동일한 산출량을 생산하는 데 필요한 노동과 자본의 투입량 조합을 나타낸다. 기술이 진보하면 같은 생산량을 갖는 등량곡선은 원점을 기준으로 바깥쪽에서 안쪽으로 이동한다. 이는 적은 생산요소를 투입해도 같은 수량을 생산할 수 있다는 것을 의미한다.

25

정답 ③

$$(실질임금)=\frac{(명목임금)}{(물가지수)}\times100$$

$$(변화\ 전\ 실질임금)=\frac{16,000}{200}\times100=8,000원$$

$$(변화\ 후\ 실질임금)=\frac{16,000\times1.15}{200\times2}\times100=4,600원$$

| 02 | 기계

01	02	03	04	05	06	07	08	09	10
③	②	③	①	①	②	④	④	④	①
11	12	13	14	15	16	17	18	19	20
②	②	③	③	④	③	④	①	②	②
21	22	23	24	25					
③	③	②	③	③					

01
정답 ③

파스칼의 원리에 따르면 밀폐된 용기 속에 있는 액체에 가한 압력은 그 액체가 접하는 모든 방향으로 같은 크기의 압력을 전달한다. 이는 유압 잭의 원리로도 사용된다.

파스칼의 원리에 의해 $P_1 = P_2$이므로

$P_1 = \dfrac{F_1}{A_1} = \dfrac{F_1}{\dfrac{\pi D_1{}^2}{4}} = \dfrac{4F_1}{\pi D_1{}^2}$ 이다.

02
정답 ②

펄라이트강을 오스테나이트 영역까지 가열한 후 급랭시키면 마텐자이트조직을 얻을 수 있다.

오답분석

① 시멘타이트 : 순철에 약 6.6%의 탄소(C)가 합금된 금속조직으로, Fe_3C로 표시한다.

③ 펄라이트 : 페라이트(α철)+Fe_3C(시멘타이트)의 층상구조조직으로, 질기고 강한 성질을 갖는다.

④ 베이나이트 : 항온열처리를 통해서 얻을 수 있는 금속조직이다.

03
정답 ③

$I_p = \dfrac{\pi(d_1^4 - d_2^4)}{32} = \dfrac{\pi(5^4 - 3^4)}{32} = 53.4\text{cm}^4$

04
정답 ①

축의 비틀림각 $\theta = \dfrac{T \cdot L}{G \cdot I_P}$에서

I_P(극단면 2차 모멘트)$= \dfrac{\pi d^4}{32}$을 대입하면 다음과 같다.

$\dfrac{T \cdot L}{G \cdot \dfrac{\pi d^4}{32}} = \dfrac{32\,T \cdot L}{G \cdot \pi d^4}$

이때 비틀림각(θ)을 $\dfrac{1}{4}\theta$로 줄이고, 축 지름(d)만을 고려하면 다음과 같다.

$\dfrac{1}{d_\theta^4} = \dfrac{1}{4} \times \dfrac{1}{d^4}$

양변을 역수하면 다음과 같다.

$d_\theta^4 = 4d^4$

$\therefore d_\theta = \sqrt{2}\,d$

05
정답 ①

$S = \dfrac{\sigma_{\max}}{\sigma_a}, \ \sigma_a = \dfrac{\sigma_{\max}}{S} = \dfrac{600}{7} ≒ 85.71\text{MPa}$

$\sigma_a = \dfrac{P}{A} = \dfrac{4P}{\pi d^2}$

$\therefore d = \sqrt{\dfrac{4P}{\pi \sigma_a}} = \sqrt{\dfrac{4 \times 50 \times 10^3}{\pi \times 85.71 \times 10^6}} = 0.027\text{m} = 2.7\text{cm}$

06
정답 ②

주철의 장점

• 주조성 및 마찰저항이 우수하다.
• 인장 및 굽힘강도는 적으나 압축강도는 크다.
• 금속 중 가격이 제일 저렴하다.
• 복잡한 물체 제작이 가능하다.

07
정답 ④

㉠ 오스템퍼링 : 오스테나이트에서 베이나이트로 완전한 항온변태가 일어날 때까지 특정 온도로 유지한 후 공기 중에서 냉각하여 베이나이트 조직을 얻는다. 뜨임이 필요 없고, 담금 균열과 변형이 없다.

㉡ 오스포밍 : 과랭 오스테나이트 상태에서 소성 가공을 한 후 냉각 중에 마텐자이트화하는 항온열처리 방법이다.

㉢ 마템퍼링 : Ms점과 Mf점 사이에서 항온처리하는 열처리 방법으로, 마텐자이트와 베이나이트의 혼합 조직을 얻는다.

08
정답 ④

시멘타이트는 순철에 탄소 약 6.6%가 합금된 금속조직으로, 경도가 가장 높다.

> **강에서 열처리 조직의 경도 순서**
> 페라이트 < 오스테나이트 < 펄라이트 < 소르바이트 < 베이나이트 < 트루스타이트 < 마텐자이트 < 시멘타이트

09

정답 ④

쇼어 경도(H_S)는 낙하시킨 추의 반발높이를 이용하는 충격경도 시험으로, $\dfrac{10,000}{65} \times \dfrac{h}{h_0}$ 이다.

오답분석

① 피로 시험 : 반복되어 작용하는 하중 상태의 성질을 알아낸다.

② 브리넬 경도(H_B) 시험 : 지름 Dmm인 구형 누르개를 일정한 시험하중으로 시험편에 압입시켜 시험하며, 이때 생긴 압입 자국의 표면적을 시험편에 가한 하중으로 나눈 값이다.

③ 샤르피식 시험 : 금속의 인성과 메짐을 알아보는 충격시험의 일종으로, 시험편의 양단을 지탱하고 해머로 중앙에 충격을 가해 1회로 시험편을 판단한다.

10

정답 ①

재결정온도는 1시간 안에 95% 이상 새로운 입자인 재결정이 완전히 형성되는 온도이다. 재결정을 하면 불순물이 제거되며 더 순수한 결정을 얻어낼 수 있는데, 이 재결정은 금속의 순도, 조성, 소성변형의 정도, 가열시간에 큰 영향을 받는다.

- **재결정의 정의**
  특정한 온도영역에서 이전의 입자들을 대신하여 변형이 없는 새로운 입자가 형성되는 현상을 말한다.
- **재결정의 일반적인 특징**
  - 가공도가 클수록 재결정온도는 낮아진다.
  - 재결정온도는 가열시간이 길수록 낮아진다.
  - 재결정은 강도를 저하시키나 연성은 증가시킨다.
  - 냉간가공도가 커질수록 재결정온도는 낮아진다.
  - 결정입자의 크기가 작을수록 재결정온도는 낮아진다.
  - 재결정온도는 일반적으로 1시간 안에 95% 이상의 재결정이 이루어지는 온도로 정의한다.
  - 금속의 용융온도를 절대온도 T_m 이라 할 때 재결정온도는 대략 $0.3 \sim 0.5 T_m$ 범위에 있다.

금속의 재결정온도

금속	온도(℃)	금속	온도(℃)
주석(Sn)	상온 이하	은(Ag)	200
납(Pb)	상온 이하	금(Au)	200
카드뮴(Cd)	상온	백금(Pt)	450
아연(Zn)	상온	철(Fe)	450
마그네슘(Mg)	150	니켈(Ni)	600
알루미늄(Al)	150	몰리브덴(Mo)	900
구리(Cu)	200	텅스텐(W)	1,200

11

정답 ②

단순지지보가 균일분포하중을 받고 있을 때 최대 전단력은 양끝단 지지부의 반력으로 볼 수 있으며, 양쪽의 반력은 같기 때문에 한쪽 부분의 반력을 구하면 다음과 같다.

$$R_A = \frac{wl}{2} = \frac{10\text{n/mm} \times 500\text{mm}}{2} = 2,500\text{N} = 2.5\text{kN}$$

12

정답 ②

면심입방격자는 금속이 무른 것이 특징이며, Pt와 Ag, Cu가 이에 속한다.

철의 결정구조

종류	체심입방격자 (BCC; Body Centered Cubic)	면심입방격자 (FCC; Face Centered Cubic)	조밀육방격자 (HCP; Hexagonal Close Packed lattice)
성질	• 강도가 크다. • 용융점이 높다. • 전성과 연성이 작다.	• 전기전도도가 크다. • 가공성이 우수하다. • 장신구로 사용된다. • 전성과 연성이 크다. • 연한 성질의 재료이다.	• 전성과 연성이 작다. • 가공성이 좋지 않다.
원소	W, Cr, Mo, V, Na, K	Al, Ag, Au, Cu, Ni, Pb, Pt, Ca	Mg, Zn, Ti, Be, Hg, Zr, Cd, Ce
단위 격자	2개	4개	2개
배위 수	8	12	12
원자 충진율	68%	74%	74%

13

정답 ③

두랄루민은 Al에 Cu+Mg+Mn이 합금된 가공용 알루미늄합금이다.

14

정답 ③

크리프(Creep) 변형은 재료에 일정 크기의 하중을 작용시키면 시간에 따라 변형이 발생하는 현상으로, 온도, 시간, 하중에 영향을 받는다.

15
정답 ④

구성인선(Built Up Edge)은 재질이 연하고 공구재료와 친화력이 큰 재료를 절삭가공할 때, 칩과 공구의 윗면 사이의 경사면에 발생되는 높은 압력과 마찰열로 인해 칩의 일부가 공구의 날 끝에 달라붙어 마치 절삭날과 같이 공작물을 절삭하는 현상이다.

구성인선을 방지하기 위해서는 절삭깊이를 작게 하고, 절삭속도는 빠르게 하며, 윤활성이 높은 절삭유를 사용하고, 마찰계수가 작고 피가공물과 친화력도 작은 절삭공구를 사용한다.

16
정답 ③

전조가공은 재료와 공구를 각각 또는 함께 회전시켜 재료 내부나 외부에 공구의 형상을 새기는 특수압연법이다. 대표적인 제품으로는 나사와 기어가 있으며, 절삭칩이 발생하지 않아 표면이 깨끗하고 재료의 소실이 거의 없다. 또한 강인한 조직을 얻을 수 있고 가공속도가 빨라서 대량생산에 적합하다.

17
정답 ④

단면의 형상에 따른 단면계수는 다음과 같다.

- 원형 중실축 : $Z = \dfrac{\pi d^3}{32}$

- 원형 중공축 : $Z = \dfrac{\pi d_2^{\,3}}{32}(1 - x^4)$

  (단, $x = \dfrac{d_1}{d_2}$ 이며 $d_1 < d_2$ 이다)

- 삼각형 : $Z_c = \dfrac{bh^2}{24}$, $Z_t = \dfrac{bh^2}{12}$

- 사각형 : $Z = \dfrac{bh^2}{6}$

18
정답 ①

먼저 회전속도를 구하면 다음과 같다.

$v = \dfrac{\pi dn}{1,000} = 100\pi\,\text{m/min} = 1.66\pi\,\text{m/s}$

이를 동력(H) 구하는 식에 효율(η)을 달리해서 대입한다.

- $\eta = 100\%$임을 가정할 경우

$H = \dfrac{F \times v}{102 \times 9.8 \times \eta}\,[\text{kW}]$

$= \dfrac{60 \times 1.66\pi}{102 \times 9.8 \times 1} = \dfrac{99.6\pi}{999.6} = 0.09\pi = 0.1\pi$

- $\eta = 1\%$임을 가정할 경우

$H = \dfrac{F \times v}{102 \times 9.8 \times \eta}\,[\text{kW}]$

$= \dfrac{60 \times 1.66\pi}{102 \times 9.8 \times 0.01} = \dfrac{99.6\pi}{9.9} = 10.06\pi = 10\pi$

따라서 최소동력은 0.1π가 된다.

동력 구하는 식

$H = \dfrac{F \times v}{102 \times 9.8 \times 60 \times \eta}\,[\text{kW}]$

$H = \dfrac{F \times v}{75 \times 9.8 \times 60 \times \eta}\,[\text{PS}]$

19
정답 ②

$T = \dfrac{(\text{가공할 길이})}{(\text{회전수}) \times (\text{이송속도})} = \dfrac{120\text{mm}}{400\text{rev/min} \times 2\text{mm/rev}}$

$= 0.15\text{min} = 9\text{s}$

따라서 절삭시간은 9초가 된다.

선반가공의 가공시간(T)을 구하는 식

$T = \dfrac{l}{n \cdot f} = \dfrac{(\text{가공할 길이[mm]})}{(\text{회전수[rpm]}) \times (\text{이송속도[mm/rev]})}$

20
정답 ②

완제품을 가공할 때 원래 그 소재에 없던 구멍을 가공하는 데 가장 적합한 가공법은 밀링가공이다. 브로칭가공도 구멍가공은 할 수 있으나 밀링가공에 비해 정밀도가 떨어진다.

오답분석

① 브로칭(Broaching) : 가공물에 홈이나 내부구멍을 만들 때 가늘고 길며 길이방향으로 많은 날을 가진 총형공구인 브로치를 일감에 대고 누르면서 관통시켜 단 1회의 절삭공정만으로 완성시키는 절삭가공법이다. 브로치의 압입방식에는 나사식, 기어식, 유압식이 있다.

③ 셰이핑(Shaping) : 공구를 전진시키면서 공작물을 절삭하고 공구를 뒤로 후퇴시킨 후 다시 전진시키면서 가공하는 공작기계인 셰이퍼로 가공하는 작업으로, 구조가 간단하고 다루기가 쉬워서 소형 공작물의 평면가공에 널리 사용된다.

④ 리밍(Reaming) : 드릴로 뚫은 구멍을 정밀하게 가공하기 위하여 리머공구로 구멍의 안쪽 면을 다듬는 작업이다.

21
정답 ③

헬리컬 기어는 바퀴 주위에 비틀린 이가 절삭되어 있는 원통 기어로, 톱니 줄기가 비스듬히 경사져 있어 헬리컬이라고 한다. 헬리컬 기어는 평 기어보다 큰 힘을 전달할 수 있어 회전이 원활하고 조용하지만, 제작이 어려운 단점이 있다. 주로 감속 장치나 동력의 전달 등에 사용된다. 방향이 서로 다른 헬리컬 기어를 조합하여 산(山) 모양의 톱니로 만든 것을 2중 헬리컬 기어라고 하며, 이중 가운데 홈이 없이 좌·우 기어의 톱니가 중앙에서 만나는 것을 헤링본 기어(Herringbone Gear)라고 한다.

22

나사를 1회전시켰을 때 축방향으로 이동한 거리는 리드(L)이다.
$L=n\times p$이므로 이 식에 대입하면 이동한 거리가 6mm인 ③이
가장 크다.
2줄 M20×3, $L=$2줄×3=6mm

오답분석

① 1줄 M48×5, $L=$1줄×5=5mm
② 2줄 M30×2, $L=$2줄×2=4mm
④ 3줄 M8×1, $L=$3줄×1=3mm

23

정답 ②

제시된 축에 대한 삼각형의 단면 2차 모멘트는 $I=\dfrac{bh^3}{36}$이다
(b : 밑변, h : 높이).

따라서 단면 2차 모멘트는 $I=\dfrac{bh^3}{36}=\dfrac{20\times30^3}{36}=15,000\text{cm}^4$이다.

24

정답 ③

사다리꼴나사에 대한 설명이다.

나사의 종류 및 특징

명칭		그림	용도	특징
삼각 나사	미터 나사		기계조립 (체결용)	• 미터계 나사 • 나사산의 각도 60° • 나사의 지름과 피치를 [mm]로 표시한다.
	유니 파이 나사		정밀기계 조립 (체결용)	• 인치계 나사 • 나사산의 각도 60° • 미, 영, 캐나다 협정으로 만들어져 ABC나사라고도 한다.
	관용 나사		유체기기 결합 (체결용)	• 인치계 나사 • 나사산의 각도 55° • 관용평행나사 : 유체기기 등의 결합에 사용한다. • 관용테이퍼나사 : 기밀유지가 필요한 곳에 사용한다.
사각나사			동력전달용 (운동용)	• 프레스 등의 동력전달용으로 사용한다. • 축방향의 큰 하중을 받는 곳에 사용한다.
사다리꼴 나사			공작기계의 이송용 (운동용)	• 애크미나사라고도 불린다. • 인치계 사다리꼴나사 (TW) : 나사산 각도 29° • 미터계 사다리꼴나사 (Tr) : 나사산 각도 30°
톱니나사			힘의 전달 (운동용)	• 힘을 한쪽 방향으로만 받는 곳에 사용한다. • 바이스, 압착기 등의 이송용 나사로 사용한다.
둥근나사			전구나 소켓 (운동용, 체결용)	• 나사산이 둥근모양이다. • 너클나사라고도 불린다. • 먼지나 모래가 많은 곳에서 사용한다. • 나사산과 골이 같은 반지름의 원호로 이은 모양이다.
볼나사			정밀공작 기계의 이송장치 (운동용)	• 나사축과 너트 사이에 강재 볼을 넣어 힘을 전달한다. • 백래시를 작게 할 수 있고 높은 정밀도를 오래 유지할 수 있으며 효율이 가장 좋다.

25

정답 ③

체인 전동장치는 진동과 소음이 크며 고속회전에 부적합하다.

체인 전동장치의 특징
• 유지 및 보수가 쉽다.
• 접촉각은 90° 이상이 좋다.
• 체인의 길이를 조절하기 쉽다.
• 내열이나 내유, 내습성이 크다.
• 진동이나 소음이 일어나기 쉽다.
• 축간거리가 긴 경우 고속전동이 어렵다.
• 여러 개의 축을 동시에 작동시킬 수 있다.
• 마멸이 일어나도 전동 효율의 저하가 적다.
• 큰 동력 전달이 가능하며 전동 효율이 90% 이상이다.
• 체인의 탄성으로 어느 정도의 충격을 흡수할 수 있다.
• 고속회전에 부적합하며 저속회전으로 큰 힘을 전달하는 데 적당하다.
• 전달효율이 크고 미끄럼(슬립)이 없이 일정한 속도비를 얻을 수 있다.
• 초기 장력이 필요 없어서 베어링 마멸이 적고 정지 시 장력이 작용하지 않는다.
• 사일런트(스) 체인은 정숙하고 원활한 운전과 고속회전이 필요할 때 사용되는 체인이다.

| 03 | 전기전자

01	02	03	04	05	06	07	08	09	10
①	③	②	①	②	②	②	④	③	④
11	12	13	14	15	16	17	18	19	20
②	④	③	①	④	①	②	②	④	④
21	22	23	24	25					
①	④	④	③	③					

01
정답 ①

자동화재 탐지설비는 감지기, 중계기, 수신기, 음향장치, 표시램프, 전원 등으로 구성된다.

02
정답 ③

두 전하의 작용하는 정전기력은 쿨롱의 법칙에 의해

$F = k\dfrac{Q_1 Q_2}{r^2}$ 에서 쿨롱 상수 k값은 $\dfrac{1}{4\pi\epsilon_0} \fallingdotseq 9\times10^9$ 이므로

$F = 9\times10^9 \times \dfrac{Q_1 Q_2}{r^2}$ 이다.

03
정답 ②

$W = \dfrac{1}{2}DE[\text{J/m}^3]$ 이므로

$W = \dfrac{1}{2}\times100\times50 = 2,500\text{J/m}^3$ 가 된다.

04
정답 ①

펠티에 효과는 서로 다른 두 종류의 금속을 접합한 후, 두 금속의 접합 부분에 전류를 흘려 보내면 양쪽 접합점 사이에 온도차가 발생하는 현상이다.

오답분석

② 제벡 효과 : 서로 다른 두 종류의 금속을 접합하고 두 금속의 양쪽 접점 부분에 온도 차이를 주면 열기전력이 발생하여 전류가 흐르는 현상이다.

③ 제3금속의 법칙 : 서로 다른 두 금속으로 만든 접점에 임의의 다른 금속을 연결해도 온도를 유지하면 기전력이 변하지 않는다는 법칙이다.

④ 열전 효과 : 이중의 금속을 연결하여 한쪽은 고온, 다른 쪽은 저온으로 했을 때 기전력이 발생하는 현상이다.

05
정답 ②

$a = 2a$, $b = 2b$를 대입하면 다음과 같다.

$C' = \dfrac{4\pi\varepsilon_0 \cdot 2a2b}{2b-2a} = \dfrac{4\pi\varepsilon_0 \cdot 4ab}{2(b-a)} = \dfrac{4\pi\varepsilon_0 \cdot 2ab}{(b-a)} = 2C$

따라서 2배가 된다.

06
정답 ②

전위가 높은 곳에서 낮은 곳으로 이동하여 운동 에너지는 증가하므로 $W = qV = \dfrac{1}{2}mv^2$ 에서

$v = \sqrt{\dfrac{2qV}{m}} = \sqrt{\dfrac{2\times1\text{C}\times2\text{V}}{1\text{kg}}} = 2\text{m/s}$

따라서 물체가 점 B에 도달하는 순간의 속도는 2m/s이다.

07
정답 ②

$f(t) = \dfrac{1}{A}\sin\omega t$ 에 대한 라플라스 변환은

$\mathcal{L}[f(t)] = \mathcal{L}[\sin\omega t] = \dfrac{1}{A}\displaystyle\int_0^\infty \sin\omega t e^{-st}dt$ 이고,

$\sin\omega t$의 지수형을 적용하면 된다.

$\sin\omega t = \dfrac{1}{2j}(e^{j\omega t} - e^{-j\omega t})$ 이므로

$F(s) = \mathcal{L}[\dfrac{1}{A}\sin\omega t] = \dfrac{1}{A}\displaystyle\int_0^\infty \dfrac{1}{2j}(e^{j\omega t} - e^{-j\omega t})e^{-st}dt$

$= \dfrac{1}{A2j}\displaystyle\int_0^\infty [e^{-(s-j\omega)t} - e^{-(s+j\omega)t}]dt$

$= \dfrac{1}{A2j}\left(\dfrac{1}{s-j\omega} - \dfrac{1}{s+j\omega}\right)$

$= \dfrac{\omega}{A(s^2+\omega^2)}$

08
정답 ④

일정한 크기와 방향의 정상전류가 흐르는 도선 주위의 자기장 세기를 구할 수 있는 법칙은 '비오 - 사바르 법칙'이다.

오답분석

① 옴의 법칙 : 전류의 세기는 전압에 비례하고, 저항에 반비례한다는 법칙이다.

② 렌츠의 법칙 : 유도 전류의 자속은 자속의 증가 또는 감소를 방해하는 방향으로 나타난다는 법칙이다.

③ 키르히호프의 법칙 : 회로상에 한 교차점으로 들어오는 전류의 합은 나가는 전류의 합과 같다는 전하량 보존 법칙이다.

09 정답 ③

자체 인덕턴스 $L = \dfrac{N\varnothing}{I}$ [H]에 대입하면

$$L = \frac{300 \times 0.05 \text{Wb}}{6\text{A}} = 2.5\text{H이다.}$$

10 정답 ④

- 평균기전력 $e = -L\dfrac{di}{dt}$ [V] $= 100 \times 10^{-3} \times \dfrac{10}{0.5} = 2\text{V}$

- 자속의 변화량 $e = -N\dfrac{d\phi}{dt}$ [V] $\rightarrow 2 = 1 \times \dfrac{\phi}{0.5}$

  $\therefore \ \phi = 2 \times 0.5 = 1\text{Wb}$

11 정답 ②

가공전선에 사용하는 전선의 비중(밀도)은 작아야 한다.

> **전선의 구비조건**
> - 도전율이 클 것
> - 비중(밀도)이 작을 것
> - 부식성이 작을 것
> - 기계적 강도가 클 것
> - 가선공사가 용이할 것
> - 내구성이 있을 것
> - 가격이 저렴할 것

12 정답 ④

- 소선 가닥수 $N = 3n \times (n+1) + 1$ (n : 층수)
- 연선의 직경 $D = (2n+1) \times d$ (d : 소선의 직경)

소선 가닥수 $N = 37$, 소선의 직경 $D = 3.2\text{mm}$이므로
$37 = 3n \times (n+1) + 1 \rightarrow n = 3$이다.

$\therefore \ D = (2 \times 3 + 1) \times 3.2 = 22.4\text{mm}$

13 정답 ③

복도체를 사용할 경우 전선표면의 전위경도는 감소한다.

> **복도체의 특징**
> - 코로나 방지에 가장 효과적인 방법이다.
> - 인덕턴스는 감소하고, 정전용량은 증가한다.
> - 허용전류가 증가하고, 송전용량이 증가한다.
> - 전선표면의 전위경도가 감소하고 코로나 임계전압이 증가한다.
> - 154kV는 2도체, 345kV는 4도체, 765kV는 6도체 방식을 채용한다.

14 정답 ①

코로나 손실을 나타내는 Peek식은 다음과 같다.

$$P = \frac{241}{\delta}(f+25)\sqrt{\frac{d}{2D}}(E-E_o)^2 \times 10^{-5} \text{[kW/km/선]}$$

δ : 상대공기밀도
D : 선간거리[cm]
d : 전선의 지름[cm]
f : 주파수[Hz]
E : 전선에 걸리는 대지전압[kV]
E_o : 코로나 임계전압[kV]

15 정답 ④

$$P_L = 3I^2R = \frac{P^2R}{V^2\cos^2\theta} = \frac{P^2\rho l}{V^2\cos^2\theta A} \text{[W]에서} \ P_L \propto P^2$$

$$3P_L = (\sqrt{3}P)^2, \ 3P_L = (1.732P)^2$$

16 정답 ①

사인 함수에 대한 무한 급수는 푸리에 급수이다.

17 정답 ②

P형 반도체는 순수한 반도체에서 양공을 증가시키기 위해서 3가인 불순물[알루미늄(Al), 붕소(B), 갈륨(Ga), 인듐(In)]을 첨가한 것으로, 전자수를 증가시킨 N형 반도체와 대조된다. 반면 규소(Si)는 4가인 원소이다.

> **N형 반도체**
> 전하 운반자 역할을 하는 전자의 수가 양공의 수에 비해서 훨씬 많이 있는 반도체로, 순수한 규소(Si)나 게르마늄(Ge) 등에 5가인 불순물(Bi, Sb, P, As 등)을 넣는다.

18 정답 ②

$$E_s = \frac{1}{\sqrt{2}} \times \frac{p}{a} \times Zn\phi_m\sin\theta$$

$$= \frac{1}{\sqrt{2}} \times \frac{2}{1} \times 200 \times 20 \times 0.14 \times \sin 30°$$

$$= 396$$

$$\fallingdotseq 400\text{V}$$

19
정답 ④

$$V_{rms} = \frac{V_{max}}{\sqrt{2}} = \frac{250\sqrt{2}}{\sqrt{2}} = 250$$이므로

$$I_{rms} = \frac{V_{rms}}{Z} = \frac{250}{\sqrt{8^2+6^2}} = \frac{250}{10} = 25A$$이다.

20
정답 ④

증폭기는 입력신호의 에너지를 증가시켜 출력측에 큰 에너지의 변화로 출력하는 장치로, 앰프라고도 부른다.

21
정답 ①

FET는 반도체결정의 도전성과 전기저항을 전장으로 제어하는 것이며, 입력저항이 $10^{14}\,\Omega$ 정도로 매우 높다. FET에는 실질적으로 제어전류는 거의 흐르지 않고, 제어전압으로 제어한다. 또한, 일반 트랜지스터는 전류를 증폭시키지만, FET는 전압을 증폭시킨다.

22
정답 ④

방향계전기는 전류나 전력의 방향을 식별해서 동작하는 계전기로, 사고점의 방향성을 가진 계전기이다.

오답분석

①·② 전기적 이상을 감지하거나 보호하기 위한 계전기이다.
③ 기계적 이상을 감지하거나 보호하기 위한 계전기이다.

23
정답 ④

수정발진기의 주파수 안정도는 10^{-6} 이상에 달하고 있다.

24
정답 ③

슈미트 트리거 회로는 입력진폭이 소정의 값을 넘으면 급격히 작동하여 거의 일정한 출력을 얻고, 소정의 값 이하가 되면 즉시 복구하는 동작을 하는 회로를 말한다.

25
정답 ③

조도(Illuminance)는 단위면적에 도달하는 가시광선의 총량이다.

| 04 | 토목

01	02	03	04	05	06	07	08	09	10
①	④	③	②	②	①	④	②	③	④
11	12	13	14	15	16	17	18	19	20
①	③	③	③	②	④	②	②	①	③
21	22	23	24	25					
①	②	④	④	①					

01
정답 ①

$Q=AV$에서 $Q=\frac{\pi D^2}{4} \times V$로 나타낼 수 있다.

이때 $Q=\frac{0.94m^3}{min} \times \frac{min}{60sec} = 0.0157m^3/sec$이다.

따라서 $D=\sqrt{\frac{4Q}{\pi V}} = \sqrt{\frac{4 \times 0.0157}{\pi \times 2}} = 0.01m = 100mm$이다.

02
정답 ④

중립축에서 $I_A = \frac{bh^3}{12}$, 밑면에서 $I_B = \frac{bh^3}{3}$ 이다.

따라서 $\frac{I_A}{I_B} = \frac{\frac{bh^3}{12}}{\frac{bh^3}{3}} = \frac{1}{4}$ 이다.

03
정답 ③

$$P=\frac{AE}{l}\delta = \frac{1 \times 2.1 \times 10^4}{100} \times 1 = 210kN$$

04
정답 ②

겹침의 원리는 외력과 변형이 탄성한도 이하의 관계에서만 성립하므로 ②는 옳지 않다.

05
정답 ②

전단력이 0인 곳에 최대 휨모멘트가 일어난다.
$R_A + R_B = 3 \times 6 = 18$
$M_A = 18 \times 9 - R_B \times 12 = 0$
$\therefore R_A = 13.5t, \ R_B = 4.5t$
B점에서 x인 곳이 전단력 0이라면 다음과 같다.
$\sum V = 4.5 - 3(6-x) = 0$
$\therefore x = 4.5m$

06

$$D = C_D A \frac{\rho V^2}{2} = C_D \frac{\pi d^2}{4} \times \frac{\rho V^2}{2} = \frac{1}{8} C_D \pi d^2 \rho V^2$$

07
정답 ④

축척과 면적과의 관계를 살펴보면

$\left(\dfrac{1}{m}\right)^2 = \dfrac{a(\text{도상면적})}{A(\text{실제면적})}$ 으로 $A = am^2$ 임을 알 수 있다.

실제 면적은 축척분모수 제곱에 비례하므로 다음과 같다.

$1,000^2 : 24,000 = 2,000^2 : A$

$\therefore A = 96,000 \text{m}^2$

따라서 실제 면적은 96,000m² 이다.

08
정답 ②

단순보에 집중하중이 작용할 때 중앙 최대의 처짐공식을 적용한다.

$$\sigma = \frac{Pl^3}{48EI} = \frac{10 \times (8 \times 10^2)^3}{48 \times 1,205 \times 10^4} \fallingdotseq 8.852 \text{cm}$$

09
정답 ③

방위각법은 오차가 이후의 측량에 계속 누적되는 단점이 있다.

> **방위각법**
> 각 측선이 일정한 기준선(진북, 자오선) 방향과 이루는 각을 우회로 관측하는 다각측량에서의 각 관측의 한 방법으로, 반전법과 고정법의 2가지 방법이 있다. 각 관측값의 계산과 제도에 편리하며 신속히 관측할 수 있어 노선측량 또는 지형측량에 널리 쓰인다.

10
정답 ④

지형측량의 순서는 측량계획 – 골조측량 – 세부측량 – 측량원도 작성의 순서이다.

11
정답 ①

오차의 범위를 제외한 면적을 $A_0 \text{m}^2$ 이라 하면,

$A_0 = 75 \times 100 = 7,500$이다. 이때, 면적 A의 오차의 범위

$dA = \pm \sqrt{(100 \times 0.003)^2 + (75 \times 0.008)^2} = \pm 0.67$이므로

$A = 7,500 \pm 0.67$이다.

12
정답 ③

$$\tau = \frac{VQ}{Ib}$$

$$\therefore \tau = 1.5 \frac{V}{A}$$

13
정답 ③

$$f = \frac{124.5 n^2}{D^{\frac{1}{3}}}$$

$$\rightarrow 0.02 = \frac{124.5 n^2}{0.4^{\frac{1}{3}}}$$

$$\therefore n \fallingdotseq 0.011$$

$V = \dfrac{1}{n} R^{\frac{2}{3}} I^{\frac{1}{2}}$ 식에 대입하면 다음과 같다.

$$V = \frac{1}{0.011} \left(\frac{0.4}{4}\right)^{\frac{2}{3}} \left(\frac{2}{100}\right)^{\frac{1}{2}} \fallingdotseq 2.77 \text{m/sec}$$

따라서 관내의 유속은 약 2.8m/s이다.

14
정답 ③

$$Q = CAV = c \cdot bd \sqrt{2gh}$$

$$200 \times 10^{-3} = 0.62 \times (0.2 \times 0.05) \times \sqrt{2 \times 9.8 \times h}$$

$$\therefore h \fallingdotseq 53 \text{m}$$

15
정답 ②

베르누이 정리를 통해 계산한다.

물의 단위중량(ω)의 경우

$\omega = \dfrac{1,000 kg_f}{m^3} = \dfrac{9,800 N}{m^3} = \dfrac{9.8 kN}{m^3}$ 이며,

베르누이 방정식을 보면

$Z_A + \dfrac{P_A}{\omega} + \dfrac{v_A^2}{2g} = Z_B + \dfrac{P_B}{\omega} + \dfrac{v_B^2}{2g}$ 이다.

이때 관이 수평으로 설치되어 있으므로 $Z_A = Z_B = 0$이다.

즉, $\dfrac{P_A}{\omega} - \dfrac{P_B}{\omega} = \dfrac{v_B^2}{2g} - \dfrac{v_A^2}{2g}$ 이므로 다음과 같다.

$$P_A - P_B = \omega \left(\frac{v_B^2}{2g} - \frac{v_A^2}{2g}\right)$$

$$P_A - 9.8 = 9.8 \left(\frac{3^2}{2 \times 9.8} - \frac{2^2}{2 \times 9.8}\right)$$

$$\therefore P_A \fallingdotseq 12.3 \text{kN/m}^2$$

따라서 관 A에서의 유체압력은 약 12.3kN/m² 이다.

16
정답 ④

$D=2\text{m}=200\text{cm}$이므로

[레이놀즈 수(R_e)]$=\dfrac{VD}{v}$에 대입하면 다음과 같다.

$$R_e=\frac{50\times200}{0.0101}=990,000$$

17
정답 ②

홍수량 $Q=\dfrac{1}{360}CIA$에서 $I=\dfrac{6,000}{(5+35)}=150$이므로

$Q=\dfrac{1}{360}\times0.6\times150\times20=5\text{m}^3/\text{s}$이다.

18
정답 ②

20분 동안의 최대강우강도는 다음과 같다.

- $I_{5\sim20}=20$
- $I_{10\sim25}=35-2=33$
- $I_{15\sim30}=40-5=35$
- $I_{20\sim35}=43-10=33$

$\therefore I_{\max}=\dfrac{35}{20}\times\dfrac{60}{1}=105\text{mm/h}$

19
정답 ①

DAD 해석 요소
강우깊이, 유역면적, 강우의 지속시간

20
정답 ③

일반적인 상수도 계통도는 수원 및 저수시설 → 취수 → 도수 → 정수 → 송수 → 배수 → 급수 순으로 이루어진다.

21
정답 ①

축동력 P를 계산하기 위해 전수두를 이용하면 다음과 같다.
(전수두)=(실 양정)+(손실수두)

$P=9.8\times\dfrac{QH_t}{\eta}=9.8\times\dfrac{0.03\times(50+5)}{0.8}\fallingdotseq20.2\text{kW}$

22
정답 ②

- 지하수위가 지표면과 일치했을 때

[전응력(σ)]$=\gamma_{sat}\times h=2\times3=6\text{t/m}^2$

[간극수압(u)]$=\gamma_w\times h'=1\times3=3\text{t/m}^2$

[유효응력(σ')]$=\sigma-u=6-3=3\text{t/m}^2$

- 지하수위가 2m 하강했을 때

[전응력(σ)]$=\gamma_{sat}\times h=2\times3=6\text{t/m}^2$

[간극수압(u_{des})]$=\gamma_w\times h''=1\times1=1\text{t/m}^2$

[유효응력(σ_{des})]$=\sigma-u_{des}=6-1=5\text{t/m}^2$

$\therefore \triangle\sigma=\sigma_{des}-\sigma'=5-3=2\text{t/m}^2$

23
정답 ④

$(\text{F/M비})=\dfrac{(\text{BOD 용적부하})}{(\text{MLSS 농도})}$ 식에 따르면

$1.0=\dfrac{(\text{BOD 용적부하})}{2,000\times10^{-3}}$이다.

따라서 (BOD 용적부하)$=2\text{kg BOD/m}^3\cdot\text{day}$이다.

24
정답 ④

콘크리트용 골재의 조립율은 잔골재에서 $2.3\sim3.1$, 굵은골재에서 $6.0\sim8.0$ 정도가 적당하다.

25
정답 ①

각 관측에서 경중률은 측정회수에 비례한다.

$P_A:P_B:P_C=1:2:3$

ⅰ) (측각오차)=(∠A+∠B+∠C)$-180°=-33''$

ⅱ) 조정량은 경중률에 반비례한다.

$$(\text{조정량})=-E\times\frac{\dfrac{1}{P_B}}{\left[\dfrac{1}{P}\right]}=33''\times\frac{3}{6+3+2}=9''$$

ⅲ) $\therefore \angle B=60°\ 00'\ 11''+09''=60°\ 00'\ 20''$

| 05 | 건축

01	02	03	04	05	06	07	08	09	10
④	②	④	④	③	③	④	①	④	④
11	12	13	14	15	16	17	18	19	20
④	②	④	④	②	③	①	③	④	③
21	22	23	24	25					
③	①	④	②	③					

01 정답 ④
집중(코어)형 아파트
• 중앙에 엘리베이터나 계단실을 두고 많은 주호가 집중 배치된다.
• 대지 이용률이 가장 높고, 건물 이용도가 높다.
• 채광・통풍 등 환경이 균등하지 않아 기계적으로 환경 조절이 필요하다.

02 정답 ②
멤브레인방수는 연속적인 방수막을 형성하는 공법으로, 아스팔트방수층, 개량아스팔트시트 방수층 등을 총칭한다.

방수공사의 분류

멤브레인	• 연속적인 방수막을 형성하는 공법이다. • 아스팔트방수, 시트방수, 도막방수, 개량아스팔트시트방수, 합성고분자시트방수, 시트도막복합방수 등이 있다.
시멘트 모르타르계	• 방수성이 높은 모르타르를 이용해 방수층을 형성하는 공법이다. • 시멘트액체방수 등이 있다.
기타	• 콘크리트구체방수, 침투방수, 실링방수 등이 있다.

03 정답 ④
직류 엘리베이터는 저속 엘리베이터에 주로 사용되는 교류 엘리베이터에 비해 가격이 비싸다.

직류 엘리베이터
• 직류전동기로 구동하는 방식으로, 부하에 의한 속도 변동이 없다.
• 속도를 임의로 선택할 수 있으며 속도 조정이 자유롭다.
• 기동 토크를 쉽게 얻을 수 있고 착상오차가 적다.
• 중속, 고속 엘리베이터에 주로 사용되며, 직류 기어드, 기어레스 등이 있다.

04 정답 ④
• 유효목두께 : 8mm×0.7=5.6mm
• 유효길이 : 500mm-8mm×2=484mm
• 유효면적 : 484mm×5.6mm=2,710.4mm^2
양면모살용접이므로 2,710.4mm^2×2(면)=5,420.8mm^{2}이다.

필릿용접(모살용접)의 유효면적
• 필릿용접의 유효면적은 유효길이에 유효목두께를 곱한 것으로 한다.
• 필릿용접의 유효길이는 필릿용접의 총길이에서 2배의 필릿사이즈를 공제한 값으로 하여야 한다.
• 필릿용접의 유효목두께는 용접루트로부터 용접표면까지의 최단거리로 한다. 단, 이음면이 직각인 경우에는 필릿사이즈의 0.7배로 한다.
• 구멍필릿과 슬롯필릿용접의 유효길이는 목두께의 중심을 잇는 용접중심선의 길이로 한다.

05 정답 ③
초고층 건축물에는 피난층 또는 지상으로 통하는 직통계단과 직접 연결되는 피난안전구역(건축물의 피난・안전을 위하여 건축물 중간층에 설치하는 대피공간을 말한다)을 지상층으로부터 최대 30개 층마다 1개소 이상 설치하여야 한다.

직통계단과 직접 연결되는 피난안전구역

초고층 건축물	지상층으로부터 최대 30개 층마다 1개소 이상
준초고층 건축물	전체 층수의 1/2에 해당하는 층으로부터 상하 5개 층 이내에 1개소 이상

06 정답 ③
(환기량)=400m^3×0.5회/h=200m^3/h
1.2kg/m^3×200m^3/h×1.01kJ/kg・K×(20-0)℃=4,848kJ/h
이때 1W=3.6kJ/h이므로 4,848kJ/h≒1,347W이다.

현열부하(가열열량)의 계산

물	• [현열부하(kJ/h)]=(질량)×(비열)×(온도의 차이) • (질량)=(밀도)×[체적(부피)] • 물의 가열열량 등에 적용한다.
공기	• [현열부하(kJ/h)]=(밀도)×(환기량)×(비열)×(온도의 차이) • (환기량)=(실의 체적)×(환기횟수) • 틈새바람 및 환기에 의한 현열부하량 등에 적용한다.

07

정답 ④

주철근으로 사용된 D10 ~ D25 철근 180° 표준갈고리 구부림의 최소 내면 반지름은 $3d_b$이다.

철근의 직경에 따른 표준갈고리 구부림의 최소 내면 반지름 기준

구부림의 최소 내면 반지름	주철근 표준갈고리	스터럽·띠철근 표준갈고리
$2d_b$	–	D16 이하
$3d_b$	D10 ~ D25	D19 ~ D25
$4d_b$	D29 ~ D35	
$5d_b$	D38 이상	

08

정답 ①

각 소화전의 노즐선단에서의 방수압력은 0.17MPa 이상, 방수량은 $130l/min$ 이상이 되어야 한다.

> **옥내소화전설비의 가압송수장치의 성능**
> 해당 층의 옥내소화전(2개 이상 설치된 경우에는 2개의 옥내소화전)을 동시에 사용할 경우 각 소화전의 노즐선단에서의 방수압력은 0.17MPa 이상이고, 방수량은 $130l/min$ 이상이 되도록 한다.

09

정답 ④

• PC 기둥 1개의 체적 : 0.3m×0.6m×3m=0.54m³
• PC 기둥 1개의 중량 : 0.54m³×2,400kg/m³=1,296kg
따라서 8,000kg÷1,296kg=6.17이므로, 최대로 6개까지 적재 가능하다.

콘크리트공사의 단위중량

철근콘크리트	무근콘크리트
2,400kg/m³	2,300kg/m³

10

정답 ④

몰(Mall)의 계획 시 고려사항
• 확실한 방향성과 식별성이 요구된다.
• 전문점과 핵점포의 주 출입구는 몰에 면하도록 한다.
• 다층으로 계획할 경우, 시야의 개방감이 고려되어야 한다.
• 자연광을 끌어들여 외부공간과 같은 성격을 갖게 한다.
• 코트를 설치해 각종 연회, 이벤트 행사 등을 유치하기도 한다.
• 폭은 3 ~ 12m 정도, 핵점포 간의 거리는 240m 미만인 것이 좋다.

11

정답 ④

공장의 레이아웃은 공장 건축의 평면요소 간의 위치관계를 결정하는 것으로, 공장규모의 변화에 대한 융통성을 부여하여야 한다.

공장의 레이아웃(Layout)

개요	• 기계설비, 작업자의 작업구역, 자재나 제품 두는 곳 등에 대한 상호 위치관계를 말한다. • 넓은 의미로는 생산 작업뿐만 아니라 사무작업, 복리후생, 보건위생, 문화관리 등 공장의 전반적인 시설을 다룬다.
형식	• 레이아웃은 공장의 생산성에 큰 영향을 미친다. • 공장규모의 변화에 대응할 수 있도록 충분한 융통성을 부여하여야 한다.

12

정답 ②

벤치마크(기준점)는 건물의 높이 및 위치의 기준이 되는 표식을 말하며, 세로(수직)규준틀은 조적공사 등에서 수직면의 기준으로 사용되는 직접가설공사이다.

규준틀의 구분

수평규준틀	• 수평규준틀은 주로 토공사에서 사용된다. • 건물의 각부 위치, 기초의 너비, 길이 등의 기준으로 사용된다.
세로규준틀	• 세로규준틀은 조적공사에서 수직면의 기준으로 사용된다.
귀규준틀	• 귀규준틀은 건물의 모서리 등에 사용된다.

13

정답 ②

극장의 가시한계

상세한 감상의 가시한계	• 15m • 연기자의 표정·동작을 상세히 감상할 수 있다. • 인형극, 아동극, 연극 등에 해당한다.
제1차 허용한도	• 22m • 잘 보이는 동시에 많은 관객을 수용할 수 있다. • 국악, 실내악 등에 해당한다.
제2차 허용한도	• 35m • 연기자의 일반적인 동작만 감상할 수 있다. • 뮤지컬, 발레, 오페라 등에 해당한다.

14

정답 ③

팬코일유닛(FCU) 방식은 전동기 직결의 소형 송풍기, 냉온수 코일 및 필터 등을 갖춘 실내형 소형 공조기를 각 실에 설치하여 중앙 기계실로부터 냉수 또는 온수를 공급받아 공기조화를 하는 전수방식이다. 따라서 누수의 우려가 있다는 특징을 가진다.

15

축조 시 신고 대상 주요 공작물
- 높이 8m를 넘는 고가수조
- 높이 6m를 넘는 굴뚝, 장식탑, 기념탑, 골프연습장 등의 운동시설을 위한 철탑, 주거지역 · 상업지역에 설치하는 통신용 철탑
- 높이 5m를 넘는 태양에너지를 이용하는 발전설비
- 높이 4m를 넘는 광고탑, 광고판
- 높이 2m를 넘는 옹벽 또는 담장
- 바닥면적 30m²를 넘는 지하대피호

16
정답 ③

연립주택은 주택으로 쓰는 1개 동의 바닥면적(2개 이상의 동을 지하주차장으로 연결하는 경우에는 각각의 동으로 본다) 합계가 660m²를 초과하고, 층수가 4개층 이하인 주택을 말한다.

오답분석
① 아파트의 정의이다.
② 다세대주택의 정의이다.
④ 다중주택의 정의이다.

17
정답 ①

고압수은램프의 평균 연색평가수(Ra)는 45 ~ 50 범위이다.

연색성
- 물체가 광원에 의하여 조명될 때 물체의 색의 보임을 정하는 광원의 성질이다.
- 평균 연색평가수는 많은 물체의 대표색으로서 8종류의 시험색을 사용하여 그 평균값으로부터 구한 것으로, 100에 가까울수록 연색성이 좋다.
- 연색성은 할로겐전구(Ra=100) > 주광색 형광램프 > 메탈핼라이드램프 > 고압나트륨램프, 고압수은램프 순이다.

18
정답 ③

㉠ 평형조건식
- 단순보 A에 P_1, B에 P_2가 작용한다고 볼 때, $P = P_1 + P_2$
- 단순보 A의 길이는 L, 단순보 B의 길이는 $\dfrac{L}{2}$이다.
- 서로 직교하는 단순보 A, B의 하중점에서 변위는 같으므로,

$$\frac{P_1 L^3}{48EI} = \frac{P_2 \left(\dfrac{L}{2}\right)^3}{48EI},\ 8P_1 = P_2$$

- $P = P_1 + 8P_1 = 9P_1$ 이므로, $P_1 = \dfrac{P}{9}$, $P_2 = \dfrac{8P}{9}$

㉡ 단순보 A의 최대 휨모멘트
- 중앙점에 $\dfrac{P}{9}$가 가해지며, 각 지점 반력은 $\dfrac{P}{9} \times \dfrac{1}{2} = \dfrac{P}{18}$ 이다.
- $M_C = \dfrac{P}{18} \times \dfrac{L}{2} = \dfrac{PL}{36}$

㉢ 단순보 B의 최대 휨모멘트
- 중앙점에 $\dfrac{8P}{9}$가 가해지며, 각 지점 반력은 $\dfrac{8P}{9} \times \dfrac{1}{2} = \dfrac{4P}{9}$ 이다.
- $M_C = \dfrac{4P}{9} \times \dfrac{L}{4} = \dfrac{4PL}{36}$

㉣ 단순보 A, B의 최대 휨모멘트의 비
- 단순보 A에서 $\dfrac{PL}{36}$, 단순보 B에서 $\dfrac{4PL}{36}$ 이므로, 1 : 4이다.

단순보의 처짐

집중하중		등분포하중	
최대처짐	처짐각	최대처짐	처짐각
$\dfrac{Pl^3}{48EI}$	$\dfrac{Pl^2}{16EI}$	$\dfrac{5wl^4}{384EI}$	$\dfrac{wl^3}{24EI}$
중앙	지점	중앙	지점

19
정답 ④

단열시공바탕은 단열재 또는 방습재 설치에 지장이 없도록 못, 철선, 모르타르 등의 돌출물을 제거하여 평탄하게 청소한다.

단열공사의 공법 및 시공

공법의 분류	단열재료	성형판단열재 공법, 현장발포재 공법, 뿜칠단열재 공법 등이 있다.
	시공부위	벽단열, 바닥단열, 지붕단열 공법 등이 있다.
	설치위치	내단열, 중단열, 외단열 등이 있다.
		내단열공법은 단열성능이 적고 내부 결로가 발생할 우려가 있다.
시공		단열시공바탕은 단열재 또는 방습재 설치에 지장이 없도록 못, 철선, 모르타르 등의 돌출물을 제거하여 평탄하게 청소한다.
		단열재를 접착제로 바탕에 붙이고자 할 때에는 바탕면을 평탄하게 한 후 밀착하여 시공하되, 초기박리를 방지하기 위해 압착상태를 유지시킨다.

20

병렬형은 식당과 부엌이 개방되지 않고 외부로 통하는 출입구의 설치가 가능하다.

병렬형 부엌의 특징
- 양쪽 벽면에 작업대가 마주 보도록 배치한 형식이다.
- 일렬형에 비해 작업동선이 단축된다.
- 외부로 통하는 출입구의 설치가 가능하다.
- 작업 시 몸을 앞뒤로 바꾸어야 한다.
- 부엌의 폭이 길이에 비해 넓은 부엌에 적합하다.

21

정답 ③

바닥면적의 합계가 $3,000m^2$ 이상인 경우에 대한 기준이다.

지하층과 피난층 사이의 개방공간 설치
바닥면적의 합계가 $3,000m^2$ 이상인 공연장·집회장·관람장 또는 전시장을 지하층에 설치하는 경우, 각 실에 있는 자가 지하층 각 층에서 건축물 밖으로 피난하여 옥외 계단 또는 경사로 등을 이용하여 피난층으로 대피할 수 있도록 천장이 개방된 외부 공간을 설치하여야 한다.

22

정답 ①

- $1L=0.001m^3$ 이며, $1ppm=\dfrac{1}{1,000,000}$ 이다.
- $(CO_2$ 발생량$)=($수용인원$)\times(1$인당 CO_2 배출량$)$
- $($필요환기량$)=\dfrac{(CO_2 \text{ 발생량})}{(\text{대허용 } CO_2 \text{ 농도})-(\text{외기 중의 } CO_2 \text{ 농도})}$

$\therefore \dfrac{0.018m^3/h\times900}{0.001-0.0004}=27,000m^3/h$

23

정답 ④

프리스트레스하지 않는 부재의 현장치기콘크리트 중 흙에 접하여 콘크리트를 친 후 영구히 흙에 묻혀 있는 콘크리트의 최소 피복두께는 75mm이다.

프리스트레스 하지 않는 부재의 현장치기콘크리트 최소 피복두께

수중에서 타설하는 콘크리트			100mm
흙에 접하여 콘크리트를 친 후 영구히 흙에 묻혀 있는 콘크리트			75mm
흙에 접하거나 옥외의 공기에 직접 노출되는 콘크리트		D19 이상	50mm
		D16 이하	40mm
옥외의 공기나 흙에 직접 접하지 않는 콘크리트	슬래브, 벽체, 장선	D35 초과	40mm
		D35 이하	20mm
	보, 기둥 ($f_{ck} \geq 40MPa$인 경우, 10mm 저감시킬 수 있다)		40mm
	셸, 절판부재		20mm

24

정답 ②

문화 및 집회시설
- 관람장(경마장, 경륜장, 체육관 및 운동장으로서 관람석의 바닥면적의 합계가 $1,000m^2$ 이상인 것)
- 공연장(극장, 영화관 등 근린생활시설에 해당하지 않는 것)
- 집회장(예식장, 공회당, 회의장, 마권 장외 발매소 등)
- 전시장(박물관, 미술관, 과학관, 기념관, 박람회장 등)
- 동물원, 식물원, 수족관 등

25

정답 ③

비잔틴 → 로마네스크 → 고딕 → 르네상스 → 바로크 순이다.

서양 건축양식의 발달 순서
이집트 → 서아시아 → 그리스 → 로마 → 초기 기독교 → 비잔틴 → 이슬람(사라센) → 로마네스크 → 고딕 → 르네상스 → 바로크 → 로코코

합격의공식
시대
에듀
www.sdedu.co.kr

한국수력원자력 직업기초능력 + 상식 답안카드

성명

지원 분야

문제지 형별기재란

( )형

Ⓐ
Ⓑ

수험번호

⓪ ① ② ③ ④ ⑤ ⑥ ⑦ ⑧ ⑨

감독위원 확인

(인)

직업기초능력

번호	답란	번호	답란	번호	답란
1	① ② ③ ④ ⑤	21	① ② ③ ④ ⑤	41	① ② ③ ④ ⑤
2	① ② ③ ④ ⑤	22	① ② ③ ④ ⑤	42	① ② ③ ④ ⑤
3	① ② ③ ④ ⑤	23	① ② ③ ④ ⑤	43	① ② ③ ④ ⑤
4	① ② ③ ④ ⑤	24	① ② ③ ④ ⑤	44	① ② ③ ④ ⑤
5	① ② ③ ④ ⑤	25	① ② ③ ④ ⑤	45	① ② ③ ④ ⑤
6	① ② ③ ④ ⑤	26	① ② ③ ④ ⑤	46	① ② ③ ④ ⑤
7	① ② ③ ④ ⑤	27	① ② ③ ④ ⑤	47	① ② ③ ④ ⑤
8	① ② ③ ④ ⑤	28	① ② ③ ④ ⑤	48	① ② ③ ④ ⑤
9	① ② ③ ④ ⑤	29	① ② ③ ④ ⑤	49	① ② ③ ④ ⑤
10	① ② ③ ④ ⑤	30	① ② ③ ④ ⑤	50	① ② ③ ④ ⑤
11	① ② ③ ④ ⑤	31	① ② ③ ④ ⑤		
12	① ② ③ ④ ⑤	32	① ② ③ ④ ⑤		
13	① ② ③ ④ ⑤	33	① ② ③ ④ ⑤		
14	① ② ③ ④ ⑤	34	① ② ③ ④ ⑤		
15	① ② ③ ④ ⑤	35	① ② ③ ④ ⑤		
16	① ② ③ ④ ⑤	36	① ② ③ ④ ⑤		
17	① ② ③ ④ ⑤	37	① ② ③ ④ ⑤		
18	① ② ③ ④ ⑤	38	① ② ③ ④ ⑤		
19	① ② ③ ④ ⑤	39	① ② ③ ④ ⑤		
20	① ② ③ ④ ⑤	40	① ② ③ ④ ⑤		

상식

번호	답란
51	① ② ③ ④
52	① ② ③ ④
53	① ② ③ ④
54	① ② ③ ④
55	① ② ③ ④

※ 본 답안카드는 마킹연습용 모의 답안카드입니다.

한국수력원자력 직무수행능력(전공) 답안카드

문번	1	2	3	4		문번	1	2	3	4
1	①	②	③	④		16	①	②	③	④
2	①	②	③	④		17	①	②	③	④
3	①	②	③	④		18	①	②	③	④
4	①	②	③	④		19	①	②	③	④
5	①	②	③	④		20	①	②	③	④
6	①	②	③	④		21	①	②	③	④
7	①	②	③	④		22	①	②	③	④
8	①	②	③	④		23	①	②	③	④
9	①	②	③	④		24	①	②	③	④
10	①	②	③	④		25	①	②	③	④
11	①	②	③	④						
12	①	②	③	④						
13	①	②	③	④						
14	①	②	③	④						
15	①	②	③	④						

성 명

지원 분야

문제지 형별기재란

( )형 Ⓐ Ⓑ

수 험 번 호

⊚	①	②	③	④	⑤	⑥	⑦	⑧	⑨
⊚	①	②	③	④	⑤	⑥	⑦	⑧	⑨
⊚	①	②	③	④	⑤	⑥	⑦	⑧	⑨
⊚	①	②	③	④	⑤	⑥	⑦	⑧	⑨
⊚	①	②	③	④	⑤	⑥	⑦	⑧	⑨
⊚	①	②	③	④	⑤	⑥	⑦	⑧	⑨
⊚	①	②	③	④	⑤	⑥	⑦	⑧	⑨

감독위원 확인

(인)

한국수력원자력 직업기초능력 + 상식 답안카드

성명

지원 분야

문제지 형별기재란

( )형   Ⓐ   Ⓑ

수험번호

⓪	①	②	③	④	⑤	⑥	⑦	⑧	⑨
⓪	①	②	③	④	⑤	⑥	⑦	⑧	⑨
⓪	①	②	③	④	⑤	⑥	⑦	⑧	⑨
⓪	①	②	③	④	⑤	⑥	⑦	⑧	⑨
⓪	①	②	③	④	⑤	⑥	⑦	⑧	⑨
⓪	①	②	③	④	⑤	⑥	⑦	⑧	⑨
⓪	①	②	③	④	⑤	⑥	⑦	⑧	⑨

감독위원 확인

㊞

직업기초능력

번호	①	②	③	④	⑤
1	①	②	③	④	⑤
2	①	②	③	④	⑤
3	①	②	③	④	⑤
4	①	②	③	④	⑤
5	①	②	③	④	⑤
6	①	②	③	④	⑤
7	①	②	③	④	⑤
8	①	②	③	④	⑤
9	①	②	③	④	⑤
10	①	②	③	④	⑤
11	①	②	③	④	⑤
12	①	②	③	④	⑤
13	①	②	③	④	⑤
14	①	②	③	④	⑤
15	①	②	③	④	⑤
16	①	②	③	④	⑤
17	①	②	③	④	⑤
18	①	②	③	④	⑤
19	①	②	③	④	⑤
20	①	②	③	④	⑤

번호	①	②	③	④	⑤
21	①	②	③	④	⑤
22	①	②	③	④	⑤
23	①	②	③	④	⑤
24	①	②	③	④	⑤
25	①	②	③	④	⑤
26	①	②	③	④	⑤
27	①	②	③	④	⑤
28	①	②	③	④	⑤
29	①	②	③	④	⑤
30	①	②	③	④	⑤
31	①	②	③	④	⑤
32	①	②	③	④	⑤
33	①	②	③	④	⑤
34	①	②	③	④	⑤
35	①	②	③	④	⑤
36	①	②	③	④	⑤
37	①	②	③	④	⑤
38	①	②	③	④	⑤
39	①	②	③	④	⑤
40	①	②	③	④	⑤

번호	①	②	③	④	⑤
41	①	②	③	④	⑤
42	①	②	③	④	⑤
43	①	②	③	④	⑤
44	①	②	③	④	⑤
45	①	②	③	④	⑤
46	①	②	③	④	⑤
47	①	②	③	④	⑤
48	①	②	③	④	⑤
49	①	②	③	④	⑤
50	①	②	③	④	⑤

상식

번호	①	②	③	④
51	①	②	③	④
52	①	②	③	④
53	①	②	③	④
54	①	②	③	④
55	①	②	③	④

※ 본 답안카드는 마킹연습용 모의 답안카드입니다.

〈절취선〉

한국수력원자력 직무수행능력(전공) 답안카드

번호	①	②	③	④	번호	①	②	③	④
1	①	②	③	④	16	①	②	③	④
2	①	②	③	④	17	①	②	③	④
3	①	②	③	④	18	①	②	③	④
4	①	②	③	④	19	①	②	③	④
5	①	②	③	④	20	①	②	③	④
6	①	②	③	④	21	①	②	③	④
7	①	②	③	④	22	①	②	③	④
8	①	②	③	④	23	①	②	③	④
9	①	②	③	④	24	①	②	③	④
10	①	②	③	④	25	①	②	③	④
11	①	②	③	④					
12	①	②	③	④					
13	①	②	③	④					
14	①	②	③	④					
15	①	②	③	④					

성 명

지원 분야

문제지 형별기재란

(A)
(B)

형 ( )

수 험 번 호

⓪ ① ② ③ ④ ⑤ ⑥ ⑦ ⑧ ⑨
⓪ ① ② ③ ④ ⑤ ⑥ ⑦ ⑧ ⑨
⓪ ① ② ③ ④ ⑤ ⑥ ⑦ ⑧ ⑨
⓪ ① ② ③ ④ ⑤ ⑥ ⑦ ⑧ ⑨
⓪ ① ② ③ ④ ⑤ ⑥ ⑦ ⑧ ⑨
⓪ ① ② ③ ④ ⑤ ⑥ ⑦ ⑧ ⑨
⓪ ① ② ③ ④ ⑤ ⑥ ⑦ ⑧ ⑨

감독위원 확인

(인)

한국수력원자력 직업기초능력 + 상식 답안카드

성 명

지원 분야

문제지 형별기재란

( )형   Ⓐ
          Ⓑ

수험번호

⓪	①	②	③	④	⑤	⑥	⑦	⑧	⑨
⓪	①	②	③	④	⑤	⑥	⑦	⑧	⑨
⓪	①	②	③	④	⑤	⑥	⑦	⑧	⑨
⓪	①	②	③	④	⑤	⑥	⑦	⑧	⑨
⓪	①	②	③	④	⑤	⑥	⑦	⑧	⑨
⓪	①	②	③	④	⑤	⑥	⑦	⑧	⑨
⓪	①	②	③	④	⑤	⑥	⑦	⑧	⑨

감독위원 확인

㊞

직업기초능력

번호	1	2	3	4	5
1	①	②	③	④	⑤
2	①	②	③	④	⑤
3	①	②	③	④	⑤
4	①	②	③	④	⑤
5	①	②	③	④	⑤
6	①	②	③	④	⑤
7	①	②	③	④	⑤
8	①	②	③	④	⑤
9	①	②	③	④	⑤
10	①	②	③	④	⑤
11	①	②	③	④	⑤
12	①	②	③	④	⑤
13	①	②	③	④	⑤
14	①	②	③	④	⑤
15	①	②	③	④	⑤
16	①	②	③	④	⑤
17	①	②	③	④	⑤
18	①	②	③	④	⑤
19	①	②	③	④	⑤
20	①	②	③	④	⑤

번호	1	2	3	4	5
21	①	②	③	④	⑤
22	①	②	③	④	⑤
23	①	②	③	④	⑤
24	①	②	③	④	⑤
25	①	②	③	④	⑤
26	①	②	③	④	⑤
27	①	②	③	④	⑤
28	①	②	③	④	⑤
29	①	②	③	④	⑤
30	①	②	③	④	⑤
31	①	②	③	④	⑤
32	①	②	③	④	⑤
33	①	②	③	④	⑤
34	①	②	③	④	⑤
35	①	②	③	④	⑤
36	①	②	③	④	⑤
37	①	②	③	④	⑤
38	①	②	③	④	⑤
39	①	②	③	④	⑤
40	①	②	③	④	⑤

번호	1	2	3	4	5
41	①	②	③	④	⑤
42	①	②	③	④	⑤
43	①	②	③	④	⑤
44	①	②	③	④	⑤
45	①	②	③	④	⑤
46	①	②	③	④	⑤
47	①	②	③	④	⑤
48	①	②	③	④	⑤
49	①	②	③	④	⑤
50	①	②	③	④	⑤

상식

번호	1	2	3	4
51	①	②	③	④
52	①	②	③	④
53	①	②	③	④
54	①	②	③	④
55	①	②	③	④

※ 본 답안카드는 마킹연습용 모의 답안카드입니다.

한국수력원자력 직무수행능력(전공) 답안카드

문항	①	②	③	④	문항	①	②	③	④
1	①	②	③	④	16	①	②	③	④
2	①	②	③	④	17	①	②	③	④
3	①	②	③	④	18	①	②	③	④
4	①	②	③	④	19	①	②	③	④
5	①	②	③	④	20	①	②	③	④
6	①	②	③	④	21	①	②	③	④
7	①	②	③	④	22	①	②	③	④
8	①	②	③	④	23	①	②	③	④
9	①	②	③	④	24	①	②	③	④
10	①	②	③	④	25	①	②	③	④
11	①	②	③	④					
12	①	②	③	④					
13	①	②	③	④					
14	①	②	③	④					
15	①	②	③	④					

성 명

지원 분야

문제지 형별기재란 Ⓐ Ⓑ

(형)

수 험 번 호
⓪ ① ② ③ ④ ⑤ ⑥ ⑦ ⑧ ⑨
⓪ ① ② ③ ④ ⑤ ⑥ ⑦ ⑧ ⑨
⓪ ① ② ③ ④ ⑤ ⑥ ⑦ ⑧ ⑨
⓪ ① ② ③ ④ ⑤ ⑥ ⑦ ⑧ ⑨
⓪ ① ② ③ ④ ⑤ ⑥ ⑦ ⑧ ⑨
⓪ ① ② ③ ④ ⑤ ⑥ ⑦ ⑧ ⑨
⓪ ① ② ③ ④ ⑤ ⑥ ⑦ ⑧ ⑨

감독위원 확인

(인)

2025 최신판 시대에듀 사이다 모의고사
한국수력원자력 NCS + 전공

개정14판1쇄 발행	2025년 03월 20일 (인쇄 2025년 01월 22일)
초 판 발 행	2017년 05월 15일 (인쇄 2017년 05월 08일)
발 행 인	박영일
책 임 편 집	이해욱
편 저	SDC(Sidae Data Center)
편 집 진 행	김재희 · 김미진
표지디자인	김도연
편집디자인	양혜련 · 장성복
발 행 처	(주)시대고시기획
출 판 등 록	제10-1521호
주 소	서울시 마포구 큰우물로 75 [도화동 538 성지 B/D] 9F
전 화	1600-3600
팩 스	02-701-8823
홈 페 이 지	www.sdedu.co.kr

I S B N	979-11-383-8736-1 (13320)
정 가	18,000원